开明教育书系

蔡达峰○主编

U0726617

小学生语文能力整体发展

吕敬先教育文选

吕敬先○著　王晓霞○选编

开明出版社

"开明教育书系"丛书编委会

主　　任　　蔡达峰

副 主 任　　朱永新

委　　员　　张雨东　　王　刚　　陶凯元

　　　　　　庞丽娟　　黄　震　　高友东

　　　　　　李玛琳　　刘宽忍　　何志敏

丛书主编　　蔡达峰

"开明教育书系"
总　序

　　中国民主促进会（以下简称民进）是以从事教育、文化、出版工作的高、中级知识分子为主的参政党。民进创立以后，在中国共产党的指引和帮助下，积极投身爱国民主运动，在这个过程中，发挥自身优势，举办难民补习培训，创办中学招收群众，参加妇女教育活动，在解放区开展扫盲教育，培养青年教师。

　　新中国成立以后，民进以推进国家教育事业发展为己任，贯彻党的教育方针，倡导呼吁尊师重教。

　　一方面，坚持不懈地为教育发展建言献策。从马叙伦先生在任教育部长时向毛泽东主席反映学生健康问题，得到了毛主席关于"健康第一"的重要批示，到建议设立教师节、建立健全《教师法》《职业技术教育法》《民办教育促进法》等法律法规、深化教育改革、促进学前教育发展、义务教育均等化、加强教师队伍建设、中小学教材建设、减轻学生课业负担等等，提出了一系列高质量的意见建议。

　　另一方面，坚持不懈地开展教育服务。改革开放以来，围绕"四化"建设的需要，持续举办了大量讲座和培训，帮助群众学习，为民工子女、下岗职工、贫困家庭子女、军地两用人才、贫困地区教师等提供教育服务，创办了文化补习学校、业余职业大学、专科学校、业余中学等大批学校，出现了当时全国第一所民办高中、规模最大的民办高校、成人教育学院、民办幼儿教育集团等；不断开展"尊师重教"的慰问、宣传和捐赠等活动，拍摄了电视片《托着太阳升起的人》；举办了一系列教育服务的研讨会和交流会。

在为教育事业长期服务的过程中，民进集聚了越来越多的教育界会员，现有的近 19 万会员中，约 60% 来自教育界，其中大部分是中小学教师。广大会员怀着崇高的使命感和责任感、爱岗敬业、默默奉献、积极作为，在教育事业和党派工作中取得了卓越的成就，涌现出无数感人的事迹，赢得了无数的赞誉，涌现出大量优秀教师、校长和著名教育家、专家学者、教育管理者等，他们共同写就了民进的光荣历史，铸就了民进的宝贵财富，是民进的自豪和骄傲。

系统地收集和整理民进会员的教育论著和教育贡献，是民进会史研究和教育的重要任务，对于民进发扬优良传统、加强自身建设、激励履职尽责具有积极的意义，对于我们深入学习多党合作历史、深入开展我国现当代教育历史研究，也具有重要的理论和现实意义。民进中央对此高度重视，组织编辑"开明教育书系"，朱永新副主席和民进中央研究室的同志们辛勤工作，邀请会内外专家学者共同参与，历时数年完成了编写工作。谨此，向各位作者和编辑同志，向开明出版社，向所有关心和支持本书编撰工作的同志，表示诚挚的感谢。

全国人大常委会副委员长

民进中央主席 蔡达峰

2022 年 12 月

教改与实验先锋

——吕敬先和小学生语文能力整体发展

王晓霞

教育家小传

吕敬先（1930—2008），女，山东黄县人。1947年2月参加革命工作。1949年11月加入中国共产党。1952年，加入中国民主促进会，曾任第八、九届民进中央委员，第六、七、八届全国政协委员。1947年2月至1952年2月，先后入职哈尔滨市太古小学、经纬小学，担任班主任及语文、数学教师。其间，先后当选为哈尔滨市一等模范教师、哈尔滨市特等模范青年团员、省特等模范教师，并代表教育界出席全国政协会议。1952年2月至9月，被国家派往苏联团中央学习少先队工作。1952年9月，调任教育部教学指导司从事学制改革实验工作。1953年5月前后，根据毛泽东等中央领导要加强基础教育教材编写队伍的指示，教育部教学指导司所有工作人员并入人民教育出版社，吕敬先被安排在小学语文编辑室担任教材编辑。1954年9月起在北京师范大学教育系学习，1956 年 9 月留校任教，1958 年晋升讲师，为教育系本科生讲授小学语文教学法课程。1962 年 9 月，志愿重返小学开展"小学生语文能力整体发展"教学改革实验，直到"文革"中断，并担任北京丰盛学校三部副校长。1972 年 1 月起，先后在北京市南长街小学、力学小学、府右街小学任职副校长。1978 年 4 月，调到北京教育学院，继续从事"小学生语文能力整体发展"教改实验。1986 年 9 月，调到北京市教育局教学研究部，同年，被北京市人民政府授予"特级教师"荣誉称号。1989 年 9 月，调到原中央教育科学研究所（现中国教育科学研究院），担任教学法教研室副研究员，专门从事"小学生语文能力整体发展"实验成果推广与应用工作，并深入进行小学教学改革研究。1995 年 11 月，晋升为研究员。所取得的教改实验成果"小学生语文能力整体发展"实验获全国首届（1990 年）教育科学优秀成果评选一等奖（报告类），原国家教委发文全国推广应用。其主编的小学低年级学生读物《小小百花园》1989 年获"优秀图书奖"。1992 年，受国务院表彰——"为教育科研事业做出突出贡献"个人，被授予证书，享受政府特殊津贴。

1998 年 3 月于原中央教育科学研究所离休，享受司局级待遇。2008 年 4 月 12 日于北京逝世。

终其一生，吕敬先始终奋斗在小学语文教学改革与实验一线。自 1947 年进入哈尔滨市太古小学担任语文教师开始，从一名 17 岁的青春少女，直到 2008 年逝世，60 多年来，她一直从事小学语文教学改革与实验研究。一路走来，吕敬先踏遍了教育行业的"山山水水"，览尽了教改实验的无限风光！这份光辉的历程包括：

一是作为一名教育实践者，先生从哈尔滨市太古小学、经纬小学的普通小学教师，最终成长为令人仰慕的北京市教育局教研室小学特级教师；二是作为一名教育研究者，先生从北京师范大学教育系小学语文教学法助教、讲师，到北京教育学院、北京市教育局教研室高级教师，最终成长为原中央教育科学研究所教材教法研究室副研究员、研究员；三是作为一名教材编写者，先生从一线小学语文教材的使用者，最终成长为人民教育出版社小学语文编辑室教材编辑，实现了从"教教材到编教材"的跨越；四是作为一名教育决策者和管理者，先生经历了从教育部教学指导司干部到北京市丰盛学校小学副校长，再到北京市教育局教研室教研员的多层次多岗位历练；五是作为一名参政议政者，先生从一位普通公民，最终成长为一名教育战线的国家政协委员和民进中央教育委员；六是作为一名教育改革家，先生不仅见证了我国教育事业从旧中国到新中国的蜕变，并伴随着新中国教育事业的改革与发展，始终坚守在教育改革与实验第一线。

先生早在入职小学教师岗位五年后就因教学改革成果丰硕而被评为哈尔滨市一等模范教师和优秀共青团员，从而有幸成为新中国成立后我国最早派往国外（苏联）学习、交流教育工作经验的最年轻教师。20世纪60年代她开始主持长达16年的"小学生语文能力整体发展"实验，最终摘取了全国首届（1990年）教育科学优秀成果一等奖（报告类），并作为教改成功案例被国家教委发文于全国范围内推广应用。至此，吕敬先实现了教育实践者与理论研究者、教材使用者与编写者、教育改革家与决策者等多重身份的完美融合与转换，成为教育界少有的拥有"大满贯"经历的"顶天立地"的教育家。

吕敬先锐意改革与充满进取精神的教育职业生涯可以分为三个时期：第一个时期（1947—1962），早期教学探索与改革蓄力时期；第二个时期（1962—1988），"小学生语文能力整体发展"实验时期，其中，由于历史原因，又中断为两个阶段，即实验前期（1962—1966）和科学化、系统化实验时期（1976—1988）；第三个时期（1989—1998），

"小学生语文能力整体发展" 实验成果推广与应用时期。

　　吕敬先理论创作和教学改革实践的高峰期主要表现为两个阶段：一个是入职前五年，即1947年至1952年的小学教学探索阶段；一个是改革开放最初十年，即1978年至1988年"小学生语文能力整体发展"科学化、系统化实验时期。吕敬先对小学语文课程、教材、教法进行了理论思考与整体改革实验。可以毫不夸张地说，吕敬先几乎全部的理论研究成果和重大的改革实践探索都发生在这两个重要时期。究其原因，一是个人锐意进取的教学改革意识所引发的主观能动性，二是国家层面掀起的教育改革实验大潮的驱动和影响，二者的合力成就了吕敬先教育改革的成就和先锋地位。

　　新中国创建之初，教育待兴。1950年6、7月间，为配合正在酝酿的学制改革，在中央人民政府教育部初等教育司吴研因司长、方与严副司长的领导下着手进行小学"五年一贯制"的改革实验。这是新中国成立后第一次学制及其课程改革实验。

　　当时征得北京市人民政府文教局同意，选定中央教育部直属小学三校（北京师范大学第一、第二附属小学，北京育才小学）、北京市文教局所属小学三校（北京市师范学校附属第一小学，北京市第三区第二中心小学、第六区第一中心小学），在同年秋季开始小学"五年一贯制"课程改革实验工作。旨在有计划、有步骤、有重点地实验修业五年，不分初高阶段的"一贯制"小学学制改革和课程改革工作。同时，试行班主任"跟班走"和"五级分"记分制度。为了搞好这一工作，决定上述六校的校长、实验班主任，除充分阅读苏联有关初等教育材料和请苏联专家作报告外，并在必要时到东北旅大、哈尔滨等市苏联小学参观，以便吸取经验。吕敬先作为哈尔滨市优秀教师代表，1952年2月至9月被国家派往苏联团中央学习少先队工作。回国后，她被直接调入教育部教学指导司，并亲临教改一线参与指导、总结北京市六所实验小学的学制及其课程改革实验经验，写下了一系列教改经验介绍文章。

1952 年秋季起，全国各地已开始有步骤地实行小学"五年一贯制"。为配合这一学制改革工作的顺利推行，光明日报社于当年 8 月 20 日起陆续刊出了北京市六所小学两年来实验"五年一贯制"的经验介绍，以供全国各地小学作为学习推行"五年一贯制"的参考。吕敬先所撰写的北京试点学校的系列经验介绍文章成为引领全国教改的一面旗帜，先生也成为全国教师学习的楷模，这是先生精彩教育人生的第一次高光时刻。

之后，吕敬先为响应 1957 年 2 月毛泽东针对教育界与教育方针有关的"全面发展教育"的讨论所提出的"中国的教育方针，应该使受教育者在德育、智育、体育几方面都得到发展"的精神，开始深入小学教学一线，尝试进行"小学生语文能力整体发展"改革实验。

党的十一届三中全会后，我国进入改革开放新的历史时期，教育事业也进入了改革发展的新阶段。尤其 1985 年《中共中央关于教育体制改革的决定》颁发后，我国进入全面教育体制改革时期。经过近十年的沉寂后，乘着改革的春风，吕敬先再一次焕发了青春，在全国掀起的一股股教育改革的浪潮中，她也勇立潮头，继续进行"小学生语文能力整体发展"改革实验，并于 1990 年获得第一届教育部教学成果奖，该成果被教育部推荐在全国应用推广，这是吕敬先光彩教育人生的第二次高光时刻。

下文将对中华人民共和国成立初期和改革开放后，吕敬先所取得的重要理论和实践成果进行重点介绍。

一、第一座教改的丰碑：中华人民共和国成立初期的早期小学语文教学探索

早在 1947 年，吕敬先高中毕业刚踏上小学教师工作岗位，就开始

了教学与改革的探索之旅。在担任小学教师的最初五年，她辛勤地耕耘着，孜孜以求地探索着，把自己最美好的青春岁月献给了神圣的讲坛。那时，她不仅教语文，还教数学，同时兼任班主任。一入职，她就以崇高的使命感和饱满的热情全身心地投入到教书育人的伟大事业中。由于学习努力，工作积极，很快在教学上取得了很好的成绩，并于1949年当选为哈尔滨市一等模范教员和模范青年团员。教学工作之余，吕敬先还积极地开展教育教学研究，撰写了一系列教育教学论文。很快由新手教师成长为教育教学能手，并表现出善于独立思考与表达的良好心理状态和勇于改革与创新的十足干劲。这一时期，影响最大的还是先生从哈尔滨调到教育部后，为配合"五年一贯制"改革实验所做的北京市经验总结论文。吕敬先论及小学语文教育教学问题的理论和观点主要包括以下方面：

怎样在低年级的语文课中进行思想教育？吕敬先认为，小学语文教学的目的之一，就是要通过教材，向儿童进行马克思列宁主义、毛泽东思想教育，培养儿童热爱祖国和具有优良的道德品质。在低年级语文课中进行思想教育，首先要求教师在备课时深入研究和正确掌握教材的思想性，估计儿童已有的知识水平，确定思想教育的要求、目的。当教师正确地掌握了教材的思想性之后，就要将思想教育的内容贯穿在教学过程的每个环节，深入浅出地渗透思想教育，以达到规定的要求和目的。其次，教师要通过朗读课文来渗透思想教育。在讲解课文时，教师必须在解析句子时向孩子们进行思想教育。教师要通过语文教学，逐渐培养儿童对祖国文学、语言、文字的爱好。这也是思想教育的主要内容之一。在讲解生字词时，也可以结合生字词的意义加以引申，渗透思想教育。通过语文课向儿童进行思想教育，必须注意密切联系儿童的实际生活，随时指导儿童去体认去实践。

怎样教一年级的儿童识字？吕敬先认为，"文字"是表达思想与掌握知识的工具。小学语文教学的基本任务之一，是要在教学过程中，教儿童识字，并做到"读、讲、写、用"四会，使儿童初步获得掌握"文字"的能力。先生强调，从孩子们入学开始，就要给他们打下初步的识字基础。但由于中国方块字过于繁难，因此在教初入学儿童识字时，不能对每一个字都要求他们达到四会，即对于一些不常用的繁难字不必去教写。在以后的学期中，这些繁难字出现的次数多了，学生就会逐渐熟悉；加之那时学生已有初步的写字基础，再去教写，也就比较容易。先生进一步强调，在教识字之前，要先上几堂贮备识字的预备课。在预备课上，首先要教给学生正确的写字与握笔姿势，以及练习簿和文具盒放在桌上的正确位置。其次，伴随着书写的练习也要使学生学会基本笔画的读音。这样就可减少以后学习笔顺时读音的困难。经过这些初步的练习后，就要开始教学生识字。先生强调，教一年级学生识字，要掌握由简到难、循序渐进的教学原则，并要充分地注意到教学方法的灵活性、多样性，以提高他们的学习兴趣，使他们易于记忆，同时还要及时地进行复习和巩固。总之，教师在学期开始时，就要在教材中把需要写的字，根据字的难易和写字规律，排成系统的写字表，有计划、有步骤地教给学生书写。

关于怎样培养一年级学生的发表能力，吕敬先强调，语文教学的主要目的之一，是要在教学过程中，发展学生语言，教导学生能够正确地运用语言和文字来表达自己的思想感情，培养他们口头与文字发表能力。而且，通过这一教学，在发展学生思维的逻辑性，启发学生对于祖国语言的爱好，向学生进行思想、道德教育等方面，都有着重大作用。主要经验有：第一，初步的说话教学工作，是着重训练学生听觉上的注意力，即培养他们注意倾听别人说话的能力。第二，对于初入学的学生，教师应该让他们熟悉一些将来在学校生活中，以及学习语文课本时所必须具有的概念和语词，增进他们的语汇。第三，学生初入学校时，往往羞于在全体同学面前发表自己的意思，因此，教师在课内、课外，就要尽量利用一切机会来鼓励学生大胆说话，而且要使每个学生都有练习说话的机会。第四，在启发学生用自己的语言表达意思时，要注意研究并纠正学生在使用语言上所犯的毛病。第五，在进行说话教学工作中，教师应当采用一些优美的、有内容的画片，来启发学生说出自己的生活经验和已有的知识概念；并进一步通过画片来扩展学生的眼界，丰富他们的语汇，发展他们的观察、思考和想象能力。第六，学生们接触到的周围环境，看到的或听到的伟大祖国的建设以及社会生活中的种种现象，每天都在丰富着学生的语言，扩大着学生的语汇，提供学生以丰富的谈话材料。因此，教师便须注意掌握材料，教导学生观察他们周围的生活，讲述他们生活中有趣的事情及其见闻。这样来进行说话教学，不但学生们很感兴趣，而且很容易收到教学效果。第七，结合课堂教学，教师要注意指导学生正确流畅地朗读课文，重述课文内容，回答教师提问，以培养学生口头发表的能力。第八，在语文教学过程中，教师要随时教学生运用学过的字和词，练习口头造句，使学生能说出完整的句子。第九，说话教学工作，也可结合观察自然现象来进行。第十，为了丰富学生的语汇和思想，教师应当常常给学生讲述一些关于动物的故事和民间传说，朗诵一些简短优美的诗歌，并鼓励他们在课后看一些有趣的画片和有图画的书刊。教师还应当教导学生练习讲故事，背诵诗歌。

吕敬先进一步要求，学生在一年级第一学期学习了三个月之后，口述造句已有初步基础，字也会写一些，这时，教师就要开始培养他们使用文字的发表能力。第一，正确地造句是文字发表的基础。因此培养学生使用文字的发表能力，应该由学生笔述自己的口述造句开始。第二，进一步利用画片让学生练习作文。学生在一年级第一学期学习三个月后即可开始。第三，到一年级第二学期，学生们已学会书写正确的句子，并掌握了较多的文字，这时教师就要出浅近的题目，采取问答的方式，让学生用完整的句子来作文。先生认为，培养学生的口头和文字发表能力，是教学工作中一件艰巨而细致的工作，旧的六年初高两级分段制小学，往往二年级才开始练习造句，三年级才开始作文。现在北京市六个小学五年一贯制实验班的经验，证明一年级学生完全可以开始练习造句和写出简短的文字。这就充分说明了小学五年一贯制的优越性。以后教学内容和教学方法不断地改进与提高，相信还要获得更好的成绩。

怎样在一年级的语文课中进行常识教学？吕敬先认为，初等学校的低年级，没有单设的常识学科。一年级学生要在包含有各种知识的语文课中，去学习有关自然、卫生方面的初步知识。为了引起学生的兴趣，更好地在语文课中联系并讲授这些知识，教师要引导学生观察自然界，观察动、植物的生活，在课堂上及校园里做简易的实验。因此，教师在进行常识教学时，就必须根据教材的中心内容和学生已有的知识水平，在讲解时适当地予以扩展，并在课后增加些补充材料。但要注意的是，不要把语文课变成单纯的常识课，必须充分地利用学生在观察中获得的概念去丰富他们的语汇，帮助他们体会课文内容，正确地朗读课文，做一些口头和文字发表的练习。

发表《我是这样教育孩子们的》(1952年) 一文时，吕敬先担任哈尔滨市经纬小学教师，刚获得哈尔滨市一级模范教师荣誉称号，并刚接受过人民日报专访——《吕敬先和她的快乐活泼的小学生们》。吕敬先认为，做好家长工作是帮助教师完成教学任务的一个有效办法，而争取母亲支持又是做好家长工作中的关键。先生的经验和做法是：首先进行普遍的家庭访问，了解家庭情况和孩子的特点，以后又请母亲们来参观我们上课，参观学生的课外活动，参加孩子们的游艺会、野游……这样我们之间就建立了亲密的关系，于是组织了本级的家长委员会，必要时由家长委员会召集母亲会。我们每次会议的时间不长，有时候我来给母亲们做一些简短的专题讲话,例如:"在家庭里如何指导学生完成课外作业""怎样组织学生的课外时间"等。

先生能够在繁忙的教育教学工作之余,潜心教研,写下了一批有质量的教研论文,真是十分难得!而且所述教育教学观点,即使放到今天仍然具有普遍的指导意义。

二、第二座教改的丰碑:"小学生语文能力整体发展"实验及其课程教材教法改革

吕敬先主持的"小学生语文能力整体发展"实验,其本质含义是"以发展思维和语言为中心,通过语文教学结构的整体改革,促进小学生语文能力整体发展"的实验。虽然实验开始于1962年,但1966—1976年中断了十年,还来不及深入思考就被迫中止了。因此,真正意义上的科学化、系统化实验应该是改革开放后的最初十年,即1978—1988年。

(一)"小学生语文能力整体发展"实验概述

本实验以发展思维和语言为中心,通过语文教学结构的整体改革,促进语文能力的整体发展。横向方面的改革:在低年级由于改革识字教学,节省了时间,增设说话、写话课和课外阅读指导课,进行听、说、读、写的全面训练,在中高年级增设听说训练课,作文、讲读和课外阅读指导相互配合全面发展听、说、读、写能力。纵向方面的改革:使幼儿园与小学低年级,低年级与中、高年级,中、高年级与初中各个阶段语文能力的发展相互衔接与贯通,促使语文能力得到整体的、和谐的发展。

1. 实施时间和范围

本实验自1962年9月始,除去"文革"耽误的时间,实验已坚持

了 16 年，先后参与本实验的学校约 200 多所，主要分布在北京、黑龙江、吉林、湖北、河北、广西、山西等地。参与实验学生有 10 000 余人，教师 200 余人。

2. 成果简介

本实验低年级阶段在 50 个班级里进行了 6 轮实验，由低年级到高年级在 10 个班里进行了 3 轮实验。由于是在普通学校、普通教师、普通儿童、普通教材（讲读课本）的条件下进行的，受到了一般教师，特别是农村教师的欢迎。为配合实验班学生需要，编写了提高程度的实验教材，有《识字课本》《小小百花园》《小学生课外阅读文学丛书》；为实验教师编写了《教儿童观察说话写话》，以及有关作文教材教法，听说训练教材教法等方面书籍，并拍摄了 30 余部课堂教学系列录像片，为教师提供教法参考。参与实验的师生反映，上述教材教法，学生爱学，教师爱教。经过测试表明，全面使用的实验班在减轻负担的情况下还能提前一年达到小学毕业水平。

已发表的介绍本实验的专著 4 本，代表作为《小学生语文能力整体发展实验报告》，刊登于《教育研究》1986 年第 1 期。《中国教育报》1988 年 10 月 29 日和 11 月 29 日也相继刊发。

（二）小学语文教材整体改革

为了更好地服务于小学语文教学与改革的实际需要，提升教学质量，促进小学生语文能力整体发展，吕敬先首先对小学语文教材进行了整体改革，编写了系列教材，用于"小学生语文能力整体发展"实验。随着实验成果获得全国首届教学成果一等奖，原国家教委在全国范围内大力推广实验成果，有些教材于 20 世纪 90 年代前后已陆续公开出版。

学生学习用书有：（1）供低年级学生阅读使用的《小小百花园》1~4 册读物，每学期一册。（2）供低年级学生识字使用的《识字课本》

1~4 册，每学期一册。（3）供中、高年级学生阅读使用的《中外儿童文学科普佳作选》1~6 册读物，每学期 1 册。（4）供中、高年级学生听读欣赏使用的《小学生作文欣赏》1~6 册，每学期 1 册。

教师教学参考用书有：（1）供低年级教师使用的教学参考书。①《教儿童观察说话写话》1~2 册，一、二年级用，每年级 1 册。②《教儿童思考识字阅读》共 1 册，一、二年级用。（2）供中、高年级教师使用的教学参考书。①《作文教学》1~3 册，三至五年级用。②《阅读教学》1~3 册，三至五年级用。主编和指导录制了供教师使用的系列课堂教学录像片有：（1）低年级的识字、写字课，说话、写话课，讲读、阅读课，共 31 部。（2）中、高年级的作文课，讲读、阅读课，听说训练课，共 21 部。

这些基于统编教材所进行的教材改革为后续的小学生语文能力的整体发展实验做好了充分的教材准备。

（三）小学语文教学教法的全面改革与实验

吕敬先在基于统编教材系统改革小学语文教材的基础上，分别在低、中、高年级深入开展了相配套的"小学生语文能力整体发展"的教学教法改革与实验。

在低年级阶段，首先改革了识字教学，把节省下来的时间用来开设观察说话写话课和课外阅读指导课。在横向联系方面，既抓好识字教学，培养独立识字能力，又兼顾听、说、读、写能力的全面训练，全面发展智力；在纵向联系方面，尽可能与幼儿园的语言教学衔接和为中年级的听说读写训练打好基础，促使语文学习能力整体、和谐地发展。

在中、高年级阶段，由于低年级抓了识字及听说读写能力的整体训练，学生进入中年级以后，抽象思维能力、独立自主性、自我意识（即自我认识、自我评价、自我调节）、自我教育能力相互促进的发展速度显著加快。因此，利用这种发展的可能性，在中、高年级教学上采取了一系列新的措施。讲读教学仍使用通用的语文讲读课本（四省市合编），重点改进教材结构，改革课型和教法；并以观察为基础，改革作文教学；增设了听说训练课（用节省的识字教学时间）；以及充分利用阅读课，持续加强课外阅读指导，进一步促使学生的听说读写能力得到整体发展。

具体改革与实验如下：

1. 低年级的改革实验项目

（1）改革识字教学。把语文课本中的生字归类编写成识字课本，改变传统的机械识记、反复抄写的识字方法，教学生按汉字构字规律动脑识字，即教会学生对字形进行分析综合，重点突破字形难关，形、音、义整体识字，既识字，又识词。把识词过程变为思维活动过程、智力技能训练过程。再配合"猜字谜""找朋友"等游戏方式复习巩固字词；提前学会使用字典，配合独立识字。这样，既减轻了儿童识字负担，又提高了识字量。

（2）开设说话、写话课。由于识字教学的改革，使每周能节省3～4课时，从而可用这些课时开设说话、写话课和课外阅读指导课。

说话、写话课（每周2节）分两种课型：一类是观察、说话写话课，另一类是听、说话写话课。

观察、说话写话课以观察为基础，培养学生说话、写话的语言表达技能和想象、分析、概括的智力技能。观察，可以有室外观察和室内观察，前者观察的内容比较丰富，也就带来了学生丰富多样的语言内容；后者观察的主要内容是图片和各种实物，可以引导学生边观察边想象边说，或者边观察边分析概括边说，从而有助于培养学生的想象能力、分析概括能力和相应的语言表达能力。

听话说话写话课则是以听为基础，旨在培养学生边听边想象边思考的智力技能。听的内容主要是童话之类的形象、生动、故事性强的材料。开始听的时候，可以配合故事内容辅之以图画，让学生视听结合，有助于获得鲜明的形象。然后去掉图画再听，促使学生边听边想象边思考，并提问题。在此基础上，让学生复述故事，最后再写下来。

（3）开设阅读教学课（每周1~2节）。阅读教学课分三种课型：阅读指导课、听读欣赏课和阅读活动课。

阅读指导课，是以指定的必读书籍和必订的报刊为教材，教会学生用不同方法阅读不同材料，培养学生初步的阅读能力。

听读欣赏课，以优秀的文学作品或学生习作为内容听录音或听教师、同学朗读，大家共同欣赏。在此基础上，引导学生理解作品内容，评论人物。最后再让学生独立阅读自己喜欢的部分，大家共同欣赏。

阅读活动课，是与班会、队会相结合开展的阅读活动，如朗读、背诵、复述比赛、新书介绍等。

2. 中、高年级的改革实验项目

（1）改革讲读教学。首先调整了教材结构，即把全册教材按不同文体归类组块，针对不同文体特点进行教学；同时删减一些重复的作业，补充一些优秀作品和学生习作，供听读欣赏，并补充少量说明文、论说文、文言文供精讲。其次改革了课型，即把讲读课分为精讲课、半独立阅读课、听读欣赏课和总结课。精讲课着重引导学生掌握阅读方法，提高阅读能力。每课突出一两项阅读能力训练，兼顾一项或听或说或写的能力训练。半独立阅读课，让学生运用学会的精读方法独立阅读同类课文，培养独立阅读能力。听读欣赏课是在讲读每类课文时，欣赏一组作家的优秀作品和学生的优秀习作。总结课，在讲读完每类课文后，对一组同类文章就题目、选材、中心、组材、表达方式等方面的特点进行总结，让学生获得读这类文章的规律性知识。第三，改革教学方法，即改变讲读课千篇一律的教法，针对不同文体采用不同教法。对各类课文都坚持从文章整体入手，再到局部，最后回到整体的教法。

（2）改革作文教学。改变作文教学仅限于在课堂上命题作文或仿写习作例文的传统方法，将作文课分为四种课型搭配组合、培养学生观察与选材、构思与表达、自评与自改的能力。四种课型是：①观察指导课，即在观察前先指导学生拟定观察提纲，教学生学会选择观察内容、确定观察目的和重点。②观察课，即学生进行观察，获取素材，写素材笔记和观察日记，积累素材。③写作指导课，主要培养学生的构思与表达能力。④讲评课，主要培养学生自评自改能力。

（3）增设听说训练课。在中高年级每周增设一节听说训练课，以培养学生听说能力，兼顾听写听力的培养。听说课分两类课型：①听说指导课，听学生、听教师口述一段话，或听一篇短文、一段故事、一则介绍科学知识的说明文等，听后由学生复述，最后写下来。②听说活动课，即通过"故事会""科学知识小讲座""小灵通新闻消息发布会"等活动，使学生能人人动口、动耳、动脑、动笔。

最终，上述实验研究成果以《"小学生语文能力整体发展"实验报告》为题先后被收录在1983年胡克英与吕敬先合著的《小学教学简论》和1993年吕敬先所著的《小学教学改革研究》两书中。

（四）"小学生语文能力整体发展"实验的特点和意义

吕敬先主持的这项"小学生语文能力整体发展实验"，自1962年至1988年共进行了16年，其间，1966—1976年被迫中断了十年。先后在城、乡低年级50个班进行了六轮实验；在城乡八个班由低年级到中、高年级的追踪实验，共进行了三轮。这项实验是在普通学校进行的，特别是在农民子弟班由农村教师进行实验，也取得了显著效果。可见，这项实验也有在城乡一般小学普遍推广的价值。

这项实验以发展思维和语言为中心，通过语文教学结构整体改革，促进小学生语文学习能力整体发展。实验结果证明，能使小学生听、说、读、写能力提高约一年程度，观察、思维、想象和记忆能力都有明显提高，并能减轻学习负担，促进学生身心全面发展。

这项实验的特点是：1. 把发展思维和语言贯穿于教学的全过程。运用思维和语言相互促进和形象思维与抽象思维相互转化的规律，把思维训练和语言技能训练紧密结合，带动语文能力的整体发展。2. 以智力技能训练为核心，培养语文独立学习能力。3. 通过语文教学结构的整体改革，使语文教学各要素有机结合，发挥结构的整体功能。4. 使口头语言与书面语言、内部语言与外部语言，循环往复，互相促进，协调发展。5. 使语文教学与丰富多彩的生活相联系，通过各种途径扩大学生的生活领域，借以发展学生的思维和语言。6. 结合语文学科的特点渗透德育和美育，德育和美育又能反作用于思维和语言的发展。

该实验的意义则反映在两个方面：一是为小学语文教学改革提供了具有一般指导意义的理论认识、操作模式和与之相配套的大量教学资料，这些都为形成新的小学语文教育学和小学语文教学论提供了极为丰富而宝贵的理论思路和经验事实。二是在实验对象选择上，坚持了普通学校、普通学生、普通教师、普通教材的原则，因而使实验成果具有普遍推广意义。特别是在农村，样本的代表性很大，一个实验点的经验完全可以推广到相类似的地区。正因如此，该项实验才被人们称誉为是一项"科学、朴实、管用、好学的好实验"。

吕敬先主持的"小学生语文能力整体发展"实验相关成果的科学性也得到了教育界同行的进一步验证："吕敬先等先生进行的'语文教学以发展思维和语言为中心，促进语文学习能力整体发展'的研究结果表明，语文智力训练对促进语文学习能力的提高有明显的作用。实验证明儿童的观察力与思维能力越强，语言文字能力发展就越好越快。抓好智力技能训练的同时训练语言实际技能，这决定着儿童语言文字的吸收能力与表达能力的发展质量和速度。这些研究结果说明，语文学习能力要从智力训练入手，要把训练智力技能同训练语言实际操作技能和掌握语文规律性知识相结合并使其相互促进和发展，其中智力技能训练是发展语文能力和学习能力的杠杆和核心。本实验研究则证明了小学开设语文智力训练课对提高小学生学习能力的可行性。"[①]

三、改革小学语文教学的若干理论思考

为了更好地指导"小学生语文能力整体发展"实验，吕敬先对于小学语文教学改革还有过若干理论思考，主要包括以下观点：1. 语文教学要以发展儿童思维和语言为中心任务；2. 从训练智力技能入手，全面培养语文独立学习能力；3. 从训练智力技能入手，早期培养儿童的独立表达能力；4. 小学语文教学的"陡坡"要改革；5. 语文教学要与丰富多彩的生活相联系；6. 语言逻辑形式训练与内容的统一性；7. 结合小学语文学科特点进行德育和美育等。以上观点也是吕敬先进行"小学生语文能力整体发展"实验的基本指导思想。

根据上述认识，吕敬先对改革语文教学的总体设想是：把语文教学与丰富多彩的生活尽可能地联系起来，以发展思维和语言为中心任务，发挥低年级儿童智慧潜力，全面发展智力，尽早培养独立学习语文的爱好、能力和习惯，为向中年级过渡奠定全面的基础。最终目的是使学生到高年级能获得思维和语言的长足发展，使学生具有最基本的语文独立学习能力以及独立表达能力，为升入初中学习，顺利地获取知识，打下良好的基础。由于语文学科具有文道统一的特点，以及形象教育、情感教育、审美教育的特点，因此，吕敬先认为只有结合语文学科特点，进

---

① 李锦英、范晓霞：语文智力训练课对小学生语文能力整体发展的影响，《安徽师大学报（哲学社会科学版）》1997 年第 3 期。

行思想品德教育和美育，才能发挥语文学科独有的语言艺术熏陶感染、潜移默化的作用，同时充分发展思维和语言。

四、教改实验成果的推广与应用

"小学生语文能力整体发展"实验先在北京地区取得成功，该项实验成果于 1990 年获全国首届教育科学优秀成果评选一等奖，并被国家教委列为向全国推广的教育科学优秀成果之一后，便在河北 43 个县，山东、山西、辽宁等省市 15 个区县 200 多个班级 1 万多儿童中推广。

实验一开始就受到了一线教师、教研员以及广大学生及其家长的广泛赞誉。顺平县人民政府、教委教研室以及王各庄乡苏头村小学实验教师王占新分别撰文介绍了"小学生语文能力整体发展"实验经验，具体包括顺平县人民政府的《贫困地区提高教学质量的有效途径》、教委教研室的《"小学生语文能力整体发展"实验效果汇报》、实验教师的《我进行"小学生语文能力整体发展"实验的几点体会》经验介绍文章，一并收录在吕敬先专著的《小学教学改革研究》一书中。辽宁省语文教师肖怀春也撰写了《〈小学生语文能力整体发展实验〉是实施素质教育的最佳途径》一文介绍自己开展实验的情况，并发表在《课程教育研究》上。

五、教改实验先锋及其广泛影响力

吕敬先在其教育职业生涯中先后经历了两次高峰体验，并受到了各级领导嘉奖以及同行学者的深入研究与媒体的广泛报道。

首先，受到了多位国家领导人的接见与表扬以及原国家教委的嘉奖与推广。

1951 年 7 月，吕敬先曾经获选入中国新民主主义青年团中央委员会选派的辅导员代表队，到苏联去学习少年先锋队的工作经验。1951年 10 月，吕敬先等 22 名教育工作者应邀出席中国人民政治协商第一届全国委员会第三次会议，受到毛主席的接见。后来，又因为出色的工作表现于 1985 年增选为全国政协委员。邓颖超主席在六届三次会议期间接见新增补的委员时语重心长地对她说："小学基础教育的改革很重要，要坚持下去，一定要搞好。"因此，她下定决心要把教改实验进行到底，要把全部心血的结晶——多年的实验成果，奉献给党和祖国，奉献给教师和孩子。

1990 年，原国家教委办公厅专门下发文件《关于认真做好教育科学优秀成果推广应用工作的通知》，并以附件的方式对《小学生语文能力整体发展》实验进行了重点推介。

原国家教委专职委员兼燎原计划办公室主任郭福昌还专门撰文《推广先进教改成果　提高农村教学水平》刊发在《人民教育》1991 年第 1 期上，把"小学生语文能力整体发展"实验成果向广大农村地区进行推广。

其次，受到了同行学者的高度评价与深入研究。

时任北京教育学院院长温寒江，中央教育科学研究所研究员宛士奇、程方平以及北京市语文教师吴廷迈等先后撰文：《发展思维，促进语文能力整体发展——谈吕敬先小学语文教学改革的新经验》《〈小学生语文能力整体发展〉实验评价》《扎根基层，事半功倍——记吕敬先和她的小学语文能力整体发展实验》《小学语文教学科学化道路的探索》，研究评价吕敬先教改实验及其研究成果。《安徽师范大学学报(哲学社会科学版)》1997 年第 3 期还刊发了李锦英与范晓霞的验证性实验报告《语文智力训练课对小学生语文能力整体发展的影响》。等等。

再次，受到了媒体的广泛关注和持续报道。

吕敬先首次进入大众视野并被媒体关注，是在入职小学教师生涯五年后，因为其先进的教书育人理念与丰硕的教学研究成果，在国内产生了广泛影响，受到了全国各地教师同行的普遍赞誉。《人民日报》也于1952年6月22日，在第三版刊发了本报读者王淑兰、李懋孝、沈适菡、岑褚芳、丁绾芳、林丽群、谭韵笙写给吕敬先的信——《你是我们人民教师的好榜样》。

再一次引起媒体广泛、持续关注，是在二十世纪八九十年代，因为"小学生语文能力整体发展"实验产生的巨大影响力，《中国教育报》《光明日报》《人民教育》《教育研究》等核心报刊先后分学段报告低年级或中、高年级实验成果或总体报告实验成果。主要包括：《中国教育报》1985年发布的低年级实验报告，《中国教育报》1988年发布的中、高年级实验报告，《人民教育》1991年刊发的实验总报告。

《中国教育报》率先在1985年4月23日头版对低年级实验情况进行了新闻报道：《熔识字教学、观察说话写话和课外阅读于一炉：北京教育学院教师吕敬先进行语文学习能力整体发展实验》。紧接着，又在4月27日第3版刊发了《小学语文学习能力整体发展的实验报告（低年级）》。时隔三年多，1988年10月29日，《中国教育报》又在头版对中、高年级实验情况进行了专门报道——《吕敬先主持完成小学语文能力发展整体实验·学生听说读写能力提高一学年·全国已有十几个省市的教育工作者在扩大进行这项实验》，并配以评论员文章《深化教学改革必须抓好教学实验》，还在同期第3版刊发了《小学生语文能力整体发展实验报告（中、高年级）》，以及课题组成员的四份实验分报告：《教儿童学会听和说》(杨金芳　高庆春)、《以观察为基础改革作文教学》(张淑珍)、《减轻负担给学生自由支配的时间》(赵惠芬)、《让孩子会学、爱学》(李实如)。次年，随着实验成果进一步推广到广大农村地区，《中国教育报》又于 1989 年 11 月 14 日在头版进行了新闻报道：
《农村教改实验县要积极引进先进教学方法　吕敬先教改实验成果在完县开花》。

　　之后，《人民教育》于 1991 年第 1 期刊登了吕敬先的教学改革实验总报告《小学生语文能力整体发展实验》，实验报告还被收录在《中央教育科学研究所 70 周年所庆历史论文集》(2011 年)。《光明日报》也分别于 1992 年 12 月 9 日、16 日第 3 版刊发了贾鸣撰写的"实验与成果"介绍《小学生语文能力整体发展的实验探索》。

　　《人民日报》资深记者柏生还于 1985 年 3 月 27 日对吕敬先进行了人物专访《为了孩子——访新增补的全国政协委员吕敬先》(第二版)。《湖南教育》杂志汤质良记者也对吕敬先做了人物专访《呕心沥血四十年——访北京市特级教师吕敬先》，于 1988 年刊发。《教育研究与实验》杂志还将其"小学生语文能力整体发展实验"载入了《当代中国教育实验录》(1988 年)。《中国现代语文教育百年事典》也把此项实验作为中国百年语文教育史上的大事进行了专题介绍：《1962 年吕敬先组织"小学生语文能力整体发展"的实验》(2000 年)。杨章宏主编的《教育实验研究》(1998 年)一书，还把"小学生语文能力整体发展实验"作为教育实验典型案例予以评介。《二十世纪后期中国语文教育论集》(2000 年)也收录了吕敬先所著《小学生语文能力整体发展的实验报告》一文。

　　长期以来，对吕敬先教改与实验研究成果予以持续报道和刊发的是中国教育科学研究院（原中央教育科学研究所）主办的《教育研究》杂志。从 1980 年的《教学改革实验必须探索教育的客观规律》开始，陆续刊载了《从训练智力技能入手　早期培养儿童的独立表达能力》(1982 年)、《小学语文教学改革的几个问题》(1983 年)、《小学生语文能力整体发展的实验报告》(1986 年)等教学改革与实验研究成果。由于《教育研究》杂志自身的权威性及其影响力，对于先生研究成果的广泛传播与推广，无疑起到了很好的助推作用。另外，教育科学出版社也在早期出版了先生大量的教学改革实验教材和小学生课外读物。这些都对吕敬先的"小学生语文能力整体发展"的教学改革与实验及其成果推广起了很好的助力作用。

综上所述，吕敬先的教育职业生涯主要经历了早期教学探索—"小学生语文能力整体发展"改革与实验—成果推广与应用三大阶段，不仅取得了丰硕的教学和科研成果，而且先后受到了各级领导和媒体的广泛关注和报道。吕敬先在我国教育实验史上乃至现代教育史上写下了浓墨重彩的一笔，尤其为我国小学语文教改与实验做了先锋表率以及突出贡献，其贡献影响不仅深远且历久弥新。

第四辑　改革小学语文教学的若干理论思考

早期的小学语文教学探索

怎样在低年级的语文课中
进行思想教育

（北京市六个小学五年一贯制实验班

语文小组教学经验介绍之一）

小学语文教学的目的之一，就是要通过教材，培养儿童热爱祖国和具有优良的道德品质。

在低年级的语文课中进行思想教育，首先要求教师在备课时深入研究和正确掌握教材的思想性，估计儿童已有的知识水平，确定思想教育的要求、目的。

例如第三册教材《新年》的课文："孩子，你听，时钟打着十二点，首都北京城里，毛主席正在迎接新年；他惦记着全国人民，大人和小孩，老人和青年……"这课教材的思想教育目的，就是要使儿童知道领袖怎样惦记全国人民，关心着全国人民的幸福生活。又如第四册教材："春风轻吹，吹到草根里，草被春风吹醒了，草儿披上青大衣。春风轻轻吹，吹到花枝里，花被春风吹醒了，花儿开得又香又美丽。春风轻轻吹，吹到田地里，田里冰开土松了，农人欢欢喜喜来耕地……"通过这篇课文，使儿童了解春天自然界的苏醒，农人在春天里从事劳动的欢乐，培养儿童对大自然的爱，对祖国土地的爱。

当教师掌握了教材的思想性之后，就要将思想教育的内容，贯串在教学过程的每个环节，以达到确定的要求和目的。例如：北京市第三区第二中心小学教师薛莲蕊同志，讲解第二册教材"田里的麦子熟了，大家忙着割麦子，天晚了，你一担，我一担，挑了麦子回家去，有的唱着山歌，有的笑嘻嘻地说：'今年收成真好！'"她掌握了这一课的思想教育目的，是使儿童了解翻身后农民的生活，了解他们怎样在自己的土地上愉快地劳动，以及获得劳动果实后怎样喜悦的心情，并使儿童尊重劳动，尊敬农民。

在讲课之前，她考虑到城市儿童对农民生活是不熟悉的，她首先带着孩子们到郊外去实地观察农民伯伯收割的情形。夏天晴朗的天空，炎热的气候，和暖的风吹送着成熟麦子的香味，会使孩子们感到这正是麦收的季节。到了田地里，教师首先指导孩子们看那一片片金黄色的麦田，看农民伯伯在田地里愉快而忙碌地收割的情形。告诉孩子们在我们祖国的土地上，有许许多多这样长着麦子、稻子及其他粮食的田地，许多地方都在进行收割，祖国的粮食堆成山，这都是农民伯伯耕种出来的。告诉孩子们，在国民党反动派时代，农民是怎样受着地主的压迫与剥削，直到毛主席和共产党来了，实行了土地改革，农民才打倒了地主，分得了田地，过着快乐的生活。他们为祖国增产了好多粮食。孩子们愉快地谈论着："麦子全都熟了，有多么好呀！""农民伯伯天天劳动，打了这许多粮食，给我们大家吃。"通过这次实地观察，结合教师简明地讲述农民在一年中从下种到收割的生产过程，使儿童初步建立了尊重劳动、敬爱农民伯伯的感情。

回到课堂上，教师要首先让儿童把在田地里观察所得的印象复述出来，然后提出问题，如："你们看见田地里长着什么？""农民伯伯在做什么呢？"加深儿童观察所得的印象，阐发他们内心的思想。

其次，教师要通过朗读课文来渗透思想教育。例如，教师在读到"有的笑嘻嘻地说：'今年收成真好！'"的句子时，一定要表达出农人获得劳动果实时那种喜悦的感情。在教师朗读时，让孩子们联系观察所得印象，来体会这种感情。

在讲解课文时，教师必须在解析句子中向孩子们进行思想教育。例如，讲到"天晚了，你一担，我一担，挑了麦子回家去……"教师问："为什么到了天晚了，才你一担，我一担，把麦子挑回家去呢？"儿童就能答出："农人从早上起来就到地里去收割麦子，他们整天不休息，到了晚上，才把麦子挑回家去。"教师又问："他们是很辛苦的，可是天晚了挑着麦子回家去的时候，他们的心情是怎样的呢？"儿童就能答出："他们看到割下那么多的麦子是很高兴的。"在这里教师要使儿童理解获得劳动果实的愉快，避免单纯给儿童留下劳动是一件辛苦事情的印象。在讲到课文最后一节，总结全课内容时，教师更要与儿童进行谈话，提出一些问题，使儿童能够明确全课的思想。例如，教师问："农民伯伯为什么在收割时那样高兴呢？"儿童答："他们天天辛苦劳动，现在他们割下了那么多麦子，心里很高兴。""他们从前受地主的压迫，打下的麦子都给地主拿去了，现在毛主席领导农民伯伯翻了身，打下的粮食是自己的了，所以他们很高兴。"教师又问："农民伯伯辛辛苦苦地劳动，他们打下的粮食给谁用呢？"孩子能说出："他们自己用，还给我们大家用。""还给志愿军叔叔送去。"最后教师联系实际生活，向儿童提出问题："我们应该怎样感谢农民伯伯呢？"孩子答："我们吃饭时要爱惜米粒，不要浪费它。""我们要尊敬农民伯伯，见了农民伯伯要敬礼"……最后用"农人"二字来让儿童造句，让儿童表达对农民的了解与感谢。

教师要通过语文教学，逐渐培养儿童对祖国文学、语言、文字的爱好。这也是思想教育的主要内容之一。例如：第三册课文《美丽的果木园》："春天各种果树都长满了绿的叶，开满了美丽的花，夏天甜蜜的桃、李、杏都接连地成熟了，随后紫的葡萄、黄的梨、鲜红的苹果也挂满了树枝。小朋友，我们要向劳动人民学习，用我们的手，把新中国建设得像果木园一样美丽，要全国人民过幸福生活。"教师把这一课朗读给儿童听，然后让儿童自己朗读，使他们欣赏祖国语言文字的美，爱祖国的语言文字。在讲解这一课文时，教师告诉儿童注意这些水果颜色的描写，说"我们祖国的文字多么美丽呀！紫的葡萄，黄的梨，鲜红的苹果，我们从这些颜色上就知道这些水果已经成熟了。"当用"我爱"二字让孩子们造句时，他们便写出这样的句子："我爱我的祖国，我要把祖国建设得像果木园一样的美丽，让全国人民都过幸福的生活。"

在讲解生字词时，也可以结合生字词的意义加以引申，渗透思想教育。例如，在教表示的"示"字时，教师拿出已学过的单字卡片"柿""识""士""试""世"等字让儿童辨认，教师说："我们今天学的是表示的'示'字，加上从前所学的，共学过十一个'shi'字了。你们看，我们中国的字丰富极了，光'shi'音的字就有四十五个。你们要好好学习，把祖国的文字学好，能读许多有用的书籍。学好本领，将来好为人民服务。"但这样结合讲解生字字义来进行思想教育，不能联系过多或牵强地进行。

通过语文课向儿童进行思想教育，必须注意密切联系儿童的实际生活，随时指导儿童去体认去实践。

例如，在讲到第四册《小青蛙》一课时，教师要启发儿童爱小青蛙。教师问："我们为什么要爱小青蛙呢？"儿童答："因为小青蛙能吃害虫，替农人保护庄稼，所以我们要爱护它。"教师又问："当你们还不知道小青蛙对人有用处时，你做过哪些不爱护小青蛙的事情呢？"于是孩子们就会说出："我以前常常捉小青蛙玩，玩够了就把它摔死在地上，现在我知道这样做不对了，以后我要爱护它。"有的说："我看到小青蛙就扔小石头子打它，这是不对的，以后我不再这样做了。"教师又问："那么以后你们应该怎样爱小青蛙呢？"于是儿童就能答："不捉小青蛙玩，不扔石头打它，看见别人不爱小青蛙时，还要劝告他。"

第三册课文《冰》，是说一个小朋友具有好学爱问精神，遇有不明白的事情便问别人，因此他明白了冰的变化的道理。北京师范大学第二附属小学教师马英贞同志在讲授这一课文时，首先明确了这一课的教学目的是要向儿童进行爱科学的教育，并培养儿童具有好学爱问的优良品质，所以她便针对这个目的进行教学。当她讲完了这课内容，便问儿童："你们从这课书里学到了一些什么？"学生马敬一说："我知道了冰的变化，我还知道了以后遇见不明白的事情，一定要问明白才行。"教师问："你说这句话是什么意思呢？"他告诉老师说："以前我问过奶奶为什么冰棍放到嘴里就化了呢？奶奶说，冰棍放到嘴里当然就要化了。奶奶没有给我讲明白，我学过这篇课文后才知道冰棍化成水的道理。我还知道了以后遇到不明白的事情一定要问明白才行。"马英贞同志结合马敬一所说，告诉全体儿童，遇有不明白的事，一定要问明白，使他们逐步养成这种优良品质。

在语文课中，每一课的教材都有它的思想教育目的。比如第一册第四课《工人做工》，课文虽然只有短短四个字，但思想教育的目的性是非常明确的。在一年级讲授这样简短的课文时，教师必须联系儿童实际生活适当地准备些补充材料，告诉儿童，我们身上穿的衣服，便是工人纺织缝制的，我们的学校便是工人给我们建造的。这样启发儿童，说出许多物品都是工人叔叔用劳动制造出来的，使儿童尊重劳动，敬爱工人叔叔。这样的讲述，就达到了这篇课文的思想教育目的。但是要照顾到一年级儿童的知识水平与接受能力，在讲述时，不可联系太多，扯得太远，要适度。

实行小学五年一贯制，通过语文教学培养儿童优良的道德品质，培养儿童爱祖国爱人民的观念，这是一件很重要的工作，希望教师同志们在这方面不断创造出优良的教学方法，保证这一教学任务的完成。

（选自光明日报社编印《小学五年一贯制学习资料（第二辑）》，1952 年版）

怎样教一年级的儿童识字

（北京市六个小学五年一贯制实验班
语文小组教学经验介绍之二）

"文字"是表达思想与掌握知识的工具。小学语文教学的基本任务之一，是要在教学过程中，教儿童识字，并做到"读、讲、写、用"四会，使儿童初步获得掌握"文字"的能力。

从孩子们入学开始，在第一个学年中，就要给他们打下初步的识字基础。但由于中国方块字过于繁难，因此在教初入学的儿童识字时，不能对每一个字都要求他们达到"四会"，即对于一些不常用的繁难的字不必去教写。在以后的学期中，这些繁难字出现的次数多了，儿童就会逐渐熟悉。那时儿童已有初步的写字基础，再去教写也就比较容易了。

在教识字之前，要先上几堂识字预备课。在预备课上，首先要教给儿童正确的写字与握笔姿势，以及练习簿和文具盒放在桌上的正确位置。这对于保护儿童健康，让他们养成正确写字习惯，是有很大意义的。

写字的正确姿势就是要求儿童坐端正，肩膀放平，两脚平放在前面地板上，右手握笔，两臂平放在课桌上，头部稍向前倾，胸部要稍为离开课桌以免肺部受到压力。在指导儿童握笔时，要告诉儿童用中指从右边下面托住铅笔，拇指从左方按住它，食指放在上面。文具盒要放在课桌的前方，练习簿要端正地放在课桌后方的边沿上。这些正确的姿势和应该注意的地方，教师要亲自示范给儿童看，并指导儿童按步骤练习。在最初写字时，教师可以出示写字姿势挂图，让儿童模仿，随时检查儿童写字的姿势是否正确，并对错误姿势予以纠正。

在教儿童学习写字之前，即在上预备课时，还要做一些准备写字的练习。

儿童在未入学之前就喜欢绘画，在入学后可让儿童多做一些自由绘画的练习，然后让儿童把练习簿方格内画有"…""⋰""⋱""："的影线用铅笔正确地描绘出来，并告诉儿童下笔的方向，使儿童能够逐渐脱离影线正确地在练习簿上书写"丨""一"等基本笔画，为以后写字打下基础。这些练习能够发展儿童手指肌肉的灵活性，使他们养成把握铅笔的良好习惯，减少以后书写的困难。

其次，伴随书写练习也要使儿童学会"丿""乀""一""丨""丶"等基本笔画的读音。这样就可减少以后学习笔顺时的读音困难。

在经过这些初步练习后，就要开始教儿童识字。教一年级儿童识字，要掌握由简到繁、循序渐进的教学原则，并要充分注意到教学方法的灵活性、多样性，以提高儿童的学习兴趣，帮助儿童加深记忆。同时还要及时进行复习巩固。

一、提示生字。要避免孤立、突然和生硬地提示生字，必须使儿童对生字词获得初步的印象后再随时提出。例如，在讲到早上升国旗时，即板书"国旗"二字；在讲到给国旗敬礼时，写出"敬礼"二字。或者让儿童阅览课文之后提出生字。也可利用实物、动作、表情、画图等各种直观的方法提示生字，例如：提示"棉花"时，先展示实物，儿童理解后即板书"棉花"二字。

另外，要尽可能将生字结合单词和句子提出。例如：学"干"字时，即板书"干净"二字，以帮助儿童对字义的理解，获得完整的概念，增进儿童的词汇量。书写时再按照每个单字进行学习。在一年级第一学期，每提示一个字，学完后即时擦去，再提示第二字，以免混淆。到了一年级第二学期时，就可以一并提出，再依照次序学习了。

二、生字词读音的练习。生字提出后就要进行正确的读音练习。读音练习应该以北京音系为标准。先在字的右边标以注音字母，拼出正确的字音，教师先做范读，再领读，再让儿童自己反复读，对于一些难发音的字要多练习几次。另外要注意利用注音字母和口腔发音的位置，帮助儿童正确地发音。对于带有方言土语或发音不清的儿童，要耐心指导，逐步纠正他们的"语病"。教师的发音要清楚正确，绝不允许读错了再纠正，以免给儿童留下模糊的印象。对于已学过的同音字如"是"与"事"等，复习生字时要提出加以区别。

三、讲解字词的意义。透彻地讲解生字和词，能帮助儿童熟练地应用。在一年级讲解字义要根据直观的教学原则，灵活地运用各种方法，使儿童深刻地领会字词的意义，提高儿童的学习兴趣。

有些字和词可利用动作和表情来讲解，例如：讲"扫"字时，做扫地的动作；讲"快活""生气"等词时，便做出"快活""生气"的表情。有的字可以运用实物和图片来教学，例如：讲"谷子"时，展示实物使儿童理解；讲"风景"时，就用绘有"风景"的图片进行讲解；另外，教师也可随时画一些板画帮助讲解。对于相对的字，可采取对比的方法讲解，例如：学到"慢"字时，和以前学过的"快"字对比一下，就很容易使儿童理解；其他"冷""热""长""短"等字都可用对比的方法讲解。对于难以理解的抽象的字和词，可多举实际例子和通过口头造句的方式使儿童领会，例如讲"也"字时，教师举例说："你写字，我也写字。"儿童口头造句就能说："你读书，我也读书。"这样，儿童便领会了"也"字的意思和用法。其他如"再""了""什么"等字词，都可利用这个方法讲解。

讲解字义时，还要密切联系课文，使儿童理解某一个字和词在课文里代表什么意义。例如：讲"呱呱叫"时，要使儿童理解它在课文中是形容青蛙叫的声音。当然在讲解某些字词的意义时，也可以适当联系一些课文以外的例子，如讲"燕子飞"的"飞"字，可补充讲解为"飞机"和"小鸟飞来飞去"的"飞"。但在一年级第一学期，不能联系太多。到一年级第二学期，再把讲解范围适当扩展，并可多多启发儿童自己讲解。遇到名词，要相机渗透一些有关知识的讲解。例如讲解"蜜蜂"，要谈一谈蜜蜂的形状以及对人的好处。最后，通过解释字义向儿童进行适当的思想教育。例如讲"敬礼"时，就可以告诉儿童说："好学生要尊敬老师，见了老师要敬礼。"

四、生字词的初步运用。字义讲完后，马上要通过口述造句的方法，让儿童练习对字词的初步运用，以便更深刻去体会字义。每个生字新词可练习两三遍左右，较难的字也可不做练习。在儿童说出句子时，教师要注意倾听句子是否完整，是否合乎语法，以及内容的真实性和思想性，并要结合造句进行思想教育。

五、写字的练习。在经过最初预备课的练习后，儿童在写字方面已有初步准备，这时就要教儿童从容不迫地正确工整地写字。要打下整齐美观、正确书写的基础，同时培养儿童踏实、认真、细心的学习态度。

教师在学期开始时，就要在教材中把需要写的字，根据字的难易和写字规律，排成系统的写字表，有计划、有步骤地教给儿童书写。例如：第一课出现"开"字，第四课出现"门"字，第九课又出现"开"字，就可以在第一课中不教儿童写"开"字，到第四课把"门"字先教儿童写会后，再在第九课教写"开"字，就容易了。同时教师也必须掌握那些繁难字，以便在以后的学习中有计划地教给儿童书写。

一年级儿童练习写字，分书空和书写两部分。首先要通过书空的方法，学习字的笔顺。例如：学"大"字时，教师先做书空示范，然后让儿童把手伸出来跟随教师照着黑板上的笔顺，在空中书写，一边写，一边读"横""撇""捺"。在读笔顺时，不要唱读或声音过高，以免声带受到过分震动，损害健康。最后再由儿童自己反复练习。这样经过大约三个月时间的书空练习，儿童就能很自然地掌握"由上至下""由左至右""由外至内"等笔顺规律。到一年级第二学期，书空的次数可逐渐减少。读笔顺时，对简易的字可按笔画读为"一、二、三、四……"。记清笔画的数目，可为以后打下查字典的基础。

接着，便是进行书写练习。教师要先在黑板上讲解字形结构，以及每一笔在方格内所占的位置。例如写"人"字，先告诉儿童在写"人"字的一撇时，要在方格上方的横线中央下笔，撇到方格左下角，一捺呢，要从撇的稍上方下笔，写到方格右下角。讲解后，由教师或优等生在黑板上的方格内范写一遍，最后教师领着一齐写。教师在黑板上的方格内写一笔，儿童在笔记本上跟随着老师写一笔。这样由教师带领儿童将每一个字练习写三遍左右，再让儿童在笔记本上练习数遍。到了一年级第二学期，教师讲完字的结构后，可由儿童自己抄写下来。

在最初指导写字时，笔记本上的方格要大，写的时候要满格。写错时，一定要用橡皮去擦，并要保持笔记本的整洁。当儿童写字时，教师要在桌间巡视，随时检查写得是否正确，铅笔削好了没有，以及握笔与写字的姿势是否正确。对个别书写较差的儿童，要予以特别指导。

儿童初学生字时，每一节课一般要求学习读讲与正确书写两个字左右，以后再逐渐增加。在写字过程中，还要逐步地使儿童认识字的部首、偏旁。对于字形类似的字，如"活""话"等字，在复习生字时，必须提出进行复习。对于已学过的字形相同而音和义不同的字，例如：

长短的"长"和草儿长出来了的"长",在复习时,也要提出来加以区别。

为了使儿童容易记忆字形结构,教师在讲解时可以采取象形化、编字谜、编歌谣等方法。例如:讲"哭"字时,教师可以一边说:有一个小弟弟瞪着两个大眼睛,张着大嘴,哭起来了,眼睛下面还挂着一滴眼泪,一边按顺序写"吅""大""、"。这样儿童对"哭"字的字形就获得了深刻的印象。又如"六"字,就可以用字谜"一点一横,两眼一瞪"来讲它的结构。又如"左""右"两个字的结构,儿童很不容易区别它们,北京市六区第一中心小学教师丛玉兰同志在讲"左"字与"右"字时,编了这样一个歌谣:"我写字,用右手,右字下面是个'口',小朋友,要记清,左字下面是个'工'。"于是,儿童就记住了。但必须注意的是,在使用这些方法时不能牵强。

教师在教写字时,还要事先估计到儿童可能有的错误。对易丢笔和易错的笔画要用彩色粉笔标明,使儿童们能明显看出,牢固记住。在读笔顺时,要着重读应注意的地方。北京师范大学第二附属小学教师马英贞同志在教"球"字时,让儿童着重读"、",使儿童对"、"有更深刻的印象。她在讲这类字时,从来不提及反面的意见,像"可别忘了这一点!"与"这儿有没有一点呀?"等,因为这种提法容易模糊儿童对这个字的印象;同时,她从不板书不正确的字形,总是从积极方面给儿童提出正确的范例。这样细致地指导,对于初入学儿童是十分重要的。

在一年级第二学期讲解字形时,要着重分析字的结构,联系复习旧字。例如:讲"飘"字时,分析为儿童已学过的"西""二""小""风"四部分,用这四部分合成"飘"字,不再需要书空,儿童就能很容易地记住。又如讲"桃"字时,将偏旁"木"换成"辶""扌",就及时地复习了"逃""挑"等过去学过的字。在分析字的结构时,也要指导笔画部位和间隔距离。最后,让儿童把每一个字抄写在笔记本上,再当堂做几次书写练习。

写字是一年级儿童感到最困难的事，但又不容许我们过重地加重儿童的课外负担。这样一来，必要时，教师可在一周内适当用一两节课时间让儿童着重进行写字练习。在这些时间内，也应该注意到字的读、讲、用的复习巩固。

初入学的儿童，在课堂上经过四十五分钟的紧张学习，是可能引起疲劳的。所以教师必须善于掌握情况，发现儿童已疲劳时，即变换教学的方式。例如讲个故事，或让儿童唱个歌，做些四肢伸展的动作，使儿童获得短时的休息，这是一件很重要的工作。

六、字词的复习、巩固和应用。对已学过的字和词必须有计划地、经常地复习、巩固和应用，才能使儿童将所获得的知识和技能变成熟练的技巧。

课堂复习是一种经常性工作。复习次数要多，但是每次复习时间不要过长，并且要灵活运用各种方法，以提高儿童的学习兴趣。

在每一节课开始，可以进行数分钟的字词复习。教师预先将新学的字和已学过的易混易错字写在卡片上，以便随时灵活地进行复习。例如：教师先后拿出卡片"识"与"织"字，让儿童分别读讲之后，再口头造句，练习两个字的不同运用。教师也可让个别儿童到黑板上默写生字，要求写得正确工整，全体儿童集中注意力观察，如发现错误就共同纠正，另外也可做集体书空练习。

在复习过程中，教师应注意随时检查儿童的接受程度，并进行平时记分。每讲授一课，在最后一节课里，一般要用二分之一的时间进行生字词的综合复习、巩固和应用，并且要对同音字、形似字和较难的字进行多次复习，及时消灭错别字。具体复习方法如下：

（一）默写单字和注音字母。教师可以板书注音字母，让儿童在黑板上或笔记本上根据注音字母来默写单字，或者让儿童把黑板上的单字，拼上注音字母。这种方法能帮助儿童复习字的读音与写法。

（二）听写。教师口述单字、单词、单句，如"我们""我们上学去"等，让儿童听完后写在笔记本上。对初入学儿童可从听写单字开始，再逐步提高。教师也可以把生字和已学过的同音字与形似字合在一起组成句子，让儿童听写。例如："我吃'完'饭，就到外面去'玩'。"或利用新学的字和已学的字组成许多新词和优美的单句，如："春风轻轻地吹着""小河里的水哗啦哗啦地流着"等，让儿童听写，借以增进儿童的语汇，加深他们对字、词和句子的概念的理解，发展儿童的听觉能力。

（三）根据字的偏旁、部首，汇集单字。在一年级第二学期，所学的字逐渐加多，教师就可提出"扌"旁，让儿童把所记忆的"扌"旁的字统统默写出来。这样就能使儿童按偏旁、部首分类，正确地书写单字，为以后查字典打下基础。

（四）造句练习。一年级不讲解词类的性质，但是在复习时，教师必须有计划地掌握教材中已学过的各种性质的单词和单字，分出类别，让儿童通过口述和笔述练习正确地造句，以帮助儿童巩固和运用已学过的字和词，增进儿童的语汇。这项工作可通过以下方法来进行：

1. 最初可运用"我们""老师"等代词和名词，让儿童造出有主语和谓语的完整句子。例如：教师提出范例"我们上学"，然后儿童就能用"我们……"说出"我们读书""我们唱歌"等句子。渐渐可提出"……读书""……说话"，让儿童添上主语，造出完整句子。提出"我……""我们……"，让儿童将少数和多数做比较，造出完整句子，并提出"这里""那里"等代名词，让儿童造句。

2. 换词连句。教师提出范例"我听老师的话"，再提出"我听……的话"，让儿童添上别外的词，连成完整的句子；也可以提出"老师拿着书"；再提出"小朋友……着书包""妹妹……着皮球"，让儿童添上适当的动词，连成完整的句子。

3. 看图造句。教师根据图片的内容，板书"好学生天天学习"的句子，然后又提出"好学生……""好学生……"，让儿童根据不同的图片内容，写出完整的句子。

4. 用完整的句子回答教师的问题。教师提出"你在公园里看见什么？""你在学校里做什么？"等问题，让儿童运用学过的字和词组成完整的句子，通过口述或笔述回答出来。

5. 运用虚词造句。教师提出范例"我上学，你'也'上学"，再提出"我做工，你……做工"，让儿童用上"也"字，造一个完整的句子，接着再学习运用"又""再""都"等虚词造句。

6. 运用形容词造句。教师先提出"树"字，再说"绿绿的树"，那么儿童就"花"和"草"说出"红红的花"和"绿绿的草"，也可让儿童用"美丽""轻轻"等字造句。

7. 让儿童练习造句，要由简到繁，逐步提高，使句子内容丰富，意思完整。如把"老师写字"发展为"老师'在黑板上'写字"和"老师在黑板上'慢慢地'写字"。

8. 让儿童学会运用表示物品单位的词。教师可先提出："一本书"，再提出"一……布""一……人"等，让儿童添上适当的字，成为完整的句子。

教师可灵活运用以上各种方法，让儿童先口头造句，再写出来。在一年级第二学期时，口头和笔述造句可逐渐发展为较长的句子。除去每节课和每课教材讲授完毕后的复习外，教师还要注意掌握儿童们易混易错的字，于一周内进行一二次综合复习，每隔二三周进行阶段复习。课堂复习如上述。另外，在家里还要进行一些作业练习。

儿童初入学时，对学校的集体生活和学习都感到生疏、不习惯，因此，在初入学的一个月内，暂且不留课外的生字作业，以免儿童负担过重。以后每日可留三四个字，让儿童回家后将每字各写一行。到一年级第二学期，可增至六七个字。批改作业时，教师在错字旁边画"丨"号，让儿童自己改。改好后在生字本上再重新写一行。教师第二次检查时，改对了的，将"丨"号改"レ"号，并按照写的工整程度记分。如未改，一定要督促儿童改好。

我们在一年来的实验工作中，在生字教学上，由于掌握了以上基本精神和方法，使得一年级的儿童在全年中学会了五百三十多个字（比"四二制"第一学年所应学的四百字多一百三十多字），并能正确书写四百多字，能初步运用字和词写出完整的句子及四十至六十字的短文。根据实验情况，教儿童认识生字（读和讲）的数量，还有可能增加。特别是运用注音字母，更能使儿童认字的数量增加。

实行五年一贯制，要求在五年内完成相当于旧制六年的课程，而且不致影响儿童的健康。这样，我们就要从教材和教法上求得改进，提高教学的质量。只要我们努力，就能保证教学任务的完成。

（选自光明日报社编印《小学五年一贯制学习资料（第二辑）》，1952 年版）

怎样培养一年级儿童的发表能力

（北京市六个小学五年一贯制实验班

语文小组教学经验介绍之三）

语文教学的主要目的之一，是要在教学过程中发展儿童的语言，教导儿童能够正确地运用语言和文字来表达自己的思想感情，培养他们口头与文字的发表能力。而且，语文教学在发展儿童思维的逻辑性，启发儿童对于祖国语言的热爱，向儿童进行思想、道德教育等方面，都有着重大的作用。

一

儿童未入学以前，就需要能够运用语言表达自己的思想。他们进入学校后，还要会用语言来回答教师提出的问题，和同学交谈。所以，从他们过学校生活的第一天起，就必须开始进行说话教学，引导他们正确地运用语言表达自己的思想，训练他们语言与思维的逻辑性，丰富他们的语汇，从而培养他们口头发表能力。下面是我们进行这一教学工作的几点经验。

第一，初步的说话教学工作，是着重训练儿童听觉上的注意力，即培养他们注意倾听别人说话的能力。这种练习，首先是引导儿童把注意力集中在句子、语词和字音方面，并使儿童获得有关句子、语词、字音的起码概念。而第一步，是训练儿童能从语言中辨别单句。

例如，教师指着图片说："小朋友在学校里，一同读书，一同游戏。"接着着重说，"我说了三个意思。"然后问儿童，"第一个意思是什么？"儿童答："小朋友在学校里。""第二个意思呢？""一同读书。""第三个意思呢？""一同游戏。"最后，让儿童重述句子，或让他们根据画片说出自己的句子。有时教师可以一句一句地口述短故事，让儿童数出教师口述句子的数目获得句子的概念。

当儿童学会了辨别句子以后，就开始教导他们进一步辨别句子中的词语。

教师首先简明地解释词语是什么，然后读一句简单的句子，读时在每个词语后面都停一停，表示每一停顿处即为一个词语。例如教师读："今天——天气——很好。"于是问儿童这句有多少词语？并要求他们依次序或不依次序地说出这些词语；或让儿童复述句子，然后指定第一排儿童说出第一个词语"今天"，第二排说第二个词语"天气"，这样往下推，最后由一个儿童数出一共说了多少词语。这样训练儿童辨别词语，领悟"词语"的概念。

最后，须教导儿童从词语中辨别字音。教师把词语分解成字音，例如："学校"，能轻声读出"学——校"，然后让儿童也一个一个地读出来。或者教师说出一个词语，让儿童数出其中有几个字音。

但要注意的是，教师在同初入学的儿童接触时，说话一定要清楚、缓慢，使儿童能够听明白，给儿童以发音正确、清楚的好榜样。

第二，对于初入学的儿童，教师应该让他们熟悉一些他们将来在学校生活中，以及学习语文课本时所必须具有的概念和词语，增进儿童的语汇量。教师应该根据具体情况规定一些谈话题目。

例如，在开学第一天，教师就要和儿童进行关于"学校"这个题目的谈话，带着儿童参观学校，向他们简单地介绍学校的环境，告诉他们这是"操场""课堂""走廊"；指给他们看课堂里的物品，如黑板、桌子、椅子等，告诉他们这些物品的名称，并说明它们的用途。简明地告诉他们一些学校规则，如怎样上课，在课堂上有些什么守则等。然后启发儿童复述这些句子和词语，使他们一一明了它们的意思。此外，还可进行有关"老师""同学"等内容的谈话。

第三，儿童初入学校时，往往羞于在全体同学面前发表自己的意见。因此，教师在课内、课外，要尽量利用一切机会鼓励儿童大胆说话，而且要使每个儿童都有练习说话的机会。

教师可以用这样的方法：让儿童在课堂上朗读课文，讲述画片，或向儿童提问，鼓励他们大胆回答，在课外组织谈话会，让儿童讲述故事和日常见闻。对于个别胆怯不敢说话的儿童，要给予更多的帮助。例如北京师范大学第二附属小学语文教师霍懋征同志，在一次课后对胆怯不敢说话的萧平说："你今天回家把这课书好好地读一读。明天上课时，你愿意读给同学听吗？我想你一定会读得很好！"第二天上课时，她便对全级小朋友说："我先来读一遍，然后我们请萧平来读。"这样，终于让萧平第一次在同学面前读起课文来了。有读得不太流利的地方就及时给以帮助，读完后，又加以赞许，说："我相信萧平下一次一定会比这一次读得更好。"同学们也给她鼓掌说："萧平进步了。"这样就鼓舞了萧平说话的勇气。在此后的课堂上，萧平便常常主动要求讲话了。教师对不敢讲话的儿童，要有计划地耐心指导。

第四，在启发儿童用自己的语言表达意思时，要注意研究并纠正儿童在语言使用上所犯的毛病。

例如，有的儿童这样叙述他到公园游玩时的情况："我在公园内，看见了树，看见了花，看见了草，看见了……"说了一连串的"看见了"，待他说完，教师便须抓住时机，用带商量的口气问他："你叙说你看见许多东西的时候是一句用一个'看见'好呢，还是一共只用一个'看见'好呢？"接着，把儿童的话加以组织，提示范例，这样就可及时把毛病纠正过来，并教育了全体儿童，不但使儿童以后说话知道避免这种语病，而且可使他们初步体味到语言简洁的好处。又如，有的儿童讲话时常带"哼""啊""那个……那个……"以及发音不清楚等的毛病，都要随时予以纠正。教师要做好这一工作，必须随时注意儿童在使用语言时所产生的各种缺点，并做系统记录。备课时要根据记录想出方法，有计划地在教学中帮助儿童改正。

第五，在进行说话教学时，教师应当采用一些优美的、有内容的画片来启发儿童说出自己的生活经验和已有的知识概念，并通过画片来扩展儿童的眼界，丰富他们的语汇，发展儿童的观察、思考和想象的能力。

教师在指导儿童观察画片时，首先要有充分的时间让儿童细看画片的内容，然后才让儿童讲述。在儿童讲述时，教师要随时提出一些问题，帮助儿童加深对画片内容的理解，而且要注意提出带有思考性的问题，要使儿童能进行真正有内容的答话。

例如，在欣赏一幅"农家"的图画时，让儿童仔细观察后，教师就要求儿童说出"上面画的是什么人？他在做什么？"儿童答："这是农民，他要到地里去除草。"教师又故意问："也许他是要回家去休息呢？"儿童说："不对的，你看，那个房子是他的家，他刚从家里出来，手里拿着锄头，正在向地里走去。"其他儿童补充说："太阳才出来，这是早上，农人在早上起来要去做工。到了晚上，太阳落下了，农人才会回家休息呢！"于是，教师又问："你们为什么知道他是农人呢？"儿童说："你看，他不是带着草帽，手里拿着锄头吗？"这样谈下去，就可把谈话引到农人如何辛勤劳动，打下很多粮食，供给全国人民。经过这样的启发诱导，最后儿童就能把图片内容叙述得清楚、明白而有条理。他们甚至能够做出如下叙述："这是早上，红红的太阳刚刚升起来；农人从家里出来……"这样不但使儿童学会了许多新词语，知道怎样用语言表达自己的思想，而且培养了儿童尊重劳动、敬爱农民伯伯的感情。

在利用画片进行教学时，要由浅入深。开始时要选择那些主题很鲜明的、儿童容易了解的、富于感情的优美画片，以后随着儿童知识的增长，再选些比较复杂的画片。

第六，儿童们所接触到的周围环境，看到的或听到的伟大祖国的建设情况以及社会生活中的种种现象，每天都在丰富儿童的语言，扩大儿童的语汇，提供儿童丰富的谈话材料。因此，教师须注意掌握这些材料，教导儿童观察他们周围的生活，讲述他们生活中有趣的事情及其见闻。在此基础上进行说话教学，不但儿童们很感兴趣，而且很容易收到教学效果。

北京师范大学第二附属小学的一位教师，曾组织儿童们开过一次以"家庭"为题的谈话会。有一个儿童说："我家住在北京市文昌胡同三号，家里有爸爸、妈妈……"教师启示他说："爸爸做什么工作？他对你讲过哪些有趣的事情？"于是儿童就能讲到爸爸在工厂里工作的情况。教师又问他："你爱爸爸吗？你为什么爱他？"儿童说："我爱爸爸，因为他在工厂里天天做工，做出来的东西给大家用。"

这种谈话，是进行说话教学的一种很好的方法。

第七，结合课堂教学，教师要注意指导儿童正确流畅地朗读课文，重述课文内容，回答教师的提问，以培养儿童口头发表的能力。

教师要指导儿童学会正确、流畅、有意识、有表情地朗读课文。教师在讲课文时，要注意丰富儿童的语汇。比如一些简短的歌谣和课文中优美的句子，如"春来了，花开了，燕子飞来了……"等，一定要使儿童能够记住并背诵出来。常用的词汇如"快乐""幸福"等，要使儿童能够利用它来造句。

第八，在语文教学过程中，教师要随时教儿童运用学过的字和词，练习口头造句，使儿童能说出完整的句子。

北京市第三区第二中心小学的教师薛莲蕊同志，在开始教儿童造句时，就注意要求儿童说出完整的句子。她用"去"字让儿童造句时，有一个儿童说："上学去！"把主词丢了。她便问："谁上学去？"学生马上补充说："我上学去。"她便抓住这个例子，教导儿童造句必须完整。其次，要注意儿童所造句子内容的正确性、真实性。有一次薛莲蕊同志用"纺"字让儿童造句，有一个儿童说："我会纺纱织布。"她及时指出"我"字用错了，指出说话的儿童年纪还小，怎么会纺纱织布呢？于是，儿童就改正了，说："工人叔叔们天天在工厂里纺纱织布。"再次，是要注意所造句子的思想性。例如，有一次薛莲蕊同志用"很快"二字让儿童造句时，有一个儿童说："星期日，我和哥哥上北海去玩。我看见金鱼在水里游，我拿小砖头一打，金鱼很快地钻到水里去了。"她便立刻指出："很快"二字是用对了，但这件事做得不对，金鱼是供大家看的，不应该乱用小砖头打。

教师教导儿童练习口头造句，一定要细心地听，指出儿童所造的句子中的毛病，及时帮助儿童改正。

第九，说话教学，也可结合观察自然现象来进行。

北京育才小学教师宋汛同志，经常教儿童观察天气变化，让儿童把观察的印象向同学报告。在指导儿童观察时，他指出："先看是晴天还是阴天？太阳出来了没有？有风没有？"于是，儿童在讲述时，就能说："天是蓝蓝的，有一片云；太阳照在身上怪暖和的；小风把树吹得轻轻地摇着。"在教儿童观察雨前和雨后的不同情况时，他提示说："那边小松树和下雨前是一样的吗?"儿童说:"不一样,比下雨前干净了。"他叫儿童看房子上的红砖、瓦,和下雨前有什么不同?儿童说:"红砖变得更红了,瓦也干净多了。"经过这样的提示后,儿童就能说出:"黑云散开了,露出晴天来了。地上湿湿的,小松树绿绿的,屋子更新鲜啦!"把雨后的情况说得更完整。

教师应当常常带领儿童到公园、树林和田野中去旅行,使儿童在对大自然的直接观察中获得许多新鲜的印象。自然界的新的形象,丰富着儿童的语言,使儿童获得一些新的概念和词语。

第十,为了丰富儿童的语汇和思想,教师应当常常给儿童讲述一些关于动物的故事和民间的传说,朗诵一些简短优美的诗歌,并鼓励儿童在课后看一些有趣的画片和有图画的书刊。教师还应当教导儿童练习讲故事,背诵诗歌。

经过以上培养,在一年级第一学期结束时,一般儿童已能简明地口述画片内容和回答教师的问题,能正确地朗读学过的课文,造出完整简短的句子。到一年级第二学期结束时,一般儿童已能较有系统地叙述他们生活中的事情,讲述画片的内容和简短的故事,并能够运用学过的字和词口头造出三至六个句子了。

二

儿童在一年级第一学期学习了三个月之后,口述造句已有了初步的基础,字也会写一些,这时,教师就要开始培养他们使用文字的发表能力。

第一,正确地造句,是文字发表的基础。因此,培养儿童使用文字的发表能力,应该由儿童笔述自己的口述造句开始。

例如用"我"字造句,儿童说,"我有手""我上学校",教师就让儿童把刚才说出的话,用笔写出来。在这个工作的初步阶段,教师要着重教导儿童练习说完整的话和写完整的句子，练习运用已学过的字和词。

到一年级第二学期时，就可以要求儿童造前后有联系和有内容的句子了。例如再用"我"字造句时，儿童说："我天天上学校。"教师便问："你在学校里做什么?"儿童答："我在学校里读书游戏。"教师又问："你爱学校吗?"儿童答："我爱我们的学校。"经过这样的启发之后，让儿童把自己刚才说的话写出，于是儿童便能写出如此句子："我天天上学校，我在学校里读书游戏，我爱我们的学校。"等到儿童学会了思考问题以后，教师的提示就可逐渐减少。

但教师必须注意：在开始教儿童笔述造句时，必须用极其简单的字，如"我""你""最"等字。等到笔述造句有了初步的基础，才可逐步地教他们用"辛苦""快乐""可是"等词语造句。

第二，进一步利用画片让儿童练习作文。儿童在一年级第一学期学习了三个月后即可开始。

开始时，要选择主题鲜明、内容简单的画片，先让儿童口述画片的内容，再把说的话写出来。教师在指导儿童口述时，要注意表述是否层次清楚、句子是否完整。并且要求句子力求简短，绝不可急于要求儿童写出过多字数的句子。到了一年级第二学期，儿童笔述有了基础，就可逐渐利用一些较复杂的画片，要儿童根据画片独立写作文。北京师范大学第二附属小学有这样一个例子。在一年级第二学期，教师让儿童观察一幅题为《乡村的风景》的画片。在儿童仔细地看完画片、了解了画片的内容以后，教师又让他们考虑"应该先写什么，再写什么"，嘱咐儿童等想好后再写，并把画片的内容加以扼要地解释。这样，儿童们经过自己的观察和思考后，就写出了各种不同内容的文字。如一甲班学生李宁写着："有两个小朋友一同到乡村去玩，他们走到一个桥上，看见河里有小鸭子游泳，还有美丽的山和树，山的旁边有两个房子，他们又看见了美丽的花和草。后来他们看见农人在田地里种地，他们就想起来他每天吃的饭都是农人种的。他们说我们一定好好学习，才对得起农人。"从这篇文字中，可以看出儿童已能独立思考，运用已学过的文字写出画片的内容，并能简单地表达自己的思想感情了。

第三，到一年级第二学期，儿童们已学会笔书正确的句子，并掌握了较多的文字，这时教师就要出浅近的题目，采取问答的方式，让儿童用完整的句子来作文。

教师出题时，必须注意所出题目须切近儿童的生活。比如"你最喜欢什么？""你在公园里看见了什么？""你长大了做什么？"等问答式的题，才能使儿童有发挥的可能和兴趣。在批改时，对错别字和语法不正确的，要细心地加以修改，但要尊重儿童的原意。发文的时候，要选出一两篇好的作文，由教师或儿童自己在班上朗读，指出文中的优点，让大家来学习。对于共同的缺点，就写在黑板上大家共同纠正。如果儿童遇到没学过的字，告诉他们可用注音字母来代替。

经过这样有计划、有步骤地培养儿童文字的发表能力，在一年级第一学期结束时，一般儿童已能够运用学过的字和词，正确地写出二个到四个完整的句子叙述简单画片的内容了。到了一年级第二学期，一般能运用词语造句，写出二十到四十字的有内容的句子，并能根据画片内容独立作文。最后，一般都能够照教师所出的浅近题目，写出四十到六十字的有完整句子的短文了。到二年级时，儿童已经可以开始独立写作文了。

培养儿童的口头和文字的发表能力，是教学工作中一件艰巨而细致的工作，教师必须努力学习先进经验，创造方法，而且在以后的学年中，仍须有计划地进行。

旧的六年初、高两级分段制小学，一般学校的儿童，往往二年级才开始练习造句，三年级才开始写作文。现在北京市六个小学五年一贯制实验班的经验证明：一年级儿童完全可以开始练习造句和写出简短的文字了。这就充分说明了小学五年一贯制的优越性。以后随着教学内容和教学方法的不断改进与提高，相信还会获得更好的成绩。

（选自光明日报社编印《小学五年一贯制学习资料（第二辑）》，1952 年版）

怎样在一年级的语文课中进行常识教学

（北京市六个小学五年一贯制实验班
语文小组教学经验介绍之四）

　　初等学校的低年级，没有单设的常识学科。一年级儿童要在包含有各种知识的语文课中，去学习有关自然、卫生方面的初步知识。为了引起儿童的兴趣和能更好地在语文课中联系讲授这些知识，教师要领导儿童观察自然界，观察动、植物的生活，在课堂及校园里做简易的实验。

　　从孩子们入学起，教师就要有计划、逐步地使他们获得关于四季的概念，并要随季节的变化，使他们获得常见动、植物的初步知识，获得简单的卫生常识。这些初步知识是构成儿童未来知识的基础。它能帮助儿童初步获得关于自然界现象的概念，帮助儿童以唯物观点来认识周围的自然界，初步奠定儿童科学的唯物主义世界观基础。它还能帮助儿童体会、阅读有关自然科学的课文。同时，它也有助于儿童语汇的丰富与逻辑思维的发展。一年级语文课中的常识教材，文字很简短，因此，教师在进行常识教学时，就必须根据教材的中心内容和儿童已有的知识水平，在讲解时适当地予以扩展，并在课后增加些补充材料。但要注意的是，不要把语文课变成单纯的常识课，必须充分利用儿童在观察中获得的概念去丰富他们的语汇，帮助他们体会课文内容，正确地朗读课文，做一些口头和文字发表的练习。

北京师范附属第一小学教师张尚璞、白荣芬等同志在给一年级儿童讲解"春来了，花开了，燕子飞来了"的课文时，为了使儿童获得有关"春天"的季节知识，做了详细的教学计划。

他们首先带着儿童们到公园里去观察冰雪融化，小草和树枝发芽，各种动物的出现，并参观园丁在花圃里怎样工作，认识了一些早开花的植物。在观察过程中，他们结合实际提出了一些问题，帮助儿童理解因季节不同而引起的自然界变化。同时，用自然界的生动形象，丰富了儿童的语汇，如让他们倾听小河流水的声音，告诉他们"小河里的水哗啦哗啦地流着"，指给他们看地上长出的"嫩绿的小草"。

回到课堂，她们便让儿童把观察时所获得的印象讲述出来，于是，儿童便这样讲："春天天气很暖和，地上的冰、河里的冰都融化了；地上长出了嫩绿的小草，树枝上长出了嫩芽，小鸟唱着好听的歌。到了春天，真是快乐呀！"讲述到"花开了"的句子时，儿童联想到在公园里的印象，说："丁香花开了，桃花、李花也开了，春天的花儿开得有多么好看呀！"由此证明，这些印象确实大大帮助儿童加深了对于课文内容的体会。这样，不但使儿童获得有关自然界的常识，同时也丰富了儿童的语汇。当教师用"春"字让儿童造句时，他们就能写出"春天来了，雪化了、冰也化了，树木和草儿发芽了"这样有内容的句子了。

在课堂上还得进一步结合教材内容，把儿童在观察时所获得的印象加以巩固引申。教师提出了这样的问题："为什么到了春天燕子就从南方飞回来呢？"并启发孩子们自己也提问题，比如提出"为什么到了春天树木就发芽呢？"之类，然后找出正确的回答。同时，教师还结合儿童观察园丁工作的情形，讲述农民在春天里的劳动情况，使儿童们了解农民的劳动是随着季节的不同而变换的。

在春季里，还要帮助儿童认识一些植物的种子，让他们在校园里或家庭里培植一些植物，指导他们浇水、培土、施肥，观察它的成长，使儿童获得一些有关植物成长的简单知识。

北京师范大学第一附属小学教师周文郁同志组织儿童们在校园里开辟了一块小小的花圃。儿童们从家里带来了一些西红柿、凤仙花、玉米、向日葵等植物的种子。教师就教儿童认识这些种子，并指导他们播种在花圃里。此后，儿童们很感兴趣地观察着植物的发芽，并计算出发芽的日期。当苗儿长高后，他们用心地培植，天天浇水，看着它们一天天长大。教师又指导他们在植物的根叶里观察有害虫没有，告诉他们怎样捕捉害虫、除草、施肥。当花圃里开满了鲜花，结着累累的西红柿和玉米的时候，儿童们以十分兴奋的心情收获他们亲手培植的果实。在花圃培植过程中，教师必须结合植物生长的情形，讲述关于植物和季节的知识。

这种有计划地指导儿童简单地培植一些植物的实验工作，可以使儿童很容易地获得关于植物的简单知识，以及农民的劳动是随着季节的不同而改变的概念。教师还要有计划地使儿童认识常见的树木和花草，指导他们辨别其外形与特征。北京市第六区第一中心小学教师丛玉兰同志，在初秋的时候，带着儿童们到校园里观察了槐树、杨树、丁香、海棠等。当儿童们到杨树下时，她就让他们静静地听杨树发出什么声音。他们听了之后，说："沙沙地响，像下雨的声音。"于是，她告诉他们说："凡是有杨树的地方，就有这种声音。"并引导他们来观察杨树高大的、笔直的、白色的树干，宽大肥厚的、深绿色的叶子。讲述杨树的叶子被风轻轻吹动时发出这样沙沙的声音的道理。同时，指导儿童们观察别的树木，搜集各种树木的叶子。最后，根据观察材料，组织了一次自然专课，让儿童在课堂上各自讲出各种树木的外形和特征，辨别搜集来的各种树叶。然后，又指导他们把搜集到的树叶晾干，做成标本，贴在纸上，标明采集的日期，挂在教室里，经常指导他们根据树叶复习关于各种树木的知识。

把树叶做成标本的工作，儿童们是非常高兴做的。所以教师可以利用暑假给儿童们布置一些作业，让他们收集在一年级已经认识了的树叶，把它们晒干制成标本，下学期带到学校展览，以此巩固儿童关于树木的知识。

对于家畜（牛、马、狗、猫、鸡、鸭等）、野兽（兔、狼等）、鸟类（乌鸦、麻雀等）中的一些常见的动物，教师在语文课中讲解这些知识时，应当尽量利用挂图、实物来进行教学，最好能使儿童们看到实物。

北京育才小学教师刘容同志，为了使儿童获得有关兔子的知识，她带儿童们到动物园里去观察兔子，然后让儿童说出兔子的特征。儿童争着说，有的说兔子有长耳朵啦，有的说兔子是红眼睛、短尾巴啦，有的还提出了很有趣味的问题，问："为啥兔子后腿长，前腿短呀？"有的儿童回答了这个问题，说："后腿长可以跳，要不兔子就不能跳了。"他们继续谈论着关于小白兔的生活和兔子的用处，如它们喜欢吃白菜，兔皮可以做手套、衣服。在参观之后，教师就把兔子的形状、生活，以及对人的用处加以概括说明，这样，儿童们对于兔子，就获得了很明确的知识了。

关于春、夏、秋、冬四个季节的知识，教师必须结合气候的变化、日夜的长短、植物的生长、候鸟的来去等现象来讲授，才能给儿童以明确的概念。同时，还要随时结合日常生活，授给儿童一些最简单的关于自然方面的知识。例如北京育才小学教师宋汛同志，为了使孩子理解雪和冰受热即变成水，水遇冷又结成冰这些现象之间的联系，在冬天的时候，他带着儿童们到学校的冰场上去溜冰，溜完后，便把冰和雪带回到教室里来，分别盛在两个缸子内，放在火炉上，一会儿缸子里都是水了。然后又叫儿童们把两缸子水都放到院子里去，等到第二天拿来看时，又都变成冰了。做过这样的简单实验之后，他便向儿童讲述水和冰变化的道理，并说明冬天气候寒冷才有冰雪，到了春天气候暖和起来，冰雪便都融化了。

此外，让孩子观察在阴暗处生长的植物，不如在阳光照耀下的植物生长得茂盛；让孩子在家里观察妈妈做饭烧水时，水遇热变成了汽……像这样让儿童们去注意观察生活中的一些普通的事物和现象，获得有关自然方面的知识，在发展儿童智慧上也是有很大意义的。

在语文课进行卫生常识教学时，也要将简单的教材适当地予以扩展。例如讲解"刷牙"，教师应当在课堂上告诉儿童怎样刷牙，并示范给儿童看，然后讲述刷牙对于保护牙齿的好处，并在日常生活中指导儿童刷牙，经常检查儿童口腔清洁。

对于一年级儿童，教师必须有计划地通过语文课教给他们最基本的卫生常识，如怎样保护身体健康，包括洗脸、刷牙、换衣服、保持正确的坐姿、养成良好睡眠习惯等，以及怎样保持寝室和教室的清洁，并教导他们认识人体各部分和怎样保护它们。

根据北京市六个小学五年一贯制实验班的经验，要对一年级儿童进行常识教学。为补充语文课本中常识教材的不足，教师必须掌握实际情况，准备一些补充材料，就现有教材，结合儿童的知识水平，适当地予以扩展。尤其要紧的，是要组织一些小规模的实验与观察工作，尽量利用实物进行教学。在实行五年一贯制时，教师必须提高教学质量，积极学习先进经验，改造我们的教学内容和教学方法。我们写出的这一点经验，仅供各地同志们参考。我们相信各地同志们一定还有更好的经验并能够创造出更好的经验来。

（选自光明日报社编印《小学五年一贯制学习资料（第二辑）》，1952 年版）

「小学生语文能力整体发展」实验

"小学生语文能力整体发展"实验简介

一、实验研究的课题与目的

我们于 1962 年至 1966 年，1976 年至 1988 年，前后共用了十六年时间，进行了"小学生语文能力整体发展"的实验。为了使实验具有普遍意义，我们在普通学校、普通教师、普通儿童、普通教材（通用语文课本）的条件下进行实验。在城乡低年级 50 个班进行了六轮实验；中、高年级的追踪实验，在城乡八个班共进行了三轮。

此项实验根据语言与思维相互促进共同发展的理论和系统结构优化提升其整体功能的原理，以发展思维和语言为中心，通过语文教学结构的整体改革（包括指导思想、教学要求、内容、方法、活动形式即课型与课外活动以及评价等要素），促进结构优化后整体功能的发挥，从而促进语文能力整体发展，全面发展智力，促使儿童快乐主动地学习以及身心全面发展；儿童具有较好的语文独立学习能力，有助于学好小学各门课程，为升入初中和以后的学习打下良好的基础。

二、实验研究的基本指导思想

实验把促进儿童思维和语言共同发展作为语文教学的中心任务。通过语文教学结构整体改革促进语文能力整体发展，即在横向联系方面，全面进行识字及听说读写能力训练，使这几种能力相互促进共同发展；在纵向联系方面，促使儿童各个阶段语文能力的发展能够相互贯通、相互孕伏和衔接。遵循口头语言和书面语言、内部语言和外部语言相互作用、相互促进的发展规律，适应儿童不同年龄的心理特点及其认识发展规律，以智力技能训练为核心，培养语文独立学习能力。语文教学与丰富多彩的生活相联系，结合语文学科特点进行德育和美育，根据儿童个性心理发展的客观规律，以文促道和以道促文，达到教育与教学的统一。

三、实验研究的基本途径

我们在低年级阶段进行语文能力整体发展实验，首先是着手改革识字教学，把节省下来的时间用来开设观察、说话、写话课和课外阅读指导课。在横向联系方面，既抓好识字教学，培养独立识字能力，又兼顾听、说、读、写能力全面训练，全面发展智力；在纵向联系方面，尽可能与幼儿园语言教学衔接，为中年级的听说读写训练打好基础，促使语文学习能力和谐整体地发展。儿童进入中、高年级以后，抽象思维能力、自我教育能力的发展速度显著加快，我们注意到这些特点，利用这种发展的可能性，在中、高年级教学采取了以下措施：讲读教学仍使用通用语文讲读课本，重点改进教材结构，改革课型和教法；以观察为基础，改革作文教学；增设了听说训练课（用节省的识字教学时间）；充分利用阅读课，持续加强课外阅读指导，进一步促使儿童听说读写能力整体发展。

四、实验研究的教学效果与社会效益

我们经过多轮实验，追踪调查了实验班儿童的语文独立学习能力，

在升入初中学习阶段所产生的实际效果，并进行了实验班与普通班多次对比测试，结果表明：儿童的听读说写能力约提高一学年程度；儿童的观察、思维、想象、记忆能力均有较明显提高，并减轻了学习负担。

实验研究成果适用于城市一般小学和农村小学，能较大面积地提高教学质量，减轻负担；尤其对于农村小学推行义务教育，防止中途辍学，调动群众办学积极性，有较好的社会效益。教师普遍反映此项成果："指导思想明确，整体性强，可操作性强。""科学、朴实、易学、管用。""教师爱教，学生爱学，领导支持，家长欢迎。"

《中国教育报》于1985年4月、1988年10月，分别报道了低、中、高年级的实验研究成果，并发表评议员文章指出："这一项实验的成功，是小学教学改革的一项重要成果，不仅有助于学生学好语文课，而且有助于学好各门课程，并为以后继续学习打好基础。这项成果的推广，对于改革传统的教学方法，更好地开发学生智能，提高基础教育质量，将会产生积极的深远的影响。"此外，《人民教育》《教育研究》《人民日报》《光明日报》《北京日报》等报刊也分别进行了报道。

此项成果，1990年获全国首届教育科学优秀成果评选"一等奖"，国家教委办公厅1990年颁发002号文件《关于认真做好教育科学优秀成果推广应用工作的通知》，对此项实验成果进行了简介，并予以推广应用。指导此项实验的理论著作《小学教学简论》一书，1989年在全国首届优秀教育理论著作评选中获"优秀奖"。此项成果的实验报告1985年获全国教育学会"教育论文奖"。供实验使用的《小小百花园》读物，1989年在全国第二届新星杯优秀读物评选中被评为向全国儿童推荐的"优秀图书"。

从1988年开始，河北、辽宁、山东、黑龙江、吉林、湖南、湖北、山西、广州、陕西等十几个省市的区、县学校，陆续引进了此项成果，经过五年的实践应用证明：此项成果大面积提高了教学质量，减轻了负担，取得了较好的社会效益。

五、实验研究的书籍与录像片成果

1. 供指导实验使用的理论著作

（1）《小学教学简论》指导实验使用（吕敬先参加合著，1983 年湖南教育出版社出版）。

（2）《小学教学改革研究》指导实验使用（吕敬先著，1994 年教育科学出版社出版）。

（3）《小学生语文能力整体发展的理论与实践》指导实验使用（吕敬先主编）。

（4）《小学生语文能力整体发展实验报告》指导实验使用（吕敬先著，载于《中国教育报》1985 年 4 月，1988 年 10 月；《人民教育》1991 年第 1 期）。

（5）《小学语文教学改革的几个问题》指导实验使用（吕敬先著，载于《教育研究》1983 年第 6 期）。

2. 供学生使用的教学用书

（1）供低年级学生阅读使用的《小小百花园》1~4 册读物，每学期一册（吕敬先编著，教育科学出版社出版）。

（2）供低年级学生识字使用的《识字课本》1~4 册，每学期一册（吕敬先主编）。

（3）供中、高年级学生阅读使用的《中外儿童文学科普佳作选》1~6 册读物，每学期一册（陈模、吕敬先主编，教育科学出版社出版）。

（4）供中、高年级学生听读欣赏使用的《小学生作文欣赏》1~6 册，每学期一册（吕敬先主编）。

3. 供教师使用的教学参考书

（1）供低年级教师使用的教学参考书

①《教儿童观察说话写话》1~2 册，一、二年级用，每年级一册（吕敬先著，教育科学出版社出版）。

②《教儿童思考识字阅读》共 1 册，一、二年级用（吕敬先编著）。

（2）供中、高年级教师使用的教学参考书

①《作文教学》1~3 册，三至五年级用（吕敬先主编）。

②《阅读教学》1~3 册，三至五年级用（吕敬先主编）。

4. 供教师使用的系列课堂教学录像片

（1）低年级的识字、写字课，说话、写话课，讲读、阅读课，共 31 部（吕敬先主编，并指导录制）。

（2）中、高年级的作文课，讲读、阅读课，听说训练课，共 21 部（吕敬先主编，并指导录制）。

（选自吕敬先著《小学教学改革研究》，教育科学出版社 1993 年版）

"小学生语文能力整体发展"
实验报告

　　小学教育是基础教育，小学语文学科是实施基础教育的主要学科，因此，小学语文教学改革是涉及小学教学全局的问题。小学语文教学质量高，儿童具有较好的语文独立学习能力，有助于学好小学各门课程，并为升入初中学习和以后的发展，打下良好的基础。

　　我们于 1962 年至 1966 年，1976 年至 1988 年，前后共用了十六年时间，进行了"小学生语文能力整体发展"的实验，即以发展思维和语言为中心，通过语文教学结构的整体改革促进语文能力整体发展，全面提高儿童的语文学习能力，全面发展智力，促使儿童快乐主动地学习和身心全面发展。

　　为了使实验具有普遍意义，我们在普通学校、普通教师、普通儿童、普通教材（语文讲读课本）的条件下进行实验。在低年级阶段（1—2 年级）进行了六轮实验，在城区和郊区（农民子弟班）共有 50 个班级参加了实验。由低年级到中、高年级（1—5 年级）的追踪实验，进行了三轮，城区和郊区共有 8 个班级参加了实验。

　　现将低、中、高年级阶段改革实验的基本做法与效果，以及基本指导思想报告如下：

一、低年级阶段改革实验的基本做法与效果

我们在低年级阶段进行的语文能力整体发展实验，首先是着手改革识字教学，把节省下来的时间用来开设观察说话写话课和课外阅读指导课。在横向联系方面，既抓好识字教学，培养独立识字能力，又兼顾听、说、读、写能力全面训练，全面发展智力；在纵向联系方面，尽可能与幼儿园的语言教学衔接，为中年级的听说读写训练打好基础，促使语文学习能力和谐整体地发展。

（一）识字教学

汉字笔画繁多，难认难写又难记。儿童一迈进学校大门，就要过识字关，教师要花大力气教，儿童要反复机械地抄写，师生的精力主要耗费在识字上。"识字"成为拦路虎，它是妨碍语文学习能力整体发展的主要矛盾，所以必须改革识字教学。

我们改革识字教学的做法具有以下特点：

1. 以动脑识字为主，培养分析综合字形的智力技能

教儿童按照汉字形声字的构字规律和基本字带字的方法，学会对字形进行分析综合，把识字的过程变为思维活动的过程，把识字教学纳入智力训练的轨道。

2. 采取小集中与分散相结合的方式识字

我们把语文讲读课本中的生字按照构字规律重新归类编排，基本字、形声字、基本字带字集中学，便于儿童按照构字规律举一反三动脑识字；把难字分散在课文中学，使难点分散。采取"小集中"的方式，把全册生字按照课文单元分六批至九批集中学，每识完一批字及时讲读课文，做到边识字边在课文中运用巩固。

3. 结合游戏方式识字

在识字过程中结合"猜字谜""找朋友""开火车""抢读"等游戏方式复习巩固字词，使识字教学生动活泼，以唤起儿童的学习兴趣。

4. 形、音、义整体识记，识字又识词

在识字过程中，既要重点突破字形难关，又要形、音、义整体识记；既识字又识词，借以积累常用词汇，避免在运用时出现错别字，并促进思维和语言共同发展。

5. 打好识字基础

使儿童牢固掌握拼音、基本笔画、偏旁部首、基本字以及汉字构字的基本规律、笔顺规则等，为集中归类识字和独立查字典识字创造条件，打好基础。

6. 在读写中运用学过的字，巩固识字效果

通过讲读课文以及提前开展课外阅读和写话，使识过的字在儿童头脑里始终处于运动状态，并在不断运用的过程中加以巩固。

7. 提前学会使用字典，培养独立识字能力

我们在一年级上学期第 12 周左右，就教儿童学会部首查字法（四省市合编的语文"大纲"规定二年级上学期教部首查字法），让儿童提前使用字典和拼音工具独立识字。每天阅读一篇课外读物，独立识两个字，从而培养了独立识字兴趣，提高了独立识字能力和使用字典及拼音工具的能力，扩大了识字数量，为提前开展课外阅读和观察写话创造条件。从一年级下学期开始教音序查字法（"大纲"规定二年级下学期教音序查字法），教儿童学会使用汉语词典，解决在写话中不会写的字和改正错别字，个别不会写的字用拼音代替。到二年级时还教儿童熟练运用字典、词典独立解字义、词义，扫除阅读中的生词障碍。

我们采取上述做法，改革识字教学，取得以下效果：

1. 减轻负担，唤起兴趣

由于儿童具有分析综合字形的智力技能，能够按照汉字构字规律动

脑识字，每识一个字，一般只需抄写一至三遍，在课文中学词，每个词抄写一至二遍，都是在课内完成抄写作业。课外时间用于听"小喇叭"广播，看儿童电视节目，读课外书，广泛观察并参加各种兴趣爱好活动，减掉了课外机械抄写字词的作业负担，唤起了学习兴趣。

2. 提高质量，扩大数量

从质量方面看：由于按照构字规律，动脑识字，提高了课堂教学效率，绝大多数儿童能够当堂学会。例如，当堂默字巩固率是在 98% 以上，全班只有少数儿童有极少数的字不会默写。儿童在写话运用中，很少写错字，有少量同音字、形近字混淆而成的别字，教师指出后，自己能查字典、词典改正。

从数量方面看：我们使用的语文课本（四省市合编），规定一至二年级的识字量是 1 438 字。我们自编课外读物，每天阅读一篇，自学两个生字，一至二年级自学识字量 828 字，两年总共识字量 2 266 个字，接近全国五年制统编教材三年的识字总量和六年制四省市教材四年的识字总量（2 500 多字）。我们用四省市合编的语文课本 1~8 册生字表，总字量是 2 540 字，让一年级第二学期郊区（农民子弟）实验班和普通班儿童认读，对比考查认字量，结果表明：实验班儿童的认字量平均高于普通班一倍以上；实验班儿童每人平均认字量是 1 173 个，在语文课本中应认 570 个，多认 603 个，超过应认字量一倍以上。

3. 加快速度，节省时间

由于采取小集中与分散相结合的方法，按照构字规律动脑识字，识字量大、速度快、巩固率高、负担轻，因而节省了教学时间。北京市教学计划规定低年级每周有 11 至 12 节语文课时，我们只用 8 课时，16 周就可以学完语文课本（包括识字、写字），每周余下的 3 至 4 课时，设两节说话、写话课和一节课外阅读指导课，全面进行听、说、读、写能力训练。实际上每周还有 2 节语文自习课的机动时间，上学期还余下 5

~6 周的机动时间，下学期余下 3~4 周机动时间。

4. 提高独立识字能力，提前阅读和写话

实验班的儿童独立识字能力强，在课外阅读和写话时，查字、猜字、问字蔚然成风。实际上孩子们是从阅读和写话兴趣的不断提高，来增强识字兴趣的。越是热爱阅读课外书的孩子，识字越快，并希望尽快抛开拼音拐棍，阅读文字书。

由于提前教会儿童查字典，培养了独立识字能力，扩大了识字量，儿童就能提前运用文字工具和字典工具阅读和写话。例如，一年级下学期儿童一般能掌握 1 000 多字，并借助字典工具及运用猜字、问字的方法，能独立阅读儿童刊物《小朋友》《中国儿童》及文字配画的图书了；能够写出一段通顺连贯的话；还能以一段话的形式写观察日记和写信，个别不会写的字用拼音代替，生字已不成为主要障碍了。

我们的实验表明，只要按照汉字的构字规律，动脑识字，培养独立识字能力，就能提前突破识字难关，在一年级第二学期就能初步解决识字问题，到二年级结束时基本得到解决。这样，就能提前进行听说读写能力全面训练，全面发展智力，早些发挥儿童的智慧潜力和语言潜力，可见提前解决识字这一主要矛盾，全盘皆活了。

（二）说话、写话教学

我们每周设两节说话写话课，它的基本任务是以发展思维和语言为中心，以观察为基础，着重训练观察、想象、分析、概括的智力技能，培养口头与书面表达能力及听的能力。

观察、说话、写话教学的要求是由浅入深、循序渐进的。一年级上学期设一节说话课，主要是教儿童观察、思考、说话。一年级下学期设两节说话写话课，在观察说话的基础上过渡到书面表达，写一段通顺连贯的话。二年级上学期在进行观察说话的基础上，开始分段写短文。

说话、写话的教学内容，一是观察、说话、写话，包括观察静物、景物、各种活动、图片等等。二是听话、说话、写话，有听故事和复述故事、欣赏散文、背诵诗歌、猜谜语、说绕口令等等。三是语文规律性知识，有词、句、段、篇及标点等浅显的常用规律性知识。一年级以词、句为主，二年级以句、段为主。

以上各类内容相互搭配进行教学，每节课以一种内容为主，再搭配其他一二种内容。如，一年级下学期的说话写话课以观察"柳絮"为主，培养观察、说、写能力；同时欣赏散文"雪花"，训练听的能力和积累语汇；并学习运用形容词进行词语搭配，把句子写具体。

这样做，既照顾到各种能力训练，又力图符合儿童心理特点，使教学内容丰富多彩、生动活泼，有助于唤起儿童的学习兴趣。

说话、写话教学有以下不同类型的课：

1. 观察、说话、写话课

观察是一种积极的智力活动，是发展思维和语言的重要渠道。我们通过观察活动全面发展智力，培养观察、想象、分析概括的智力技能，提高表达能力，这是发展思维和语言的重要渠道。

室外观察课：如，一年级下学期我们带领孩子们到紫竹院公园去上观察课"找春天"。为了培养儿童的观察技能，先上了观察前的指导课，明确了观察的目的和顺序，提示了有顺序地、仔细地、比较地观察的方法。

孩子们来到紫竹院，在观察过程中，进一步引导儿童学会全面地、仔细地观察，让他们用眼看、耳听、鼻闻、手摸、脚踩等各种感官去具体感知事物形象，同时发展语言。例如，孩子们用视觉去辨别花的颜色、形状；用嗅觉去分辨花的香味是浓香还是淡香；用听觉去感知鸟鸣、蜜蜂飞的声音；用手去摸摸柔软的柳枝；用脚去踩踩松软的泥土。一边感知，一边积极寻找词语来描述形象，教师加以引导补充。比如，描述小草"嫩嫩的小草""绿绿的小草""嫩绿的小草""又嫩又绿的小草";描述湖面上的波纹"鱼鳞似的波纹""银光闪闪的波纹""层层的波纹"等等。还要启发儿童在观察中展开联想,说出不同的比喻句来比拟形象。例如,比喻柳枝的:"柳枝随风摆动,好像在向我们招手""柔软的柳枝,在微风中摇摆,好像在欢迎我们"等等。孩子们不仅听和说这些词语,而且用多种感官去感知这些词语所代表的事物。儿童感受形象的多面性和丰富性,决定着语言内容的多面性和丰富性。感受形象的差别性,决定着儿童分辨词语差别的能力。同时,儿童感受形象的生动性会激起他们的兴趣,启发和推动孩子们去积极寻找准确、生动的词语来表达形象,把大量的消极词汇转化为能活用的积极词汇。在观察过程中,结合鲜明的知觉形象,不仅丰富了儿童的语汇,还发展了连贯性语言,让他们能有顺序地观察,并能连起来说一段话。这样扎根于形象思维的沃土中,语言才能更加准确、生动、富有感情色彩。下面是一年级下学期儿童在紫竹院公园观察后写的一段话:

紫竹院公园的春天

春天到了,老师带领我们到紫竹院公园去找春天。我们来到树林里和草地上。我看见树上的花开了,有粉红色的榆叶梅,淡粉色的海棠花,金黄色的连翘花,还有含苞待放的丁香花,真美丽呀!微风轻轻地吹来,带来一股清香。嫩绿的小草,不知什么时候从地里钻出来了,野花遍地开放着,有紫色的二月兰,黄色的蒲公英,还有各种不知名的野花,我看见有几朵像星星一样的小野花在向我眨眼,我连忙地跑过去采花。看呀,小蝴蝶在飞舞,小蜜蜂在采蜜,听呀,小鸟在快乐地唱歌。我们又来到湖边。湖面上没有冰了,湖水是绿色的,微风吹来,泛起鱼鳞似的波纹。湖中间有一座石头山,还有许多小船，小船上有很多游人，小蝌蚪在湖边的水中游来游去，它们的小尾巴一摆一摆的真好玩。湖对岸山坡上有一座小亭子，岸边有一排排柳树，柳枝被风吹得轻轻摆动，好像在迎接我们。最后，我们又到儿童游戏场玩了一会，就乘车回家了。紫竹院的春天是多么美丽呀！我爱祖国的春天！

在观察过程中，还要启发儿童发现事物之间的因果联系，多问几个为什么，促使儿童思考。如"为什么春天柳树最先发芽长叶?""为什么花的颜色不一样?""为什么蜜蜂会采蜜，蝴蝶不会采蜜?"等等，促进形象思维向抽象思维过渡，发展抽象思维能力。儿童找到了事物之间的联系，就能进一步打开创造性的源泉，编出富有想象力的故事。

在室外上观察课要让儿童一边观察一边说，回到课堂，还要再上说话、写话课，回忆观察印象，在头脑中再现画面，先说再写。

室外观察课还包括观察各种活动，如，游戏活动"小白兔钻树洞"，节日活动"国庆节"。也包括观察室外静物，如，"玩具橱窗"，自然景物"找冬老人"等等。

室内观察课：如，二年级下学期儿童观察连环图片"小燕子"，首先要培养有顺序地、仔细地观察的技能。观察有顺序，表达才能有条理；观察仔细，表达才能具体。教师先引导儿童在初步观察的基础上，概括理解画面的主要内容（谁，干什么）；根据画面内容找出事情的发展顺序（开始、经过、结果），有顺序地观察和说；进而引导儿童仔细观察画面中人物的表情、动作，同时用准确、生动的词句加以描述。如，描述老燕子"煽动着翅膀飞走了""急忙地飞走了"；描述小燕子站在窝边"向四处张望""东看看、西瞧瞧"；描述小红发现老猫想要（原文：要想）吃掉摔在地上的小燕子，"就急忙拣起一根（原文：据）树枝飞快地跑向前去，把老猫赶跑""双手轻轻地捧起小燕子""小心翼翼地把小燕子递给爸爸，请爸爸把它放回窝里"。

在观察中还要培养想象的技能。只有当儿童能够展开想象的翅膀，才能把形象表达得更加鲜明、生动。要引导儿童根据人物的表情、动作，想象出人物的心情和语言，一边想象，一边用不同的语句表达。如，小红想："小燕子是益鸟，我要替它包好伤口，送它回家。"她对小燕子说："你不要哭，我把你送回家去。"最后，还要发挥儿童的创造性想象能力，想象画面，补充事情的结果。如，老燕子回窝后夸奖小红爱护小燕子的情景，爸爸赞扬小红保护益鸟的情景等等。

在观察中还要培养分析、概括的技能。引导儿童分析逻辑顺序，概括画面的主要内容，以及画面所讲的道理，然后找出重点画面，再对重点画面进行详细地说和写，并能给图画拟定题目。这样，不仅使儿童能在理解画面的基础上表达，而且结合画面鲜明的形象，进行分析概括的智力技能训练，使儿童获得有关题目、主要内容、中心思想、段落、重点段等等方面的感性认识（不引进上述专门术语），培养初步构思画面的能力，从而为中、高年级在阅读教学中培养分析、概括能力，在作文教学中培养构思能力打下基础。

室内观察课，还包括观察静物"小手绢"，景物"落叶"，图片"让座"，游戏活动"玩具表演"，制作活动"做手工"，情境表演活动"关心老人"等等。在室内上观察课，要一边观察一边说，在观察和说的基础上再写。

2. 听、说话、写话课

听的过程，是儿童把感受到的语言声音转化为自己的形象思维和抽象思维的过程。我们培养儿童边听边想象和边听边思考的智力技能，使儿童学会"听"，提高听的能力，才能为说、写训练创造条件。如，一年级下学期听科学童话故事《棉花姑娘》，为了使儿童学会边听边想象，就要借助形象的画面来搭桥。第一遍是一边看图片，一边听故事。

第一幅图：棉花姑娘生病了；第三幅图：棉花姑娘请啄木鸟给她治病；第四幅图：七星瓢虫飞来给棉花姑娘治病。这些内容儿童不熟悉，所以要借助形象的画面，通过视听结合使儿童获得鲜明的形象。第二幅图：棉花姑娘请青蛙治病；第五幅图：棉花姑娘的病好啦。不让儿童看画面，要求一边听一边想象出形象来，这是因为这两幅画面有其他画面做基础，而且青蛙也是儿童所熟悉的。第二遍听故事时，去掉全部画面，让儿童边听边想象出画面。到二年级时，儿童熟悉的内容则完全不看画面，边听边想象出形象。儿童学会边听边想象，有助于形象地记忆故事，并能结合生动的形象吸收积累形象化的语汇。

还要教儿童学会边听边思考，能在边听边想象的基础上分析概括形象，即分析故事的逻辑顺序，概括故事的主要内容，以及所懂得的道理或知识，找出重点段及重点语句，并思考提出不懂的问题。这样，结合生动形象的故事，进行分析概括的智力技能训练，不仅为中、高年级进一步培养分析概括能力打下基础，而且有助于儿童理解记忆故事和掌握简练概括性语言，在概括理解的基础上进行复述。概括得越好，复述得越丰富。

在听的基础上再口头复述故事，一是要求儿童用自己的话复述故事，并能用上原文中生动、准确的词语；二是能够按照故事的逻辑顺序，有条理地连贯地复述；三是一边想象形象一边复述，并能补充故事情节，配合表情、动作，在口头复述的基础上再写下来。

说话写话教学的效果如下：

说话写话教学生动活泼，儿童上说话写话课，兴趣盎然，思维活跃，既提高了观察以及听、说、写的能力，又促进了智力的全面发展。一年级下学期儿童既能说写一段通顺连贯的话，又能以一段话的形式写日记和信；二年级下学期既能分段写出 300～400 字的短文，语句通顺连贯，又能用自己的话表达真情实感。

下面是实验班二年级上学期，儿童在共同观察雪景后，用自己的话表达真情实感，在课内分段写的短文。现将一个班优、中、后进生的短文抄录如下，从中可以看出儿童观察能力和表达能力发展的水平。

雪

黄耀宇（后进生）

雪花从阴沉沉的天空中慢慢悠悠地飘落下来。

大地变成了一片银白色，我站在雪地里，觉得脚凉冰冰的。雪松上盖着一层层的雪，像盛开的梨花一样。山坡上铺满了一层雪。山啊，树啊，怪石啊，房子啊，都盖上了雪，从远处看，有点看不清。小河结冰了，河上亮晶晶的。

我真喜欢这场大雪啊？

雪景

杨扬（中等生）

你看，那是什么？那是雪松，小雪花从天空中慢慢地飘下来，雪松把小雪花都接住了，小雪花落在了树枝上，好像一团团洁白的棉桃开放着。

厚厚的白雪像给大地铺上了一片白色的地毯，走在上面软绵绵的。

山坡上到处都是白雪。山坡上的松树，却还是那么绿。

亭子顶上的玻璃瓦上也落了一层白雪。

河面上结了薄冰，冰上盖着厚厚的雪。

这场大雪下得多好啊！明年小麦一定会丰收。

雪景

宫巍（优等生）

雪花从阴暗的天空中纷纷扬扬地飘落下来，天地间变成了雪的王国。

大地上落了厚厚的一层白雪，像给大地铺上了松软的白色的地毯。雪松伸出了巨臂，用双手接住了雪花。顿时，绿绿的枝叶上开满了像棉桃一样的花朵，白绿相间真美啊！山坡上也覆盖着一层白雪，像披上了银白色的素装，还点缀着树木和各种各样的怪石。房顶上也铺了一层薄雪，像披上了白纱。那花花绿绿的长廊和金黄色的亭子，在白雪中显得更加鲜艳夺目！小河结冰了，远远望去，白茫茫的一片。

这美丽的雪景，永远印在我的脑海中。

（三）阅读教学

我们从一年级上学期开始，每周设一至两节阅读课。它的基本任务是培养阅读兴趣和初步的独立阅读能力，使儿童爱读和会读课外书。

阅读的要求与内容由浅入深循序渐进。为了保证阅读的质量与数量，我们编选和指定了配套的课外读物。第一套是自编读物《小小百花园》，每学期一册，135 至 140 篇。其中包括"课外阅读"部分 100 篇，主要选编的是作家为儿童写的短文，供课内指导、课外阅读；"听读欣赏"部分 10 篇，主要是中外儿童文学名著，在课内外通过听和读供儿童欣赏；"儿童习作"部分 20~25 篇，是实验班儿童写的观察日记和学习日记，配合说话写话教学供儿童在课内外阅读，学习亲切易懂的儿童语言，启发儿童从中学习观察周围事物，用自己的话表达真情实感写日记。第二套是每学期指定的必读书籍。第三套是每学期指定的必须订阅的刊物和报纸。我们还进一步为儿童开辟书籍来源渠道，大力开展儿童自由阅读活动。

从一年级上学期学完拼音，即开始阅读自编注音读物和生字注音读物，寒假期间借助字典和拼音工具阅读浅显的字画书。一年级下学期阅读自编生字注音读物及浅显的字画书和儿童刊物。二年级上学期阅读自编的难字注音读物、短篇字书（包括科普及文艺书籍）、儿童刊物及报纸。二年级下学期阅读自编文字读物、短篇和中篇字书、儿童刊物及报纸。

阅读教学有以下课型：

1. 阅读指导课

根据不同阶段阅读要求，加强阅读指导，教儿童学会运用不同方法，阅读不同报刊和书籍，提高初步的独立阅读能力。儿童掌握了阅读方法，就能在课外独立阅读。

（1）阅读自编读物《小小百花园》

一年级上学期学会用不同方法，阅读注音课文和生字注音课文。

二年级上下学期学会用不同方法，阅读教育性和知识性课文。

（2）阅读儿童刊物及字画书

一年级下学期教儿童学会阅读儿童刊物《小朋友》中的文字课文，并能运用这种方法阅读《中国儿童》等刊物和字画书。

（3）阅读儿童报纸

二年级上学期教儿童掌握《中国儿童报》的阅读方法，并能用这种方法自由阅读其他儿童报纸。

（4）阅读文字书籍

二年级上学期教儿童掌握阅读短篇文字书籍的方法（科普与文艺书籍）。

二年级下学期教儿童掌握阅读中篇文字书籍的方法。

2. 听读欣赏课

一年级和二年级每学期都要在课内指导儿童听读欣赏不同体裁和内容的著名作家的儿童文学作品及儿童自选作品或儿童习作，并教儿童掌握听读欣赏的方法，在课外进行独立听读欣赏，以培养听读欣赏兴趣，提高听读欣赏能力，进行德育和美育，促进思维和语言的发展。

（1）听读欣赏《小小百花园》优秀的作家作品

这种听读欣赏课是以作品中的鲜明形象感染儿童，唤起想象，激发情感，启迪思考。首先，播放录音或教师朗读，引导儿童一边听，一边想象，进入作品意境。其次，听后再思考概括作品的主要内容（谁、干什么）和事情的发展顺序（开始、经过、结果）。再让儿童伴随录音或跟随教师朗读，一边读，一边想象。读后，再理解作品的主要内容，评说人物（喜欢谁，不喜欢谁，为什么），概括所懂得的道理。最后让儿童独立阅读自己喜欢的部分，并读给大家听，共同欣赏。在阅读欣赏知识性文章时，要引导儿童掌握所介绍的科学知识。在听读欣赏过程中，不搞烦琐的提问或分析讲解字、词、句。

（2）听读欣赏儿童自选作家作品或儿童习作

儿童自由选择自己喜爱的作家作品，或把自己的习作和选择的儿童习作，在课内读给大家听，共同欣赏，培养听读欣赏兴趣，提高听读欣赏能力和表达能力，同时培养儿童阅读的独立自主性。

3. 阅读活动课

这类课可以与班队会结合进行，开展丰富多彩的阅读活动，如，朗读、背诵、复述比赛活动，分角色化妆朗诵活动，交流儿童习作、日记、采蜜集活动，新书介绍活动等等，以培养阅读兴趣。

在上好课外阅读指导课的同时，大力开展课外阅读活动，每天有指定的必读阅读内容，以便养成天天读课外书的习惯，同时鼓励儿童自由阅读各种报刊书籍，培养广泛的阅读兴趣。

加强阅读指导，开展课外阅读的教学效果如下：

1. 扩大数量，提高质量

每人每学期阅读自编读物《小小百花园》110～130篇。每人平均订阅3～4种报刊，如《小朋友》《中国儿童》《中国儿童报》等。每人每学期平均阅读15～20本书（假期或平时自由阅读数量除外）。

一年级下学期即能阅读字画书，如，儿童文学作家金近的作品《小鲤鱼跳龙门》等书。二年级上学期即能阅读短篇文字书，儿童文学作家陈伯吹的作品《摘颗星星下来》和世界儿童文学名著《格林童话》等书。二年级下学期能阅读中篇文字书，如，叶永烈的《小灵童漫游未来》和世界儿童文学名著《安徒生童话》等书。还有部分儿童能阅读长篇读物，如，《小木偶奇遇记》，儿童版《西游记》等等。1～2年级共听读欣赏中外儿童文学优秀作家作品40篇。

2. 培养阅读和听读的兴趣及能力

多数儿童爱读课外书，初步养成读课外书的习惯，并且有初步的独立阅读能力。从一年级下学期开始，写学习日记，从二年级上学期开始，写采蜜集，学习摘抄语句，儿童还具有初步的听读欣赏能力，能独立进行听读欣赏。

下面是实验班一年级和二年级儿童写的几篇学习日记，从中可以看出儿童阅读能力发展的水平。

读《小鲤鱼跳龙门》

6月4日（星期日）　　陈刚（中等生）　　一年级下学期

今天，我读了小鲤鱼跳龙门这本书，这本书说的是小鲤鱼们去跳龙门。我很喜欢小鲤鱼们，因为它们很勇敢，我也喜欢小黑的奶奶，因为她很同意小黑和他的伙伴们去跳龙门。我要学小黑那样勇敢和聪明。

读《猪八戒奇遇鬼怪妖》

1月5日（星期五）　陈鑫（中等生）　二年级上学期

《猪八戒奇遇鬼怪妖》这本书说的是猪八戒犯了三个大错误。

猪八戒犯的第一个大错误是他太贪玩了，结果丢了师父。他犯的第二个错误是他太贪睡了，让妖精把他捆了起来。他犯的第三个错误是他太贪吃了，妖精在果子里放了毒药，他差点送了命。他认识了自己的错误，决心改正。

我们也不能贪吃贪睡和贪玩。我们要是贪吃了，就对胃不好。要是贪睡了，就对身体不好。要是贪玩了，就会耽误学习。

读《不用嘴巴的歌手》

3月6日(星期三)　赵琳(中等偏上生)　二年级下学期

我读了《中国儿童》里的一个故事《不用嘴巴的歌手》，使我懂得了像小蜜蜂、小青蛙、小知了、小蟋蟀，它们都不用嘴巴唱歌。

小蜜蜂唱歌是用翅膀振动，才发出嗡嗡的声音。小青蛙唱歌是用声囊发声的，它的头部两侧长着两个小圆球，发出呱呱的声音。小知了唱歌是用腹部上的两片薄膜，这薄膜又透明又有弹性，只要一振动就发出吱吱的声音。小蟋蟀唱歌是用翅膀发声的，翅膀的左侧上有一个尖利器，右侧上有一个音锉，左右翅膀一摩擦，就发出蛐蛐的声音。

森林合唱队要演出了，没有一个是金嗓子，它们不用嘴巴唱，这是多么奇怪呀！

以上是在低年级阶段改革识字教学、说话、写话教学和阅读教学方面采取的一些做法和收到的效果。

二、中、高年级阶段改革实验的基本做法与效果

我们在低年级阶段抓了识字及听说读写能力的整体训练，就为中、高年级打下了较好的基础。儿童进入中年级以后，抽象思维能力，自我意识（自我认识、自我评价、自我调节），自我教育能力的发展速度显著加快，我们注意到这些特点，利用这种发展的可能性，在中、高年级教学上采取了一系列新的措施。

讲读教学仍使用通用的语文讲读课本（四省市合编），重点改进教材结构，改革课型和教法；并以观察为基础，改革作文教学；还增设了听说训练课（用节省的识字教学时间），充分利用阅读课，持续加强课外阅读指导，进一步促使儿童听说读写能力整体发展。

（一）讲读教学

1. 改进教材结构和内容

我们把全册教材，按照文章体裁和内容归类组成单元，即分成记叙文、描写文、说明文、议论文、应用文、文言诗文，以便针对不同文章体裁和内容特点进行教学，使学生掌握不同课文类型的读写方法，以提高读写能力。

我们又对教材内容进行适当删、略和补充。确定精讲与半独立阅读课文，补充了《小学生作文欣赏》(实验班儿童优秀习作) 和少量的优秀作家作品作为听读欣赏课文；还补充了少量的浅显说明文，议论文、文言文，作为精讲课文，以便为学生升入初中学习此类课文打下基础；同时对于每篇课文和基础训练中烦琐的字、词、句练习作业，适当地予以删减，避免过多重复机械训练。

2. 改革课型

通常讲读课往往只重教师讲，忽视学生读，甚至有讲而无读，这样无助于阅读能力发展。我们的讲读课包括精讲课、半独立阅读课、听读欣赏课、总结课，四种课型相互搭配，有利于培养儿童阅读能力。综合训练听说读写能力，既保持讲读课的特殊性，又保证各种语文能力的整体发展。

（1）精讲课

在阅读每类课文时，首先要上好精讲课，着重引导儿童掌握阅读方法，提高阅读能力。为此，每课突出一项或两项阅读能力训练，并兼顾一项或听或说或写的能力搭配训练。例如：第 8 册《美丽的小兴安岭》一文，是描写小兴安岭一年四季的美丽风光，我们把表情朗读和背诵片断作为阅读能力的训练重点。同时兼顾写的能力训练，即让儿童结合自己家乡的美丽风光仿写一至两个片断，并能运用叠词、形容词和比喻、拟人修辞方法，生动形象地描写。又如，第 7 册《东郭先生和狼》一文是寓言故事，阅读能力的训练重点是评论人物，分析概括寓意，并兼顾说的能力训练，口头复述寓言故事。其他不同文章分别确定不同要求。既要引导儿童掌握阅读不同体裁文章的精读方法，又要总结精读方法。此外，还要结合课文特点，有重点地使儿童掌握读写规律性知识和语文基础知识。

（2）半独立阅读课

在精讲基础上，上好半独立阅读课，即让儿童运用掌握的精读方法，独立阅读同类课文，以培养独立阅读能力。例如，第七册第 26 课《手术台就是阵地》、第 72 课《罗盛教》，都是以一件典型事例分别表现白求恩和罗盛教崇高的国际主义精神和舍己救人的高贵品质，都是按照事情的发展顺序安排材料。教师教儿童掌握了精读第 26 课的方法，儿童就能举一反三独立阅读第 27 课了。设这种专门课时，放手让儿童独立阅读，教师只需进行检查辅导。

（3）听读欣赏课

在讲读每类课文时，都要重视上好听读欣赏课，引导儿童听读欣赏《小学生作文欣赏》一书中实验班儿童的优秀习作和优秀的作家作品，既提高听读欣赏能力，又配合作文教学从观察与选材、构思与表达等方面开拓儿童的思路，并吸收积累语汇，提高表达能力。如，三年级下学期配合读描写文，听读欣赏作家朱自清的著名散文《春》，欣赏儿童习作《春天来了》等一组文章。

（4）总结课

在讲读完每类课文时，都要上好总结课。总结一组同类文章，在题目、选材、中心、组材、表达方式方面的特点，使儿童获得读写的规律性知识。例如，三年级上学期，总结一组写人的记叙文，要使儿童掌握有关命题的规律性知识，即可以用人物（"刘胡兰"）、事件（"关怀"）、地点（"列宁在理发室里"）、时间（"爱因斯坦小时候"）来命题，题目必须简练贴切，符合文章中心或主要内容。到三年级下学期，结合写人记叙文，掌握用人物语言（"你们想错了"）、物品（"一个粗瓷大碗"）来命题的规律性知识。儿童掌握了规律性知识，就能触类旁通，提高读写同类文章的能力。

3. 改革教学方法

（1）针对不同课文类型，采取不同教法

语文教法本质上是教儿童掌握独立学习的方法。我们针对不同类型课文，采取不同的教法，教会儿童用不同的方法阅读不同类型的课文、学写不同体裁的文章。例如，阅读写人叙事的记叙文，要教儿童抓住典型事例、人物形象和中心思想，理解突出中心的重点段落和语句。阅读描写文，要把儿童带入意境，教儿童边读边想象画面，同时积累生动形象的语汇，进行表情朗读或背诵。阅读说明文，重点了解所介绍的科学知识。阅读议论文则要掌握论点和论据。阅读文言诗文，要注重理解词句。阅读应用文，则要注意掌握书写格式。儿童掌握了不同体裁文章的特点和学习方法，就能提高读写不同体裁文章的能力，并能更好地从中受到审美教育。

（2）从整体到局部再到整体

不论教哪类课文或哪篇课文，都要注意从同类文章或一篇文章的整体入手，再到局部，最后又回到整体，并作为掌握课文的主导的认识方法。防止那种割裂篇章整体，孤立强调字、词、句的讲读教学方法。

同类课文中的各篇章，在体裁和内容上有共同性，类中有篇，篇中有类。在教同一类课文时，教师先进行单元提示即简单介绍此类文章体裁的共同特点及阅读方法，使学生获得整体认识，然后用范例课文引路，以一篇带多篇。即在精讲课上教儿童精读一篇，在半独立阅读课上，指导儿童半独立阅读一两篇，最后放手让学生课外独立阅读多篇，从而使学生闻一知十，以十通百，掌握同类课文的阅读方法，提高独立阅读能力。在总结课上，归纳比较同类文章中不同题目、中心、选材、组材和表达方式的特点，使儿童获得规律性的整体认识，提高读写同类文章的能力。

教一篇课文也要注意从整体到局部，再到整体的过程。例如，讲读写人叙事的记叙文，先通过预习或听读使学生获得整体认识，初步概括文章主要内容、层次和中心；再深入局部，围绕中心，着重理解重点段落和语句；最后再回到更高一级的整体，进一步评说人物，概括中心，朗读或复述全文。这就避免了那种从局部入手，逐段分析讲解字、词、句、段，割裂篇章整体，割裂完整形象的教法。

（二）阅读教学

在中、高年级阶段，每周有一节阅读课，它的基本任务是培养儿童课外阅读兴趣和独立阅读能力。同时大力开展课外阅读活动，进一步养成儿童读课外书的习惯。要想发展儿童阅读能力，培养读书习惯，单靠课内讲读教材是远远不够的。

阅读教学的内容与要求，首先是阅读自编读物，我们与作家合作为中、高年级儿童编选了《中外儿童文学科普佳作选》，每学期一册。我们认为儿童文学对于中、高年级的儿童来说，是一种极其珍贵的文化食粮，是最受孩子们欢迎的，是用百花花粉酿成的蜜汁。所以我们让孩子们阅读中外儿童文学名著和科学文艺佳作，并附有重点作家的画像及介绍，在中、高年级阶段，让儿童认识50多名中外著名儿童文学作家，此外我们还提供了必读书目。我们还要求儿童阅读自编的《小学生作文欣赏》及其他优秀儿童习作，学习儿童生动活泼的语言，并循序渐进地阅读指定的必读报纸和刊物。同时，我们又放手让孩子们自由阅读自己喜爱的作家的文艺作品和科普书籍及报刊等等。孩子们越大越喜欢独立自主地选择读物，而越是自由选择喜爱的精神食粮，营养价值就越高。

我们充分利用阅读课时间，上好阅读指导课和阅读活动课并使课内外相结合，积极开展课外阅读活动。

1. 阅读指导课

教给儿童阅读方法，培养独立阅读能力。我们编选的课外读物，也是按照文章体裁和内容分类编排的。我们针对不同文艺作品和科学文艺作品的体裁和内容特点，教儿童运用不同的方法进行阅读。并教儿童掌握不同报纸和刊物，中长篇文艺书籍和科普书籍的阅读方法。

我们重视教儿童掌握精读、略读、速读、选读的方法，并使儿童具有独立选择精读或略读或选读文章的能力；我们尤其重视教儿童掌握速读的方法，从三年级开始，就进行速读训练，使儿童具有眼脑直映，一眼看一个句子或成行快速扫视的技能。儿童具有速读能力，就能浏览书刊和报纸，可以用较短时间阅读更多书籍。

我们还教儿童学会从书中吸取营养，具有初步积累资料的能力，如，写各种读书笔记——摘抄、提纲、摘要、读后感，以及写卡片、剪报等；学会独立购书、选择课外读物；独立查阅参考资料，会使用班级小图书馆及学校儿童图书室等等；能运用多种工具书帮助阅读。

2. 阅读活动课

为了培养学生的阅读兴趣，把他们的阅读成果及时在集体中交流，从而进一步激发儿童的读书愿望，我们利用阅读课时间，并适当与班队会配合，开展丰富多彩的阅读活动。如，开展背诵、朗读、讲故事比赛；举行自由朗诵和分角色化妆朗诵会；召开"我和书籍交朋友"的主题中队会，与作家见面会，学习心得交流会；以及开展"小书迷""小博士""读书王"评选活动等等，大面积调动了儿童阅读的积极性，激发了阅读兴趣。

3. 课内外结合

在课外，我们每天有指定的必读内容，同时给儿童留有自由阅读的时间。此外，为了促使儿童带着自己感兴趣的问题有目的地选读课外书，我们事先公布题目，定期举行"智力竞赛"、"小问号"答疑、"科学知识小讲座"等。我们还让儿童带着实践任务去积极读书，如，每个小队都要为低年级小同学或幼儿园、同院小朋友，朗读一本有趣的书；为同院、街道和敬老院的老人读报，办宣传板报等等。

此外，我们还为儿童提供阅读条件，创设读书环境，例如，建立班级图书馆或利用学校图书馆借阅图书，并集体订阅报刊，在班级陈列供儿童阅读；设立班级读书角及时进行新书介绍；设立"小问号"信箱和"知识园地"以便及时提出和互相解答阅读中的疑难问题，及时交流心得体会；定期在家长会上汇报阅读成果，并发动家长为儿童购书、借书，广泛开辟书籍来源渠道。

课外读物是发展儿童思维和语言的海洋，尤其对于学习困难的儿童，不是靠补课，而是靠课外阅读来发展智力，激发学习兴趣。我们尽力把每个儿童都领进书籍的世界里，使他们从小就酷爱读书，使每个孩子都能找到自己最心爱的书、最喜爱的作家，都有自己的"小小图书馆"，有自己的藏书。要想点燃儿童智慧的火花，就要让孩子们到书籍的海洋里去遨游。

（三）作文教学

作文教学的任务是以观察为基础，以发展思维和语言为中心，培养观察、想象、分析概括的智力技能，提高口头与书面的独立表达能力，使儿童具有观察与选材、构思与表达、自评与自改的能力。

作文教学的内容与要求。在低年级阶段，我们为儿童提供说话写话的内容，如，观察静物、景物、图片、各种活动和听写故事等等。到了中、高年级就要扩大观察范围，加深观察内容，进一步引导儿童留心观察周围的人和事及周围的自然环境，做热爱观察生活和思考生活的有心人，学习从生活中捕捉那些美好的有思想道德意义的闪光的东西，发掘那些熟视无睹的认识不到的新东西。我们引导儿童写自己亲身经历、亲自体验、亲眼观察到的真人真事和自己的真情实感，同时也充分发挥儿童创造性想象能力，编教育性和知识性童话，编童话剧等。在文章体裁方面，以写记叙文、描写文为主，兼顾应用文，同时也教儿童学写浅易的说明文和一事一议的议论文。这不仅是日常生活需要，也为初中学写此类文章减少坡度。

生活是写作的源泉，为此，我们持续开展了丰富多彩的活动。如，参观、游览，让儿童参加各种有趣的和有教育意义的活动，平时大力开展观察活动、课外阅读活动、兴趣爱好活动，以及听广播、看电视等等，扩大儿童的认识领域，充实儿童的精神生活，使之有话可说可写；生活内容越是丰富多彩，越容易激发儿童表达的欲望，使之有话要说要写，非说非写不可，以表达自己的真情实感。例如，四年级上学期儿童围绕"我敬爱的人"进行观察、采访，从社会方面观察了"劳动能手"（工人）、"一心为顾客"（售货员）、"马路天使"（清洁工）、"绿衣天使"（邮递员）、"民警叔叔"、"好阿姨"（幼儿园阿姨）等等，从学校方面观察了老师、同学、工友，从家庭方面观察了长辈、亲友和邻居等。由于观察采访的内容丰富，儿童的作文内容也丰富充实，百花齐放。所以只有不断地扩展儿童的认识领域，充实生活内容，同时，促进儿童观察生活与思考生活能力的交互发展，促进认识生活的能力与热爱生活的情感交互发展，就会有取之不竭、用之不尽的选材源泉。

作文教学有不同的课型。我们不是单纯就习作例文进行仿写或限于课堂上，从命题、审题、立意、选材、组材入手指导写作文。我们通过以下四种课型组合搭配，培养观察与选材、构思与表达、自评与自改的能力：

1. 观察指导课

在观察前先上观察指导课，培养观察与选材能力，渗透构思与表达能力训练。即或是中、高年级学生也要通过观察和思考生活，学习构思与表达。

儿童在低年级已经学会顺序地、仔细地、比较地观察。到了中、高年级，我们结合指导儿童拟定观察提纲，进一步教儿童学会选择观察内容，确定观察目的和重点，并学会在观察中思考，充分展开想象，唤起真实感受。如，四年级上学期指导儿童拟定"我敬爱的人"的观察提纲，先确定"观察内容"，即引导儿童各自选择自己敬爱的一两个人进行观察，再引导儿童思考"为什么敬爱他?"，使儿童认识到要围绕自己敬爱的人物某方面的好思想、好品质有目的地观察，从而明确了"观察目的"。人物的好思想、好品质是通过具体事例表现出来的，教儿童抓住一两件或两三件典型事例作为"观察重点"，并进一步教儿童掌握有顺序地、抓住特点仔细地观察的方法，即按照事情发展顺序或按地点、时间顺序，着重抓住人物的行为和语言特点进行观察，并要在观察中感受、思考、想象。

2. 观察课

儿童通过亲身实践、亲自观察获得素材。对于共同观察的内容，在师生共同拟定观察提纲的基础上，教师亲自带领并指导儿童观察。对于自选的观察内容，按自己拟定的提纲独自进行观察。教师还要及时引导儿童写素材笔记和观察日记以积累素材。

3. 写作指导课

主要是培养儿童的构思与表达能力。在观察基础上，再指导儿童拟定写作提纲，进行构思，即学会审题、确定题目及中心意思，围绕中心选材、组材和确定重点段，选择表达方式。在构思基础上，进行表达，能够中心明确、内容具体、层次清楚、语句通顺地进行表达。

构思与表达能力训练，先是渗透在观察过程中进行。观察有目的、有重点，构思与表达才能有中心，重点突出；观察有顺序，构思与表达才能有条理；能抓住事物的特点仔细观察，表达的内容才能具体，并有特色；儿童在观察中会感受、会思考，就能提高对事物的分析认识能力，并写出真情实感。

我们在课堂上，指导儿童根据观察素材拟定写作提纲时，对于共同观察的内容，共同讨论拟定提纲；对于独立观察的内容，独自拟定提纲。然后再交流提纲，使各自的独特构思，互相启发，进一步开拓思路，并使思路更加清晰。

在中、高年级阶段，我们尤其注意通过观察与构思指导，使儿童既会观察生活，又会思考生活，从而提高儿童分析认识事物的能力。现从儿童作文中，摘录以下片断，从中可以看出儿童不仅能具体描述事物，而且能表达自己对事物的分析认识，进行抒情和议论。

例如，三年级上学期学生宫巍不仅具体描述了"可爱的小姑娘"在公共汽车上让座这件事，而且写道："许多家长都愿意把自己的孩子从小就打扮得花枝招展，这很可爱，招人喜欢；像这位小姑娘，懂礼貌，助人为乐，这心灵上的美不是更可爱吗？"

又如，四年级上学期学生杨旭不仅能具体地描述"马路天使"怎样辛勤地劳动，为人们带来幸福，而且能用赞美的语言写道："大街上，人们渐渐地多起来，他们走在清洁的马路上，呼吸着新鲜的空气，应该感到心旷神怡吧！啊，马路天使！你不仅是环境的清洁工，更是品行的典范，你虽干着不起眼的工作，但不可缺少，你是一切圣洁、勤劳的象征，我赞美你'马路天使！'"

又如，五年级上学期学生王京宇生动形象地描述了昙花一现的情景："昙花开始萎谢了，开放的时间太短了，真所谓'昙花一现'。'昙花一现'极其可贵和难得，然而人们常用昙花比喻那些红极一时和好景不长的人。其实，这些人怎能与昙花相比呢？昙花孕育了一年，才开出几朵娟丽清香的花，给人们带来愉快，它的美丽和芳香给人们留下深刻的印象。所以，把它比喻成最美好的短暂的事物才对。我要用最美好的语言来赞颂它。"

在书面表达之前，还要进行口头作文，即口述重点段。在全体儿童自言自语大面积练习口述的基础上，以正反典型引路，初步进行讲评，以说带写，在说的基础上进行书面作文。口语能力并不能直接转化为写作能力，而这种"口头作文"在要求上更接近书面语言，所以又称"说文"。"说文"能在儿童内心的独白语言和形成文字之间"搭桥"，由"说文"向作文过渡，使口头表达能力向书面表达能力转化。这种"说文"对于由低年级过渡到中年级的儿童尤为需要，教师要有目的地进行口头作文指导。

4. 讲评课

孩子们异常喜欢自评自改作文，自评自改能力是写作能力和自我意识（体察"我在怎样想"）的组成部分，又是提高写作能力的直接条件，孩子们越会自评自改就越会写作，所以讲评课主要是培养每个孩子的自评自改能力。

讲评课要根据不同阶段的作文教学要求，针对普遍存在的问题，围绕重点进行讲评，并加以修改，以提高儿童的评改能力和表达能力。

我们在低年级说话写话教学中即开始培养初步的评改能力。到了中、高年级逐步提高要求，先是教师示范评改，再仿评仿改，互评互改，最后做到自评自改，这是我们的目的。

教师在批改中对于优等生进行点拨自改；对于学困生进行面批，指导修改，并可一文多改，逐步提高学困生自评自改能力。在讲评课上，还要注意表扬佳作和有点滴进步的作文，以普遍调动儿童写作的积极性。

作文教学还有不同的指导形式，为了逐步培养儿童的独立表达能力，我们采取了扶—半扶—放三种指导形式。

1. 扶的课：教师规定共同观察内容，在教师指导下共同拟定观察提纲和写作提纲进行观察和写作。

2. 半扶的课：教师划定范围，让学生自选观察内容，自拟观察提纲和写作提纲，教师适当加以指导。

3. 放的课：划定范围或不定范围，不加指导，学生独立作文，有时采取作文比赛方式进行。

中年级以扶和半扶的课为主，对于刚由低年级过渡到中年级的儿童，扶的课尤为重要。高年级以半扶的课和放的课为主。

例如，在中年级阶段要求记叙"一件好事"，上扶的课，是在教师指导下，共同观察并记叙为幼儿园小朋友做的好事；上半扶的课，教师予以适当指导，规定范围独自观察选材，记叙自己、同学或小组集体做的好事；上放的课，教师不加指导独自观察选材，记叙自己、同学或小组集体在学校、家里、社会上做的好事。

又如，在高年级阶段要求记叙"一件事"上半扶的课，教师适当予以指导，提供以下参考题，扩大观察与选材范围：（1）趣事，（2）蠢事，（3）这件事教育了我，（4）我想起这件事。上放的课，教师不加指导，只要求"叙事"，让学生独立自由观察、选材与表达。

以上四课一体的课型结构和三种指导形式，不仅循序渐进地培养了独立表达能力；而且有扶有放，使选材内容百花齐放，表达形式多种多样，促进儿童语言独立自主地发展。

作文教学要使课内与课外相互结合，相互促进。平时我们为儿童创造练笔和交流的机会，以促进思想感情交流，表扬佳作，互相学习，使儿童看到自己创作的进步和成果，分享创作的乐趣，进一步激发表达的愿望。我们引导儿童把日常生活中听到的、看到的、做到的、读到的、想到的、印象深刻感受真切的素材，用不同的体裁写出来，编写成自己的《浪花集》《小小百花园》等。我们利用语文活动课或自习课交流习作，表扬佳作，并把佳作抄写在班级的《红领巾文集》里或张贴在班级或学校的《作文园地》里，供大家欣赏。平时，还组织儿童采访、组稿，自办板报、墙报，培养小编辑、小记者，并鼓励儿童参加报刊举办的各种竞赛等，大幅度地调动了儿童写作的积极性，促进了儿童语言自由发展。

（四）听说教学

听是儿童获取知识的主要途径之一。儿童每天都要在课堂上听讲，日常与人交谈，通过影视、广播、录音渠道获得信息，所以会"听"是儿童必备的语文独立学习能力。为此，在中、高年级阶段，每周增设一节听说训练课，它的基本任务是以听为基础，以培养听说能力为主，兼顾听写能力训练。"听"是吸收，"说""写"是表达，要使吸收与表达相互促进，交互发展。

听、说、写的训练内容与要求是由浅入深、循序渐进的。在低年级阶段，儿童已学会边听故事，边想象画面，并能边听边思考、概括故事所讲的道理或知识，进行口头和书面复述。到了中、高年级阶段，我们把单项的边听边想象、边听边思考的智力技能训练，与综合的听说写训练相结合。

单项的听的智力技能训练内容：

1. 想象地听

边听边展开再造想象活动，在头脑中再现画面。展开联想，进行相似、对比、因果关系联想。展开创造性想象活动，续编故事或补充画面。

2. 记忆地听

边听边思考，在理解的基础上记忆，如，听记"通知"的时间、地点、人、事，听记某些要求和规则等等。

3. 辨析地听

边听边思考辨析与中心有关和无关的内容，辨析正误。

4. 选择地听

边听边思考重点内容、语句及有用的内容。

5. 概括地听

边听边思考、概括主要内容及中心。

综合的听说写训练内容：

1. 听童话、寓言、故事及写人叙事的记叙文等。

2. 听散文、诗歌以及写景状物的描写文等。

3. 听介绍科学知识的说明文、论说文等。

4. 听教师讲课和讨论发言，听信息交流和广播等。

我们充分利用听说课时间，上不同类型的听说指导课和听说活动课，并使课内外结合，开展听说写活动，培养兴趣，提高听说和听写能力。

1. 听说指导课

我们针对不同类型听说写内容的特点进行教学，提高儿童听说写能力。

单项训练是综合训练的基础，一般穿插在上课开始几分钟内进行，教师口述一句话或一段话，引导儿童边听边想象，边听边思考，在听的基础上说和写。

综合的训练内容，一般是教师讲述或朗读一篇短文或听录音，听后再说或写。

如，听形象生动的故事等，先听全文，边听边想象画面，再思考概括主要内容及中心思想。然后，再逐段听，逐段掌握内容及重点语句。在听的基础上，有声有色地口头复述或写出来。

听介绍科学知识的说明文、论说文，先听全文，边听边想象，边听边思考、概括主要内容及中心。再逐段听，逐段抓住要点，以较快速度记笔记，在听和写基础上用简练的语言复述要点。

听广播、听教师讲课等，边听边想象，边听边思考，抓住要点记录。口头复述全文或要点。

教师着重教儿童掌握听说写的方法，以较多的时间让儿童练习。随着年级的升高，教师的教法由扶到半扶再到放，最后放手让儿童听一遍，即能吸收与表达，逐步培养独立的听说与听写能力。

2. 听说活动课

在听说活动课上开展丰富多彩的听说写活动，能唤起儿童的兴趣，让更多儿童练习听说写，并使听说写能力相互促进，共同发展。

我们引导儿童从平时观察、各科教学、课外阅读、听广播看电视等多种渠道获得素材，开展听说写活动。如，举行生动的"故事会"听说故事；举行"科学知识小讲座"，听说有趣的科学知识；举行"小灵通新闻、信息发布会"，交流科技信息及新闻消息；召开座谈会、讨论会；参加演讲比赛、听写比赛等等活动。在这些活动中，人人动口说，动耳听，动脑想，从中吸取有益的内容写下来。

3. 课内外结合

我们还把听说写能力训练贯穿于语文教学全过程，并与平时课堂听讲结合起来，使儿童会听、会记笔记并整理笔记。同时，与课外听广播、看电视结合起来，能记录广播及电视新闻要点，并能口头转述，讲给别人听。平时还引导儿童在与人交往中，通过听的渠道吸取知识，使儿童在听说写的实践活动中、在日常生活应用中，不断地提高听说写的能力。

上述讲读课、阅读课、作文课、听说训练课不是孤立进行的，我们把这四种类型的课相互结合，使教学任务和内容相互搭配，课内外相互结合，促进听说读写能力整体发展。如，五年级上学期上讲读课，精讲描写文《秋天来到我家的院子里》；上听读欣赏课，欣赏作家峻青的作品《可爱的秋色》和儿童习作《我爱秋天》；上阅读课，课内指导、课外阅读描写景物的一组文；上听说训练课，以"我爱美丽的秋天"为题，让学生背诵诗歌、散文片断，口头描述画面，口述观察日记等；上作文课，观察"秋景"，以"我爱秋天××"为题写作文；同时开展课外活动，观秋景、画秋景，拾落叶做拼图，写诗歌、散文、观察日记等等。这样组成单元，通过听、读、观察来吸收，又通过说、写表达交流，提高儿童听读说写描写文的能力。

这种链环式的教学过程同时又是一种课内外结合的开放式教学过程，是周而复始的有整体结构的教学过程，借以促使学生听说读写能力相互结合，搭配训练，并形成往复上升、良性循环的整体发展。

上述结构只是教学过程中的主体结构，在主体结构之外，我们还开展大量的自由观察、自由阅读和自由写作，给学生充分的自主选择权，促进学生语文能力更充分地发展。

（五）改革实验的效果

经过由低年级到高年级的三轮跟踪实验，我们追踪调查了实验班儿童具有语文独立学习能力，在升入初中学习阶段产生的实际效果，以及实验班与普通班多次的对比测试结果，可以表明：以发展思维和语言为中心，通过语文教学结构的整体改革，促进了儿童语文能力的整体发展。在横向方面：促进儿童的听说读写能力整体发展，一般能提高约一学年的程度；儿童的观察、想象、思维、记忆能力，均有较明显的提高，并减轻了学习负担。在纵向方面：各个阶段儿童语文能力的发展，能够相互贯通和衔接，避免儿童去艰难地攀登三个陡坡。在低年级阶段，我们不但注意到与幼儿园语言教学的衔接，而且为中、高年级打好识字及听说读写能力的基础。

我们在低年级培养了独立识字能力，扩大了识字量，基本上解决了识字问题。到了中、高年级，课文中少量生字靠自学即能解决，每周能节省 2~3 课时，用于每周增设一节听说训练课，避免中、高年级与低年级听说训练脱节。还有 1~2 课时用作语文活动课（观察、参观、交流活动等等）机动使用。

在低年级阶段，通过观察图片说话写话，复述故事，进行分析概括智力技能的渗透性训练，使儿童获得有关文章题目、主要内容、段落及重点段、中心思想等语文知识的感性认识。到了三年级，适当引进上述术语，在阅读教学中进一步培养分析概括能力，在作文教学中培养构思能力，就成为水到渠成的事了。从而突破了低、中年级在分析概括能力上互不衔接的"难关"。

在作文方面，低年级阶段我们引导儿童由说话写话逐步过渡到分段写短文，到了二年级第二学期，一般儿童能写出 300~400 字的短文，为升入三年级打下了较好的作文基础。

我们从中、高年级开始，即重视与初中阶段衔接，着眼于使儿童学会学习。儿童具有以下最基本的语文独立学习能力，为升入初中学习，顺利地获取知识，打下较好的基础：

1. 儿童具有独立的阅读能力。会精读、略读、选读、速读，能独立阅读不同体裁文章。

2. 具有观察与选材、构思与表达、自评与自改的能力，能写不同体裁文章（文言文除外）。

3. 具有边听边想象、边听边思考能力。听对事物的描述能想象画面并能思考概括；听讲能抓住要点，并能记笔记和整理笔记。

4. 具有流畅的口头表达能力。能生动地描述事物，简练扼要地叙述事情，说明事物的特点和表达自己的观点。

在高年级阶段，我们还特别注意发展儿童抽象思维能力，使儿童学会独立思考，独立获取知识。课前会预习，课上会听讲，课后会复习，课外会学习。

现将实验班儿童升入初中后，写的总结原文抄录如下，从中可以看出儿童语文能力的整体发展，在初中阶段产生的实际效果。

升入初中二年级的学生王蓓写道："在中学，每天利用语文课前的两分钟，老师让同学们到讲台前讲几句话。有些同学很害怕，我在小学时，老师训练过说的能力，从小有锻炼，我就不害怕，走到讲台前，仪态很大方，说得很流利。

"班上有些同学一上作文课就发愁，不会写。我在小学时，老师教我学会了观察，平时善于观察生活，有了丰富的材料。一看到作文题，先审题，再确定中心。根据中心选典型事例最后再组织好材料，这样，一篇文章很容易就写出来了。修改作文时，有些同学还不会改呢，我就比别人强点儿，起码懂得怎么修改。

"在小学时，还练过听力和记笔记，在中学，上课靠听讲学知识。

我能一边听一边思考，记住要点，写在笔记上。

"此外，在小学时，老师还教我们读书、看报，积累阅读资料的方法，这在课堂上很少用得到，但在实际生活中，对我的学习帮助是很大的。老师培养我们速读的能力，在预习中时常用得到。老师还教过我们怎样写读书笔记，这对我的帮助最大。"

升入初中的儿童都能从不同方面总结自己的收获体会，这里，不再逐一例举了。

综上所述，由于我们通过语文教学结构的整体改革，促进语文能力的整体发展，使儿童学会学习，就促使儿童越学越会学，越学越爱学，越学越聪明。

三、改革实验的基本指导思想

（一）发展思维和语言是语文教学的中心任务

我们认为发展儿童的思维和语言是小学语文教学的中心任务，它贯穿于教学的全部过程。我们把语文教学的总目标，指向儿童思维与语言的共同发展。我们不是就语言教语言，尤其不是单纯就文字材料教儿童理解语言和运用语言。小学语文教学首要问题是正确处理发展语言同发展思维的相互关系，尤其是要牢牢抓住思维发展同语言发展的相互依存关系。

我们在实验过程中，一是充分运用儿童形象思维与抽象思维相互融合、相互转化、相互促进发展的规律，发展形象思维和抽象思维能力。发展形象思维和抽象思维是发展儿童智力的核心。形象思维是以感性认识为主要内容的思维过程，包括有关事物的表象和想象过程。儿童开展抽象思维，一般需要依靠形象思维作为基础和支柱，儿童听或读童话故事和文章，先是边听边想象或边读边想象故事情节、人物形象，然后才能分析概括出故事和文章的主要内容、段落层次、中心思想，理解重点段落和语句，促使形象思维向抽象思维过渡。反过来，在理解的基础上，再来讲述或诵读故事和文章的内容，就能更生动地表达形象和抽象思维的成果，又可以转化为形象思维。培养各种语文学习能力，有赖于发展形象思维与抽象思维，并充分利用二者相互转化、相互融合、相互促进发展的规律。

二是充分运用思维和语言相互促进发展的规律，发展思维和语言。语言是思维的工具，思维是通过内部语言活动展开的，因此，要在发展思维（形象思维与抽象思维）的同时发展语言，在发展语言的同时发展思维，两者不可须臾脱离，这是语文教学的根本特点。词语和简单的语法、章法，首先是伴随事事物物的形象及其变化过程进入儿童头脑而后加以理解的，形象思维是语言在儿童头脑中赖以扎根和发展的沃土。儿童只有学会观察与思考，既会想事物（形象思维），又会想道理（抽象思维），才可能同时学会语言。反之也只有不断掌握语言，才可能学会想事想理，掌握语言（词汇、语法和章法）又是发展思维的条件，语言吸收与表达，不但标志着而且促进着思维能力的发展。儿童思维发展同语言发展是互为目的，互为条件，互相促进，相辅相成的。因此我们把思维训练同语言（口头语言与书面语言）技能的训练紧密结合，并由此带动语文学习能力的整体发展。

（二）以智力技能训练为核心，培养语文独立学习能力

从语文学科特点来看，语文独立学习能力包括听、说、读、写及识字能力。从语文独立学习能力的一般结构来看，语文独立学习能力包括智力技能（观察、想象、思维、记忆的方法）、语言实际技能（动口说、动手写的技能）、语文规律性知识和生活知识等因素，它是由这几方面有机结合成一个整体的心理机能。培养语文学习能力，要以智力技

能训练为核心，并把训练智力技能同训练语言技能和掌握语文规律性知识与生活知识的过程相互结合，并使其相互促进、交互发展。其中智力技能训练是发展语文能力的杠杆或核心。

（三）通过语文教学结构的整体改革，促进语文能力的整体发展

我们通过对语文教学结构的整体改革，促进学生语文能力的整体发展。

语文教学是有结构的系统，语文教学的整体改革是指对语文教学的结构进行改革，即改革语文教学指导思想、教学要求、内容、教学活动形式（课的类型、课外活动）、教学方法和教学评价等要素。经过改革，使上述各要素组合起来，发挥结构的整体功能，才能促进语文能力的整体发展。

从横向联系看，听、说、读、写及识字能力一方面既是相对独立的学习能力，各有其特殊性，需要加以专门训练；另一方面它们又是相互依存、相互渗透、相辅相成地发展着。例如，儿童掌握一定数量的文字，并具有独立识字能力，就为提前阅读和写话创造了条件。而通过提前读写，又能巩固识字效果，激发识字兴趣，扩大识字的数量，并提高阅读能力和表达能力。因此，各个阶段都要全面进行听、说、读、写和识字能力的训练。不能孤立地抓某一方面能力（如，低年级单抓识字）的训练，而应有主有辅，全面兼顾，相辅相成，相互促进。从纵向联系看，各种语文学习能力在各个阶段的发展进程中，既有相对分明的层次，又是相互衔接、相互渗透、相互贯通地发展着。因此，不能孤立地抓某一阶段能力的训练，应促使幼儿园与小学低年级，小学低年级与中、高年级，小学中、高年级与初中，各个学习阶段语文学习能力的发展都能够相互贯通和衔接，避免使儿童去艰难地攀登各阶段的陡坡。实践表明，语文能力的整体发展是语言发展的客观规律。在语文学习能力

的整体发展全部过程中，始终是以思维和语言的共同发展为主轴。

（四）口头语言与书面语言，内部语言与外部语言，循环往复、交互促进地发展

我们在低年级是把发展儿童的形象思维和口头语言放在重要地位，并充分利用口头语言与书面语言交互促进发展的作用，提高听、说、读、写能力。听说最便于儿童积累词语，并促使消极词汇转化为积极词汇，最便于儿童学习简单语法和章法，借以组织自己的语言。听说又是读写的基础，听说可以带动读写，而读写又可以促进听说，提高听说的质量。口头语言与书面语言互为条件，二者交互促进发展。

儿童的外部语言（出声的语言）是与内部语言（无声的简约语言）紧密联系着的，而儿童的内部语言，又毕竟是由外部语言内化而成的。发展儿童的内部语言，使儿童学会"想"是十分重要的。教儿童轻声地自言自语，逐步地过渡到默语默想，也就是先边说（自言自语）边想，以说促想，再逐步学会先想后说，以想带说。缓慢轻声的自言自语和不出声的默语，仍然是外部语言。它具有中介的性质，如果对它运用得当，有助于外部语言与内部语言相互促进地发展。因此，我们在中、高年级教学中仍然重视口语发展，必要时采取自言自语的学习方法。这样做也便于大面积训练口语表达能力。

（五）语文教学必须与丰富多彩的生活相联系

语文教学要与生活相联系，广泛地开展观察活动，课外阅读活动，听广播、看电视，参观、游览及参加劳动和兴趣爱好活动等等，借以扩大儿童的语言交际领域和生活知识领域，充实儿童的精神生活，使儿童从生活源泉中不断吸取发展思维和语言的养料。只有把"文字教材"和"生活教材"相结合，开辟发展思维和语言的广阔天地，才能更好

地促进思维和语言共同发展。

（六）结合小学语文学科特点进行德育和美育

我们使用的讲读课本和自编读物，都具有丰富的思想内容，优美的语言艺术形象。它既是发展思维和语言的典范课本，又是进行德育和美育的生动教材。我们在实验过程中充分发挥语文教材所固有的巨大教育作用，同时，通过多种课型和在开展丰富多彩的课内外活动中，都注意结合语文学科特点，进行德育和美育。

语文学科具有文道统一的特点，及形象教育、情感教育、审美教育的特点。我们只有结合语文学科特点，进行思想品德教育和美育，才能发挥语文学科所独有的语言艺术形象的熏陶感染、潜移默化作用，同时充分发展思维和语言。

我们的认识和实践还只是初步的，但是我们深信，只要坚持改革实验，把理论与实践结合起来，探索语文教学规律，探索语文教学科学化道路，就能够减轻负担，提高质量，促进儿童身心全面发展。

（选自吕敬先著《小学教学改革研究》，教育科学出版社 1993 年版）

必须重视教育科研成果的推广

教育科研成果的推广应用，是当前教育改革的需要，也是教育发展的必然趋势。

《中国教育改革发展纲要》指出："要加强教育改革的理论研究和试验，各级政府和教育行政部门要把教育科学研究和教育管理信息工作摆到十分重要地位"，"要积极开展教育决策咨询研究，密切教育科研同教育决策、教育实践的联系，发挥教育科研对教育改革和发展的促进作用"。国家教委副主任王明达明确提出："要十分重视教育科研成果的推广，凡是有重大社会意义和实用价值的科研成果，都应及时组织和利用行政措施来大力推广。"进一步明确教育科研与教育改革和发展的关系，真正确立教育科研在教育发展中的"第一生产力"地位，大力推广教育科研成果，使其为教育决策，为教育实践服务，是教育工作者的义不容辞的责任。

我们以往的研究，集中于科研成果的获得，而科研成果获得之后，如何应用于实践却研究得很少。近年来，教育科研成果层出不穷，教改实验的科研成果更是百花齐放，硕果累累。令人遗憾的是，许多科研成果没有得到推广和应用，不少研究成果往往是写出报告，发表文章，或评审获奖，便大功告成，束之高阁。致使不少有价值的研究成果，不能有效地作用于实践，产生应有的社会价值和效益。目前在推广的几项成果，也存在着重视不够，宣传不力，应用不广的问题。随着社会主义市场经济体制的确立，教育科研成果作为一种潜在的生产力，它的转化，显得更为迫切和必要。为此，应采取果断有效措施，尽快落实教育科研成果的推广。现提出几点建议，就教于广大教育工作者：

一、建立教育科研成果的推广机构

应由国家教委和直属的中央教育科学研究所负责筹建得力的专门负责推广成果的机构，面向全国，搞好成果的推广工作。这一机构，既要有科研的性质，指导科研成果的推广，又要赋予行政职能，使科研成果的推广有可靠的行政保障。

二、建立并完善教育科研成果转化机制

要建立以下相应的成果转化机制，以便更快更好地推广成果：

1. 课题导向机制

课题选择与确定的恰当与否，会直接影响到研究成果转化的前景与效果，而目前各级课题的申报和审定，尚缺乏一套科学的标准和规范制度，造成了重复研究和低效研究，必须尽快建立利学的选题机制和权威的评审组织与管理机构。从选题开始，就要突出亟待解决的理论问题与实践问题，特别要重视成果推广的课题研究。还要完善科研成果的验收与评估体系，对成果做出实事求是的结论，并对成果的转化做出科学的预测。

2. 行政保障机制

首先，要使各级教育决策者、管理者重视教育科研，参与教育科研，支持教育科研成果推广，同时要制定相应的法规条例，给教育科

成果转化提供组织和法律保证。

其次，要从行政角度为教育科研及其成果转化提供必要的条件。一是提供经费。研究需要经费，推广成果也需要经费，教育科研投资应该在教育事业费中作为专项并占有适当比例，否则，很多科研成果根本不能形成物化的形态，更无从谈起如何转化。二是采取必要的行政措施，为成果的推广提供条件。任何一项成果的推广，没有行政领导部门及各地教研与科研行政部门的支持，是不可能推广的。行政部门应为科研成果的推广提供基地，配备专人负责抓成果推广，抓教师培训等项工作。

3. 政策激励机制

政策激励是调动和发挥科研工作者积极性的重要因素，要在科研成果发表、出版、评奖、业务考核，特别是专业技术职务评定与晋升、各种荣誉称号的评选与授予方面给予应有的重视和合理的倾斜。对于参与科研成果转化的教育实践工作者，尤其是承担各种教改实验的地区、学校和教师，政策激励同样十分重要。在当前片面追求升学率并没有得到根本扭转，学校和教师压力大负担重的情况下，如果没有保护性、鼓励性措施，不仅新的成果转化难以开展，就是原有的正在进行中的转化与推广也面临夭折危险。

教育科研成果转化是一项复杂的工程，涉及面广，政策性强，人员素质要求高，而教育实践要求又很迫切，应很好地总结已有经验，加强成果转化的科学研究，促进成果转化的有效机制尽快建立。

（原载于《民主》1997 年第 7 期）

第三辑

小学语文课程教材教法整体改革

识字教学要求与教学进度

一、识字教学要求

（一）一年级

使用通用语文课本，在达到大纲要求的前提下，完成下列要求：

1. 拼音

（1）一年级第一学期，逐步做到直呼音节。

（2）一年级第二学期，学会拼音大写字母，为掌握音序查字法做好准备。

2. 识字

（1）掌握好基本笔画、偏旁部首、基本字，为集中归类识字和提前查字典打好基础。结合集中识字一年级第一学期增学 15 个基本字，一年级第二学期增学 72 个基本字。

（2）认识基本字、形声字、基本字带字、难字共四种类型字的构字规律，会按照构字规律动脑分析、综合字形，具有分析、综合字形的智力技能。

（3）熟悉汉字结构及其各部分名称，帮助分析、综合字形，学好合体字，打好写字基础。

（4）在识字教学中，基本字、基本字带字、形声字集中学，难字分散在课文中学：

①整体识记字的音、形、义。识字又识词，每学一个生字，同时学习用熟字组成的 3~4 个常用词，以扩大词汇量，防止写错别字，并巩固熟字。

②当堂抄写，第一学期每个生字抄写 3~4 遍，第二学期每个生字抄写 3 遍。当堂默写并改对，当堂基本掌握所学字词，不留课外抄写作业。

（5）在讲读教学中运用，以巩固字词：

①每识完一批字及时讲读课文，在句子中进一步理解词义。

②通过讲读课文，有重点地运用字词组词、造句、听写句子等等，以巩固识字效果。必要时每个词抄写一至两遍，当堂完成，不留课外抄写作业。

③每识一批字，在学完课文之后全部默写，及时检查教学效果并加以改正。不进行专门的定期复习工作。

（6）通过提前写话（一年级上学期写句子，一年级下学期写一段话），开展课外阅读，以巩固字词。

（7）提前查字典识字，以扩大识字量，培养独立识字能力：

①在第一学期第 12~14 周，教儿童学会部首查字法，会使用《新编小学生字典》或《新华字典》独立识字。每天阅读一篇《小小百花园》的课文，自学两个生字。第一学期共自学 104 个字，第二学期共自学 240 个字。儿童自学生字，要求读准字音，口头分析字形，并在书上扩写两个词。每周由教师检查默写一次自学的生字，及时改正并检查效果。

②一年级第二学期，学会音序查字法，会使用《汉语词典》解决

写话中不会写的字，会改正错别字。

3. 写字

（1）写好基本笔画、偏旁部首、基本字，掌握书写规则，打好写字基础。结合学基本字掌握笔顺规则。

（2）写好合体字，掌握合体字间架结构搭配匀称的书写规则。

（二）二年级

1. 识字

（1）二年级第一学期开始，在识字教学中结合查字典，重点理解字义和词义；加强组词、造句对字词的运用，并要区别难易，培养自学能力。

（2）能独立运用字典工具，结合句子理解词义，扫除阅读中的字词障碍，改正写话中的错别字和用词不当。

2. 写字

继续写好合体字，掌握合体字书写规则，能独立分析田字格，独立仿写。

二、识字教学进度

（一）一年级

1. 第一学期

（1）拼音识字部分，平均每节课学 3 个字左右。基本笔画、偏旁部首和基本字的书写规则共上 3 节。结合基本字，陆续学习新笔画，掌握笔顺规则。

（2）集中识字（一）（二），每节课平均学 4 个字左右。在学基本字、基本字带字、形声字的同时，认识构字规律，或先用 1 至 2 节课认识构字规律。学合体字，先用 1 节课认识合体字结构及各部分名称，再用 2 节课掌握合体字书写规则。

（3）集中识字（三）（四），每节课平均学 6 个字左右。

（4）集中识字（五）（六），每节课平均学 8 个字左右。

（5）看图学词学句，每节课学 2 篇左右。

（6）讲读课文，每两节课学 1 篇；阅读课文，每 1 节课学 1 篇。

（7）基础训练，每两节课学 1 篇。

2. 第二学期

（1）集中识字（一）（二），每节课平均学 9 个字左右。

（2）集中识字（三）（四），每节课平均学 10 个字左右。

（3）集中识字（五）（六），每节课平均学 11 个字左右。

（4）集中识字（七）（八），每节课平均学 12 个字左右。

（5）看图学词学句，每节课学 2 篇。

（6）讲读课文，每两节课学 1 篇；阅读课文，每节课学 1 篇。

（7）基础训练，每两节课学 1 篇。

注：每节课平均教的字数，包括多认的基本字。

（二）二年级

（1）集中识字，二年级加强字义、词义教学及其字词的运用教学。区别难易，培养自学能力。第一学期每节课学 12~15 个字左右。第二学期每节课学 15~18 个字左右。

（2）看图学词学句，每节课学 2 篇。

（3）讲读课文，每两节课学 1 篇。阅读课文，每节课学 1 篇。

（4）基础训练，1~2 节课学 1 篇。

［选自吕敬先编著《教儿童思考、识字、阅读》（一、二年级教师用），中央教育科学研究所内部印制］

识字教学教案：汉字构字规律

（一年级第一学期　吕敬先执教）

一、教学内容

1. 基本字

本（由熟字"木""一"组成）

门（由笔画组成）

马（由熟字"一"和笔画"马"组成）

2. 基本字带字

体：本—亻—体（身体）

全：王—人—全（全国）

3. 形声字：

们：门—亻—们（我们）

妈：马—女—妈（妈妈）

4. 难字

菊（由部首"艹"头和熟字"米"及笔画"勹"组成）

摘（由"扌"旁，熟字"古"和笔画"襾"组成）

流（由"氵"旁和笔画"㐬"组成）

二、教学目的

1. 认识"基本字""基本字带字""形声字""难字"的构字规律。

2. 掌握按照构字规律动脑识记字形的方法，培养分析、综合字形的智力技能。

3. 掌握以识记字形为重点，整体识记字音、字义、字形的方法。

三、教学过程

1. 基本字

（1）认识什么是基本字

笔画比较简单的字，常用它组成别的字，这种字叫基本字。

（2）掌握基本字的识记方法

例如：

本：引导儿童分析"本"是由熟字"木""一"组成，识记方法是记住两个熟字。

门：引导儿童分析"门"是由笔画组成，识记方法是记住笔画。

马：引导儿童分析"马"是由熟字"一"和笔画"马"组成，识记方法是先记熟字"一"，再记"马"笔画。

（3）以歌谣巩固基本字识记方法

基本字怎样记？熟字牢牢记，笔画不忘记。

此外，识记基本字，还可以结合图片用象形方法识记，也可以编歌谣及谜语，配合书空、书写识字。

2. 基本字带字

（1）认识什么是基本字带字

引导儿童认识：基本字带字，是由一个基本字，加上偏旁部首，带出来的新字，即基本字带字。如，基本字"本"，加上"亻"旁，带出一个新字"体"，这类字叫作"基本字带字"。

（2）掌握基本字带字的识记方法

识记方法：体——基本字"本"，加上"亻"旁，合起来念"体"，身体的"体"（教儿童分析综合时照此例说）。

复习识记方法：让儿童照上例识记方法口头分析、综合"全"字。

此外，基本字带字，某些偏旁也能表义，也可利用偏旁表义帮助识记字形和理解字义。

（3）以歌谣巩固基本字带字识记方法

基本字带字怎样记？基本字牢牢记，偏旁部首不忘记。

3. 形声字

（1）认识什么是形声字

引导儿童分析形声字"们"：右半边基本字"门"表音，所以念"men"（四声有变化）；左半边"亻"旁表义，指人的意思。"我们"的"们"，这类半边表音，半边表义的字，叫作形声字。

（2）掌握形声字的识记方法

识记方法："门"表音，"亻"旁表义，合起来念"们"，因为"们"是指人们，所以是"亻"旁。

复习识记方法：让儿童照上例识记方法口头分析、综合"妈"字。

（3）以歌谣巩固形声字识记方法

形声字怎样记？半边表音牢牢记，半边表义不忘记。

4. 难字

（1）认识什么是难字：使儿童认识：笔画较多，比较难记的字叫难字，如"菊""流"。

（2）掌握难字的识记方法

识记方法："菊"，一找部首"艹"字头，二找熟字"米"，三找笔画"勹"。

复习识记方法：让儿童按照上例口头分析、综合"摘""流"字。

此外，识记难字也可以结合猜字谜、编儿歌识记。

（3）以歌谣复习难字识记方法

难字怎样记？先记偏旁和熟字，再记笔画不忘记。

5. 教师总结

（1）背诵儿歌，复习以上四种类型字的识记方法。

（2）平时用这四种方法识记不同类型的字。

【注】此教案可以集中上 1~2 节规律课，也可分散教学，即在识字课上，教各种类型字之前先教构字规律和识记方法。

[选自吕敬先编著《教儿童思考、识字、阅读》(一、二年级教师用)，中央教育科学研究所内部印制]

献给教师（序）

我们在小学语文学科中，进行了"以发展思维和语言为中心，促进语文学习能力整体发展"的实验。为了使实验具有普遍意义，我们是在普通学校、普通教师、普通儿童、普通教材（语文讲读课本）条件下进行实验的。我们在 1962—1966 年，1976—1985 年，前后进行了多轮实验。1982 年着手总结了低年级阶段的实验成果，编写出《识字课本》《教儿童观察、说话、写话》《课外读物》三套试用教材。又分别在北京市门头沟区、宣武区的二十个不同类型班级里（郊区的农民子弟班、城区的工人子弟班及工人子弟与知识分子子弟混合班），由不同水平教师进行检验性再实验，并进一步修订教材，改进教法，使其尽可能适用于城市一般小学和农村小学。

低年级阶段（1—2 年级）的实验，是在使用通用语文课本的情况下，改革了识字教学，教儿童观察、说话、写话，提前开展课外阅读，进行听、说、读、写及识字能力全面训练，全面发展智力；力争与幼儿园的语言教学相衔接，为中年级的读写训练打好基础，促使语文学习能力整体和谐发展，挖掘儿童早期的智慧潜力与语言潜力。

本书供小学一年级教师使用，它包括理论指导、教材和教法。从小学一年级开始，每周设两节说话、写话课，它的基本任务是以发展思维和语言为中心，以观察为基础，着重训练儿童观察、想象、分析、概括的智力技能，培养倾听和表达的能力。教材内容包括观察静物、景物、图片及各种活动；听故事和复述故事、欣赏散文、背诵诗歌、猜谜语、做传诵游戏等等；此外还包括儿童常用的浅显语文规律性知识。教材内容和教学方法，都力求生动、活泼，以符合儿童心理特点及教学要求。

本实验得到各级有关领导的支持，以及教师的密切协作。北京教育学院院长温寒江同志与有关领导同志，亲自听课、听汇报，并给以方向性指导。北京教育学院副院长李志平同志亲自审阅了试用教材（此书原稿）。作者通过多年的亲身实践——设计实验、上实验课，追踪实验进程，研究儿童，在此基础上编写了此书。同时，这里也凝聚了有关领导和教师的心血，在此谨向有关领导和参加实验的教师、教研员，致以诚挚的谢意！让我们共同把这枝稚嫩的小花奉献给小学教师和孩子们吧！并衷心希望广大教师对于书中的缺点、错误提出批评指正！

1985 年于北京

（选自吕敬先编著《教儿童观察说话写话》，教育科学出版社 1986 年版）

说话、写话教学的意义、任务与要求

一、说话、写话教学的意义

小学教育是基础教育，小学语文学科是实施基础教育的主科。小学语文教学的中心任务就是要发展儿童的思维和语言，培养语文独立学习能力。儿童具有独立学习能力，才能学好小学各门课程，并为升入中学学习打下良好基础；才能真正成为学习的主人，生动、活泼、主动地得到发展。独立学习能力，必须从低年级开始，循序渐进地培养。早期形成初步的独立学习能力、学习兴趣和学习习惯是十分重要的。它不仅能较早促进儿童智力、情感、意志、行为习惯的全面发展，并能顺利过渡到中、高年级，为以后的发展奠定牢固的基础。

所谓独立学习能力，就语文学科来说，是培养独立的听、说、读、写能力，在低年级还要培养独立的识字能力。就能力的一般结构来说，它是由智力技能（观察、想象、思维和记忆的方法）、实际操作技能（动手、动口的外部器官操作技能）、语文基础知识（主要指语文规律性知识）和生活知识（自然、社会、日常生活知识）构成的有机整体，是"三位一体"的相对稳定并能够迁移的心理活动机能。其中智力技能是发展独立学习能力的杠杆或核心，它支配调节语文规律性知识和生活知识学习及其实际操作技能的全部进程，决定着独立学习能力的发展。所以培养听、说、读、写及识字能力，都要从智力技能训练入手，并把智力技能训练同实际操作技能训练，掌握语文基础知识和生活知识的过程相结合，使其相互促进，交互发展。

语文独立学习能力的发展，应是整体性的发展。在横向联系方面，听、说、读、写、识字各种语文学习能力之间，既有相对独立性，又有内在联系和相互促进作用，不能孤立地抓某一方面能力的培养，而应有主有辅，全面兼顾，使其交互促进发展。在纵向联系方面，不能孤立地抓某一阶段能力的培养，而应在幼儿园与小学，小学低年级与中年级，小学与初中的各个学习阶段，促使语文学习能力的发展相互衔接，相互渗透和贯通。

低年级语文教学以识字为重点，却往往变成孤立地识字，在横向联系方面，忽视听、说、读、写能力的全面训练和智力的全面发展。在纵向联系方面，忽视幼儿园与小学低年级，小学低年级与中、高年级能力发展的相互衔接和贯通。

在低年级设说话、写话课，并与课外阅读相配合，就是以发展思维和语言为中心，以观察为基础，从智力技能训练入手，全面进行听、说、读、写能力训练，全面发展智力；并与幼儿园的语言教学进行衔接，为中、高年级的读、写训练打好基础，促使语文学习能力整体和谐发展。

儿童心理发展的研究表明，一般三至八岁期间是儿童智力和语言发展的最佳期。在这个时期，儿童的智慧潜力和语言潜力很大，他们经常表现出多嘴多舌，问长问短，爱看爱听。我们根据儿童这种心理特点，不失时机地充分利用说话、写话课，把发展儿童的形象思维和口头语言放在首位。大力发展儿童的形象思维，并促使其尽快向抽象思维转化；

大力发展儿童的口头语言，并促使其尽快过渡到书面表达。

根据儿童的心理特点和语文学习能力发展的客观规律，在低年级设说话、写话课，通过多轮实验证明，不仅是十分必要的，也是切实可行的。对于早期发挥儿童的智慧潜力和语言潜力，促进语文学习能力整体和谐发展，都具有重要意义。

二、说话、写话教学的任务与要求

从一年级开始，每周设两节说话、写话课，它的基本任务是以发展思维和语言为中心，以观察为基础，着重训练智力技能（观察、想象、分析与概括），培养口头与书面表达能力、听的能力，并使儿童初步学习和运用浅显的常用的语文规律性知识，提高表达能力。

（一）智力技能

1. 观察技能

初步培养有顺序地、仔细观察的技能。开始培养比较观察技能，通过比较，抓住事物的特点，初步养成观察的兴趣和习惯。

2. 想象技能

初步学习展开相似联想，学会打比方；初步学习展开关系联想，能联想事物之间的联系。初步学习展开再造想象活动，回忆观察印象和故事情节，以及在听、说、读、写过程中在头脑中再现画面。初步学习展开创造性想象活动，补充故事情节或画面。

3. 分析与概括技能

初步学习分析概括画面和故事的主要内容（谁，干什么）；讨论人物（喜欢谁，为什么；不喜欢谁，为什么）；理解讲的道理（向他学习什么）或应懂得的知识；给图片或故事定题目（起名字）。

（二）口头表达技能

1. 能说普通话，发音和声调正确。

2. 丰富词汇，初步会在句子中正确运用不同的词表达一个意思。

3. 能说完整的句子，能用完整的句子回答问题。初步会运用不同的句式表达一个意思。

4. 能把句子连起来，说一段通顺连贯的话；能用一段连贯的话描述静物、景物、图片、一件事或一次活动。

5. 能够复述读过的或听过的故事。学习有顺序地连贯地说，一边想象一边说，并能补充故事情节；用自己的话说，并能用上原文中生动、准确的词语配合表情动作说。

6. 初步养成良好的说话习惯。学会自言自语，想好了再说；能在众人面前，声音响亮、态度大方地讲话，并能注意改正语病。

（三）书面表达技能

1. 能够在观察和说的基础上，用一段通顺连贯的话写静物、景物、图片、一件事或一次活动。

2. 能够在听、读和口头复述的基础上，把听、读过的故事，用自己的话和用原文中生动准确的词语写一段通顺连贯的话。

3. 能够用一段话的形式写信和日记（天气日记、自然日记、观察日记、学习日记）。

（四）听的技能

1. 培养专心听的良好习惯。

2. 能够听懂老师的提问和同学的回答，并能正确回答老师的提问。

3. 能够边听边辨析一句话或几句话中明显的错误，加以改正。

4. 能够边听故事，边想象画面，形象地记忆故事，并结合形象，吸取语汇。

5. 能够边听故事，边思考概括形象，理解地记忆故事，即概括故事主要内容、分析逻辑顺序、评论人物、理解讲的道理或应懂得的知识。

（五）字、词、句、段、篇规律性知识及运用

1. 字、词

认识字和词，理解词是能够说明一个意思的最小语言单位，获得词的初级概念。认识名词、动词、形容词，能运用名词、动词、形容词进行词语搭配，并学习在句子中正确运用。

2. 句

理解句子是表达一个完整的意思，获得句子的初级概念。认识单句的基本句式"谁或什么，是什么""谁或什么，干什么""谁或什么，怎么样"。能运用基本句式说、写完整句子。

认识短句与长句，能写包括分句的长句子。能运用形容词扩句，把句子写具体，学习正确使用"的"与"地"。学习用不同的句式表达一个意思，并能改正病句。

3. 段

认识段落是由句子组成的，获得段落的初级概念。能够组图成段和连句成段，观察写段，并能改正一段顺序错乱的话。

4. 标点

学习初步运用逗号、句号、感叹号、冒号、引号、问号，并能改正错用的标点。

（六）思想品德教育

结合说、写内容，进行热爱祖国，热爱党；爱老师，爱同学；爱学

习，守纪律；团结互助，懂礼貌；爱劳动，讲卫生；热爱科学，热爱大自然的教育。

（选自吕敬先编著《教儿童观察、说话、写话》，教育科学出版社1986 年版）

说话、写话教学的内容

一、说话、写话教材的编选原则

我们根据儿童的心理特点和说话、写话的教学要求，在编选教材时，尽力做到以下几点：

（一）多样化，兴趣化

一年级儿童的形象思维占主导地位，注意力不稳定，长时间学习单一内容，容易使儿童注意力涣散，不感兴趣，易于疲劳。为了既唤起学习兴趣，又符合教学要求，使儿童学会多方面观察事物，培养看、听、说、写的能力，必须在总的以及每一节课的教学内容方面都注意体现多样化、兴趣化的特点。总的教学内容，包括观察学校生活、听故事和复述故事、观察自然景物和静物、观察图片和各种活动，还包括词、句、段的教学；每一节课都以一种内容为主，配合主要内容安排其他一二种教学内容，如，背诵诗歌、欣赏故事、猜谜语、表演、说绕口令、做传诵游戏等等。各种内容相互搭配，丰富多彩，生动活泼，使儿童爱学，并有利于培养看、听、说、写的能力，同时与幼儿园的语言教学衔接。

（二）循序渐进，有主有从

教学内容的编排力求循序渐进，有主有从。以训练智力技能与口头和书面表达能力为主，尤其是以训练观察技能和口头表达能力为重点，此外，还要训练听的能力，并使儿童掌握语文规律性知识。为此，一年级第一学期，每周设两节说话课，主要教儿童观察、思考、说话。第二学期，每周设一节说话课，一节写话课，主要通过观察和听，进行说话。写话教学内容一般由浅入深，由易到难，循序渐进，逐步完成教学要求。例如，观察图片，先观察单幅图片，再观察连环图片。又如，由说话过渡到写话，先看图说一段话，抄一段话；然后学会用主导词连句成段；再逐步要求按照确定的观察顺序写一段话；最后达到能独立观察事物并写出一段话的水平。

（三）采用儿童文学作品和生活教材相结合

儿童文学作品，不仅有优美的人物艺术形象，能够感染儿童，培养道德感和美感，而且语言准确、生动，是发展儿童思维和语言的示范教材。儿童通过听和复述以及欣赏和背诵儿童文学作品，能够扩大认识领域，并从中吸收大量的词汇、句式、段式，又能有效提高儿童听的能力和表达能力。为此，我们在教学内容方面选取了童话、诗歌、散文、故事等儿童喜爱的各种文体，特别注意选取一些作家的著名儿童文学作品，如柯岩的《小弟和小猫》，阿·托尔斯泰的《大萝卜》等等。选取的儿童文学作品，有的作为听和复述的教材，有的作为听和背诵的教材，有的作为听和欣赏的教材。此外，还从儿童日常生活和周围自然界中取材，进行说话、写话训练。这种生活教材不仅为儿童所熟悉，也是儿童十分感兴趣的。例如，观察日常用品"小手绢"、学习用品"小铅笔"，观察儿童喜爱的动物以及大自然的景色，观察反映儿童日常生活的图片，观察游戏活动等等。这种生活教材，有利于培养儿童观察的兴趣和能力，提高表达能力，使看、说、写的训练充满生活气息。

（四）训练智力技能和训练语言表达技能相结合

教学内容必须有利于训练观察、想象、思维和记忆的智力技能，促进形象思维和抽象思维发展，同时又有助于丰富和扩大儿童词汇，发展连贯性语言，提高口头与书面表达技能，并使两方面技能密切结合，相互促进地发展。例如，选取观察大象的教学内容，是为了训练儿童比较观察及联想技能，并提高语言表达技能。即抓住大象外形特点运用准确、生动的比喻句进行描述，如，把大象的耳朵比作是"两把大扇子"，把腿比作是"四根粗柱子"等等。智力技能，尤其儿童的观察和形象思维技能决定着语言表达能力的发展；同时两者又相辅相成，共同提高。如果脱离智力技能的训练和发展，要想发展语言表达能力是不可能的，为此，我们所编排的教学内容，力求把二者结合起来。

（五）培养心灵美和培养语言美相结合

我们编排的教材内容力求把培养儿童的心灵美与语言美结合起来，以心灵美丰富语言美，以语言美体现心灵美。例如，听和复述《小白兔和小熊》的故事，不仅可以用优美的艺术形象感染儿童，激发儿童的道德感和美感，而且可以用准确生动的语言扩大儿童的词汇，提高口头语言的艺术表达能力。又如，观察美丽的自然景色，不仅能激发儿童的美感，同时可以教儿童用优美、生动的语言描述自然景物。心灵美同语言美总是相辅相成地发展着，但首要的是儿童内在的心灵美。尤其形象思维与情感色彩支配着外部的语言美。

（六）课内与课外相结合

为了培养儿童初步的独立观察能力、表达能力和听的能力，课内与课外要相互配合。教师利用课内教学内容,教儿童学会观察和表达方法及听的方法,同时安排课外独立观察、表达和听的作业。例如,课内学会观察"小手绢",课外独立观察"小毛巾"。又如,课内教儿童听广播的方法,课外组织儿童天天独立听小喇叭广播。课内指导儿童写观察日记,课外独立写观察日记。儿童在课外的观察作业及听广播作业,通过定期观察说话比赛、朗诵比赛和讲故事比赛等等活动进行检查指导。为此,教师可以结合班会、队会活动,安排各种比赛内容。

二、不同类型的教学内容

我们在一年级安排了以下几方面不同类型的教学内容。现将其特点阐述如下,以便针对特点进行教学:

(一)观察学校生活

孩子们怀着激动兴奋的心情迈进了学校的大门,在他们面前展现的学校生活是多么新鲜诱人啊!"我已经不是幼儿园的小朋友啦!""我是小学生!"他们即将迈进一个新的生活阶段,以游戏为主的生活阶段就要结束了。今后,学习将成为生活的主要内容。"小学"对他们来说是一个令人向往的地方,他们急于想了解它,熟悉它,适应它。教师要抓住这个良好时机,利用学习环境和儿童的学习愿望,引导儿童观察、熟悉学校周围生活,在儿童面前展现一切美好的新奇的事物,使孩子们感到学校是一个乐园,热爱学校生活,唤起其求知欲。儿童对学校生活,获得了丰富生动的表象,就会有话想说,有话可说。这就为教师教他们观察、思考和说话,发展形象思维和口头语言创造了条件。因此,这是入学教育的第一课,是必须上好的一课。

初入学的第一周,教师要带领儿童实地观察和熟悉学校环境。如,校园、操场、预备室、教室等,认识老师和同学,并配合观察入学教育的一组图片（上课、下课、做值日、读书写字姿势等），熟悉学校生活，进行常规教育，同时进行观察、思考、说话训练。为此，结合"入学教育"的一组图片，集中安排了六节说话课教学内容，在开学后第一周进行。

从教给他们观察和熟悉学校生活开始，再逐步教会他们观察自然景物、静物，以及各种活动等，并要把孩子们热爱学校生活的情感，观察生活的求知欲，尽速导向学习语言和口头表达的求知欲。由热爱观察生活，导向热爱学习语文，这是不难做到的。

（二）听故事和复述故事

孩子们应该生活在认识美、欣赏美、创造美的世界里，生活在音乐、图画、童话、故事、游戏的世界里。总之，应该让他们置身于充满形象思维和积极情感的精神生活中。只有这样，才能促使儿童学好语言，才能使学习文字和数字不至于成为耗费心力的枯燥的事情。所以，当儿童一迈进学校的大门时，教师一方面要通过观察，让周围世界不断地以鲜明的形象来浇灌儿童的心田；另一方面，还要通过讲述故事、童话、寓言，朗诵诗歌，欣赏散文，猜谜语等等，让祖国的语言美来拨动儿童的心弦，用优美的语言艺术形象触动儿童的心灵，点燃智慧的火花。不要把孩子们单纯打入文字和数字的冷宫里，不要使他们成为沙漠上枯黄的小草。

儿童非常喜欢听故事，讲故事，读故事，尤其喜爱自己独立编故事。离开了故事，他们就会像生活在沙漠里一样，失去了文明幸福的精神生活。故事包括童话、寓言、神话、民间故事、革命故事等。

动听的故事、生动的童话、优美的散文和诗歌、引人深思的寓言和谜语，都能唤起想象，激发情感，启发思考，提高儿童对生活中的事物重新加以构思的能力，因而它们是发展思维和语言的强大工具。每一首诗歌、每一个故事，都饱含着丰富的思想内容和优美的形象，能够帮助儿童明辨是非，激发爱憎分明的情感，在儿童心灵中点燃道德与情感的火种，唤起向往美、追求美、表达美的愿望。激发出儿童的情感，反过来又会促进他们思维和语言的发展。为此，我们选取了作家写的不同体裁的儿童文学作品及儿童自己写的作品。这些作品形象鲜明，语言浅显，情节生动有趣，富有情感色彩，极易受到儿童的喜爱。其中，有的是作为听和复述的内容，有的是作为背诵或欣赏的内容。这些作品都有助于儿童从中吸收生动的语汇，提高听的能力和表达能力。

此外，从儿童入学开始，就要培养听"小喇叭"广播、讲故事的习惯，为此，我们安排了听"小喇叭"广播的指导课，教给儿童听广播、讲故事的方法，并组织讲故事比赛活动，以培养听广播的兴趣，提高听的能力和表达能力。

（三）观察自然景物

大自然以它绚丽的色彩，动听的音响，诱人的芬芳，生动美丽的形象感染着儿童，唤起儿童的美感。儿童在大自然的怀抱中，能够获得鲜明的形象，易于吸收生动的语言，丰富知识。大自然的规律，又能启发儿童思考事物之间的因果联系、机能联系。因此大自然能发展儿童的观察能力、想象能力，发展其思维和语言能力，是培养观察兴趣和观察习惯的重要渠道。可以说大自然是儿童智慧启蒙的最初学校，又是丰富儿童精神生活的辽阔沃土。教师要充分利用观察大自然这个极其有利的教学途径，充实儿童的精神生活，使儿童的思维和语言交互促进地发展。

教师利用周围自然界来发展儿童的思维和语言的教学内容和教学方式是多种多样的。一是在不同的季节里，教师要有目的地带领儿童游览自然界，观察自然景色，观察自然界的动物、植物等等，上好观察课和说话、写话课。二是把自然界的生物（动物、植物等等）标本或实物带到课堂观察，上好实物观察课和说话、写话课。三是要根据季节的变化，提出不同的观察要求，组织儿童随时随地独立观察自然现象的变化并学习欣赏自然美，上好说话、写话课。

此外，根据季节的变化，开展丰富多彩的观察自然的美育活动，也是儿童十分感兴趣的。春天来了，孩子们喜欢把发芽的树枝、美丽的鲜花、活泼的小蝌蚪……带进教室观察，这时教师可以让儿童利用这些实物，布置"春姑娘飞进了课堂"的观察角，还可以让孩子们自己动手种花、养鱼，观察它们的生长变化。到了夏天，让孩子们到树林里去捉"知了"，在草地上采野花……秋季里，让孩子们到野外捕捉昆虫做标本，到树林中拣落叶拼各种图案，以及采集种子，收集果实，带到课堂观察。冬季里，让孩子们打雪仗，堆雪人，观察雪花，剪贴雪花图案等等。配合一年四季对自然进行观察，还可以画画，举行画展，召开赞美大自然的诗歌朗诵会等等。结合这些活动，进行说话和写话教学，都能促进孩子们思维和语言的发展。

上述的观察课及观察自然的活动，可以与自然、音乐、美术课及少先队活动配合进行。儿童在大自然里获得的丰富表象和感性体验，是语文教学和其他各科教学的基础，有助于理解语文课本中的常识性课文及自然课的教材，又有助于在音乐、美术课上更好地展开想象，而且会使少先队活动的内容更加丰富多彩，生动活泼。由此可知，观察自然的活动又是把语文课同其他各门课程取得相互配合的纽带之一。这种相互配合作用，强有力地促进了儿童思维和语言的发展。

指导儿童观察大自然时，应注意引导儿童热爱祖国大自然的美，使儿童对大自然的一草一木倍加热爱，这是养成观察兴趣和观察习惯，提高观察能力的内部诱因，是促进思维和语言发展的前提条件。教师要想点燃儿童智慧的火花，就从培养儿童热爱和观察大自然开始吧！大自然的课本和文字课本相结合，可以铺成儿童学习语言和发展思维的康庄大道。

（四）观察静物

孩子们从幼儿园来到学校，开始做一名小学生了。小书包、小铅笔、小字典、故事书等等，都是他们学习上的新伙伴。家中的小台灯、小闹钟、收音机、电视机，也能帮助他们学习。还有身边经常携带的小手绢、小水碗，以及象棋、万花筒、小花鹿、小火车等等。这些学习用品、生活用品和玩具，都是他们非常喜爱的，被孩子们称作"好朋友"。孩子们还常常喜欢把妈妈给他买来的一些新奇的用具或玩具说给老师和同学听，而且越是心爱的东西，越想告诉别人。但是这种诉说又往往过于简单、粗略，不能充分表达出物品的形态和自己的情感。如果我们充分利用儿童这种心理特征，引导他们由爱物到爱观察和爱说话是十分有利的。

静物便于带到课堂上反复观察，有时还可以做到人手一件，因而是最便利的发展儿童观察能力的工具，也是便于训练儿童说话、写话的工具。描述静物又是培养低年级儿童口头与书面表达能力的必要训练，有利于培养他们对观察和说话的兴趣。像小玩具、小文具、小用具等静物，乍看起来结构简单，平淡无奇，但由于它是儿童经常见到和喜爱的，可以充分用来培养儿童细致地观察与思考的能力。如果引导儿童从中看到平时没有看到的地方，想到从来不曾想过的问题，就会使他们格外高兴，他们观察与思考的求知欲和说话的兴趣就会迅速激发出来。

静物的形态多种多样，儿童虽然天天接触，却往往熟视无睹，不会观察。我们要充分利用静物形态的多样性和便于在课内反复观察的条件，培养儿童顺序地、全面地观察的技能，特别要培养儿童比较观察技能。所谓比较观察，就是把同类或类似的几件物品，反复加以比较，找出不一样的地方，抓住特点进行仔细观察和描述。课内指导观察静物，课外可以放手让儿童独立选择自己喜爱的静物作为观察对象，确定观察顺序，独立进行观察。这样，可以逐步培养儿童独立的观察能力，并充实儿童的精神生活，使他们的日常生活变得丰富而有乐趣。

（五）观察各种活动

丰富多彩的活动是儿童生活的重要内容。孩子们在假期里放爆竹、游览、参观……节日里参加联欢活动，观察街头的热闹景象……平时在学校里参加运动会和生动活泼的队会，以及做各种有趣的游戏，开展各种比赛等等，都能吸引孩子，使他们感到无穷欢乐。孩子们常常怀着极大的兴趣和热情，向老师、同学和家人倾诉这些有趣的活动，表达自己的真情实感。我们要善于利用这些丰富多彩的活动，激发儿童的欢快情绪和表达愿望，同时，教儿童在活动中观察、思考和说话，促进思维和语言的发展。

观察和描述活动是生活的需要，也是培养儿童口头与书面表达能力的必要组成部分。任何一种活动，都是事物的动态过程，有开始、经过和结束，在活动中又必然呈现出人与人的关系和情绪。因此，教儿童观察和用语言表达活动，较之描述静态事物一般要复杂一些。但是，组织儿童亲自参加和观察各种活动，能激起他们高昂的欢乐情绪。欢乐是儿童智慧和语言发展的强大动力。要教会他们在活动中仔细地观察和思考，在观察和思考中欢乐地活动。这样，就能促使他们的思维和语言生动活泼主动地发展。为此，教师一方面要在教学中有目的地组织各种活动，教儿童学会观察和描述这些活动；另一方面又应要求儿童在课外参加各种活动，并独立观察和描述种种活动，以培养其独立的观察能力和表达能力。

各种有趣的活动最易激发儿童的情感，使儿童兴奋、激动，也最易于激发表达的愿望。在表达过程中要着重引导儿童表达自己的真情实感。

描述喜爱的活动，最易于促使儿童在语言表达中把自己记住的词汇动用起来，把大量的消极词汇转化为积极词汇。为了促使消极词汇转化为积极词汇，教师要不失时机地提醒和点拨儿童的用词造句，并向儿童"输入"词汇，以扩大词汇量。可以这样说，只有引导儿童积极地参加活动，才可能引导他们积极地掌握词汇，并使那些消极词汇"积极化"。

（六）观察图片

孩子们早在入学之前，在家里和幼儿园里就喜欢看色彩绚丽的图画书，喜欢看图讲故事。入学之后，常常是一看到图片就欢欣雀跃，急于想看看说说，表达自己的感受。针对一年级儿童形象思维占主导地位的认识特点，教师要充分利用色彩鲜明、形象生动的图片，促进儿童思维和语言的发展。

图片是最便于经常运用于室内观察的工具。它的特点在于能集中地表现静态的物品、自然景物，能以静态的形式反映动态的事件、活动，能把事件的情节和活动经过，以连环画面的形式表现出来，并能随着儿童年龄心理的发展，有目的地逐渐提高主题、情节和逻辑联系的复杂性、深刻性。因此，观察图片是发展思维逻辑和语言逻辑（条理性）的良好工具，也是促进儿童思维和语言发展，提高表达能力的主要教学手段。

要充分利用图片便于带到课堂反复观察的有利条件，以及画面能够以鲜明的形象，集中反映多方面生活和活动主题的特点，培养儿童观察、想象、分析、概括的智力技能，丰富语汇，提高口头与书面表达能力，并进行德育和美育。

由于图片反映的内容是多方面的，既有静态事物，又有动态事物；

既有景物又有人物形象等等，所以教师要根据画面的不同内容，确定不同的观察顺序，培养有顺序地、全面地、比较地观察的技能。

观察图片有利于培养儿童的想象技能，可以从图片中人物的表情和动作，想象出人物的心理语言，也可以给单幅图片补充故事情节，或给连环图片补充缺少的画面，或扩充原有的画面。

此外，图片还便于训练分析、概括的智力技能。由于画面能够集中反映生活内容，中心突出，寓理于事，寓情于景，连环画面更是层次分明，这就便于教师用来训练儿童分析、概括画面的主要内容（谁，干什么），分析逻辑顺序（分段），理解反映的道理（中心意思），找出重点画面（重点段），给图片起名字（定题目），同时使儿童获得有关题目、段落、重点段、中心、主要内容等浅显的写作知识，并为中、高年级的命题作文和独立构思能力打下感性认识的基础。

图片能把鲜明的形象集中地展现在儿童面前，因而，便于结合鲜明的形象，丰富儿童的语汇，使儿童学会准确、生动地用词造句。尤其是连环图片，可以按照图片的顺序，训练儿童连贯地口头编故事，连句写段，发展连贯性语言，提高口头和书面表达能力。图片不仅是训练儿童说话的有力工具，而且是训练和引导儿童由说话过渡到写话的最初"桥梁"。

（七）词、句、段的教学

我们认为从一年级开始，在观察和说话训练的基础上，提前进行写话训练，不仅是可能的，而且也是十分必要的。入学前，儿童在日常生活中早已能说句子和成段的话了。进入一年级，当他们掌握了识字工具（拼音），查字工具（字典）和一定数量的文字后，以观察和说话为基础，即在看和说、听和说、做和说的基础上，可以引导儿童把说的话写出来。教儿童提前运用文字和借助拼音、字典工具进行写话，不仅能及时地用上学过的字，巩固识字效果，而且能为中年级的作文教学打好基础。

我们在低年级进行写话教学的特点，是在观察、说话的基础上逐步过渡到写话，并在字、词、句、段、标点的基本功方面进行严格的训练。首先，是从感性认识上进行渗透性训练，教儿童掌握浅显的、易于运用的词、句、段的规律性知识，形成句、段的模式（即基本句式、段式），举一反三地运用句、段模式说、写完整的句子和一段通顺连贯的话。同时，使儿童能够运用规律辨析和改正病句，并学会正确使用标点。为此，我们在一年级第一学期安排了认识字和词、名词和动词，认识基本句式（谁或什么，是什么；谁或什么，干什么），对比地认识长句和短句，学会说写完整的短句和长句，并学习使用逗号和句号。一年级第二学期认识形容词和基本句式（谁或什么，怎么样），认识段式，能够说写一段通顺连贯的话，并学会使用冒号、引号、叹号和问号。

其次，要把句段的形式训练与内容统一起来，即教儿童运用句、段的模式，结合自己的观察印象说写自己的话，表达自己的真情实感。为此，在一年级第一学期，我们安排了看图写句，观察动作写句，用词造句等练习内容，以及把自己看到的、做到的事，听到的、读到的内容，用长句子写出来。在一年级第二学期安排了观察自然景物、静物、活动和图片，以及复述故事等多种形式的写话练习，引导儿童结合自己的观察印象或听到的内容，用自己的话通顺连贯地说写一段话，并能用一段话写日记和信。

在进行词、句、段训练的过程中，要遵循由浅入深、由易到难循序渐进的原则。为此，在一年级第一学期先认识常用的词类和基本句式（谁，是什么或干什么），再比较地认识长句和短句；由填句和扩句开始，逐步过渡到能够在观察的基础上写长句子。在一年级第二学期先组句成段，抄写段落，再逐步学会在观察的基础上说写一段通顺连贯的话。

在进行词、句、段的教学过程中，要尽量结合儿童已有的知识举出实例，并要充分利用直观教具，生动活泼地进行教学，还可以穿插复习背诵诗歌、猜谜语等等活动，以唤起儿童的学习兴趣。

（选自吕敬先编著《教儿童观察说话写话》，教育科学出版社 1986 年版）

说话、写话的教学方法

一、说话、写话的教学原则

说话、写话教学应按下列教学原则进行：

（一）以观察为基础，发展儿童的思维和语言，提高观察能力和表达能力

观察是一种积极的智力活动，是扩展儿童知识领域，丰富儿童精神生活的重要渠道，因而也是发展儿童思维和语言的重要渠道。培养低年级儿童的表达能力要从观察开始。在观察的基础上，把发展儿童的形象思维和口头语言放在首要地位，然后再过渡到书面表达。也就是说要首先教儿童学会观察、思考、说话，再导向学会写话。因此，大力开展课内外的观察活动，上好观察课，这是发展儿童思维和语言，提高观察能力，培养口头和书面表达能力的必经之路。

要通过观察活动全面发展儿童的智力，训练其智力技能。首先是训练有顺序地、全面地、比较地观察的技能；并要在观察中训练想象技能，使儿童获得鲜明的、丰富的表象，学会展开联想和想象，发展形象

思维；还要通过观察培养分析概括的技能，确定观察的顺序，对事物进行比较分析，找出异同及因果联系，分析概括画面等等，发展抽象思维。可以说"观察"是儿童学习智力活动方法的第一所学校。

通过观察，在发展儿童形象思维的同时发展语言。结合鲜明的形象，丰富扩大儿童的语汇，教儿童用准确、生动的连贯性语言来描述形象。儿童获得的词语是跟鲜明的形象、生动的画面结合在一起的，从而使语言扎根于形象思维之中，语言就更加准确、生动、富有感情色彩。儿童感知形象的多面性和丰富性，决定着语言内容的多面性和丰富性。感知形象的差别性，决定着儿童分辨词语差别的能力。同时，儿童感知形象的生动性，会激励他们的兴趣，推动和启发他们去积极寻找生动准确的词语来表达形象，把大量能懂而不会用的消极词汇，转化为能够活用的积极词汇。结合观察，还要教儿童学会比较、分析、概括事物，在发展抽象思维的同时，发展准确、简练的概括性语言。因而，也可以说"观察"是儿童思维和语言发展的"加速器"。

观察不仅最易于使儿童展开智力活动，发展思维和语言，而且为儿童展示出丰富多彩、色彩鲜明的说话内容，诱发儿童的情感和强烈的表达愿望，使儿童不仅有话可说，而且有话想说，不吐不快。

观察还最易于激发儿童的创造精神，促使儿童说自己的话，表达自己特有的个性鲜明的真情实感，从而使儿童的语言得到独立自由的发展，所以说"观察"是发挥儿童的智慧潜力和语言潜力的最佳途径。

（二）从智力技能训练入手，培养独立表达能力和听的能力

我们培养儿童的口头与书面表达能力和听的能力，首先是从智力技能训练入手，并与语言表达技能训练和听的技能训练结合起来。

培养表达的智力技能，主要是教儿童学会观察、想象、分析、概括。

第一，培养观察的技能。要教儿童学会有顺序地、全面地、比较地观察事物，使儿童具有初步的独立观察能力，养成独立观察的兴趣和习惯。儿童学会有顺序地观察，就能言之有序，发展逻辑思维和连贯性语言。学会全面地、仔细地观察事物，就能言之有形，发展形象思维和鲜明生动的语言。学会比较地观察，才能在表达中抓住事物的特点。

第二，培养想象的智力技能。要使儿童在获得鲜明的知觉形象和丰富的表象的基础上，学会联想，能进行相似联想（找出事物相似之处）、关系联想（找出事物之间的联系）和对比联想（找出事物的共同点和不同点）。还要教儿童学会再造想象，使儿童能够根据观察过的事物的形象、图片内容或口头语言和书面语言的形象描述，在头脑中再现画面。例如，回忆观察印象和故事情节。儿童学会回忆形象，在头脑中展现出鲜明的画面，就能够绘声绘色、生动具体地进行表达。还要使儿童学会创造性想象，即按照一定要求，在已有表象的基础上，独立地构思新形象，展开创造性的想象活动。如，自编童话、合理补充故事情节、构思画面等等。儿童学会了想象，展开想象的翅膀，就能够使形象展现得更加鲜明生动。

第三，培养分析、概括的智力技能，即分析、概括故事和图片的主要内容，找出逻辑顺序和重点段落、评论人物、理解讲的道理、概括懂得的知识、确定题目等等，有助于儿童在理解的基础上进行表达。同时，在确定文章中心、选材、组材等方面进行渗透性训练，为中、高年级进一步培养独立构思能力，写命题作文打下感性认识的基础。

培养听的智力技能，即教儿童学会边听边想象，边听边思考。听的过程，是儿童把感受到的语言声音转化为自己的形象思维和抽象思维的过程。儿童学会边听边想象，就能在听故事和诗歌时，在头脑中展现画面，发展形象思维，有助于儿童形象地记忆故事和生动地复述故事，并吸收语汇。儿童学会边听边思考，就能结合故事的鲜明形象，分析概括主要内容，找出逻辑顺序，概括讲的道理或知识等等，从而发展抽象思维和简炼、准确的语言，有助于儿童扼要地记忆故事，并能在理解的基础上进行复述。

（三）看、听、读、做与说、写结合，提高吸收能力与表达能力

我们不但要以看为基础，而且要引导儿童通过看、听、读、做（"做"中观察）多种渠道吸收形象和语言，在吸收的基础上表达，在表达的过程中进一步吸收，做到吸收与表达相结合。吸收是语言的内化（由外部向内部转化为自己的语言财富），表达则是语言外化。内化与外化是一个统一的过程，两者交互发展，这是儿童语言发展的一条规律。如果脱离吸收，孤立地进行表达，则无内容可说可写，吸收是表达的前提条件；另一方面，表达又促进吸收。因此，我们不但要引导儿童通过多种渠道，大量吸收表象、语言和知识，同时要提高独立吸收能力，即提高独立地看、听、读、做的能力。并要使吸收与表达二者交互促进发展，从而使看、听、说、读、写能力全面和谐的发展。

（四）口头语言与书面语言，交互促进地发展

我们在整个低年级是通过观察，把发展儿童的形象思维和口头表达能力放在首要地位，再过渡到书面表达。并充分利用口头语言与书面语言交互促进作用，提高口头与书面表达能力。

儿童的书面表达能力，总是落后于口语的发展，我们一方面不能使口头表达受到书面表达的限制，而且要使口头表达能力得到充分的发展。因为，口语是儿童在日常生活和学习中运用最广泛的表达形式。在童年期的智力发展中，口语发挥着特殊的促进作用。儿童的口语越发展，智力也就越发展。"说"最便于儿童积累词语，促使消极词汇转化为积极词汇，也最便于儿童学习语法，组织自己的语言。因此，"说"

绝对不是单纯地为了"写"。另一方面"说"又是"写"的基础，先说后写，"说"可以带动"写"，而"写"又可以促进"说"，提高"说"的质量。"说"和"写"二者交互促进发展，但是会说不等于会写，特别是由说话过渡到写话，需要在字、词、句、段、标点的基本功方面进行特殊的严格训练。

（五）内部语言与外部语言交互促进地发展

我们还要充分利用内部语言（不出声的言语，即思维的工具）和外部语言（出声的言语，即表达的工具）的交互促进作用来提高表达能力。

儿童的外部语言受内部语言的支配，而儿童的内部语言又是由外部语言"输入"大脑而逐步形成和发展的。内部语言是不出声的高速语言，是思维的直接工具，人们正是用内部语言来支配想象和思考的，同时又用它调节思维和表达。儿童学会默语默想是内部语言不断发展的标志。

发展儿童的内部语言是十分重要的。要提高表达的质量，就要使儿童学会先想后说，想好了再说；先想后写，想好了再写。关键是要教儿童学会"想"，但是要使儿童学会想象和思考是一件不容易的事，这需要采用一个过渡的方法。即首先教儿童轻声地自言自语，再逐步过渡到默语默想，也就是先边说（自言自语）边想，以说促想，再逐步学会先想后说，以想带说。缓慢的轻声的自言自语，既是外部语言，又是接近放慢速度的内部语言。我们要充分运用这种自言自语的方法，使外部语言与内部语言交互促进地发展，并达到频繁训练说话的目的。当然，外部语言转化为内部语言，并不单单依靠自言自语的方法，要依靠全部语言交际活动和教学过程。换言之，内部语言发展有赖于听、说、读、写全过程及其整体训练。

(六) 语言逻辑的形式训练应与内容相统一

培养表达能力，要进行语言逻辑的形式训练，即使儿童掌握词的用法，基本句式和段式的规律性知识，自觉地按照特定规范，组织自己的语言。特别要注意的是，必须把语言逻辑的形式训练和内容统一起来，即引导儿童根据观察到的形象内容或思想内容，举一反三地运用语言结构规律，合乎规范地表达出来。儿童头脑中有了丰富的内容，又初步掌握了表达的规范和方法，做到"有话会说"。这样的语言逻辑训练，才真正有利于提高儿童的口头和书面表达能力。要避免脱离内容的烦琐的纯形式训练。比如，单纯地从语言、文字入手，反反复复地进行词、句、段的训练或纯模仿地训练写话、写文而忽视丰富儿童的表象、思想情感和想象的内容。这样的语言形式训练，会使语言变成内容贫乏的空壳。纯形式训练往往使儿童负担过重而收效甚微，甚至劳而无功。所以，一定要通过观察，不断扩大儿童的知识领域，丰富儿童的表象，在此基础上开展语言逻辑的形式训练。

进行语言逻辑训练有助于培养儿童的自我反审能力，能够使儿童学会按照特定的规范，自觉地审查和调节自己的思维和语言过程，学会边说边修改不通顺的句子或不连贯的段落。

(七) 说话、写话教学应与生活相联系，开辟思维和语言发展的广阔领域

说话、写话教学要与丰富多彩的生活相联系，才能扩大知识领域，充实儿童的精神生活，促进思维和语言的充分发展，提高听、说、读、写能力。

首先要广泛地开展课外观察活动，观察周围的自然界和日常生活，并要求儿童参加各种兴趣爱好活动、参观游览活动等等。通过经常的观

察和参加各种活动，使儿童获得大量的丰富的表象，养成观察的兴趣和习惯，提高观察能力，并逐步学会写观察日记。

其次要大力开展课外阅读、看电视、听广播活动。儿童读物，儿童电视节目和广播节目，都以优美的艺术形象，向儿童展示了丰富多彩的生活，能够唤起想象，激动情感，启发思考，使儿童获得鲜明的视知觉和听知觉形象，以及丰富的语汇。广播和电视还以正确的语音、语调影响儿童，能够提高听的能力和表达能力。这些都是发展儿童思维和语言的生动教材。因此，从一年级第一学期就要开始培养儿童读课外书、听广播、看儿童电视节目的兴趣和习惯，并逐步学会写学习日记。

只要我们使说话、写话教学与丰富多彩的生活相联系，坚持培养儿童的观察能力，以及读课外书、听广播、看电视的爱好，养成参加各种活动的兴趣和习惯，孩子们就会像海绵一样从广阔的生活源泉中吸取发展思维和语言的营养。可以说这是借水浇花，必然使花繁盛。儿童的文化精神生活领域越丰富，思想情感就越丰富，思维和语言的发展就越快，说和写的能力就越强，学习负担就越轻。如果使儿童陷入生活枯燥的境地，语言文字是学不好的，而且有害于儿童德、智、体、美、劳的全面发展。因此，小学语文教学应有两种教材：一种是"文字教材"，一种是"生活教材"。两种教材相互结合，才可能促使思维和语言充分发展，促进语文学习能力整体发展。

二、说话、写话的教学方法

培养儿童观察、说话、写话的能力，固然必须有明确的目的和丰富的教学内容。但是，如果教学方法不恰当，同样也达不到目的。可以说，儿童年龄越小，年级越低，教学方法所起的作用越大。教学方法不单是指教师教的方法，也包括教儿童独立学习的方法。因之，必须使儿童从小就逐步学会学习方法。

教师通常都说"教无定法"，这指的是教学方法要灵活多样。但是另一方面，也应该承认"教有定规"，这指的是各种教学方法的选用要遵循一定的客观规律或规矩。灵活多样的教学方法，要有利于促进儿童思维和语言相互联系地发展。首先是促进形象思维和口头语言相互联系地发展——学会说话，说得有声有色，绘形绘影，说得完整连贯，同时，又好又快地逐步发展抽象思维和书面语言的读写能力。这就是全部教学方法所应服从的总目的，也是总规矩。为了达到这个总目的，并能按照总目的取得日新月异的效果，教学必须"得法"。只要"得法"，你就可以看到，儿童思维和语言交互促进地发展，即思维的发展促进语言的发展，语言反过来又促进思维的发展。这种交互促进发展的效果和速度，往往连教师本人都觉得出乎意料。孩子们变得思想活跃，有说有笑，能说爱道。就连那些看来很笨的孩子，有的也会突然开窍，变得聪明起来；有的也能跟上趟，日有所得，月有所进。孩子们越是有得有进，就越爱学习。

教学怎样才算得法？要研究怎样使教法和学法符合低年级儿童年龄心理特征。这里最重要的是理解以下两点：

1. 儿童最喜爱观察活动和形象思维，以及形象化的语言。他们东看西望，动手动脚，连听带摸，什么事物新奇，他就爱看、爱听、爱摸、爱问。语言（连同语汇和语句的条理性）正是同五光十色的事物形象一起进入他们的头脑之中，使他们变得聪明起来，语言也变得丰富多彩。他们极其喜爱学习说那些绘形绘色绘声的语言。例如："粉色的桃花""紫色的丁香""五角形的枫叶""迎风摇摆的柳枝""小河里的水哗哗地流着""柳絮像雪花一样在天空中慢慢地飘游""胖胖的娃娃穿着粉红色的衣服，总是眯缝着眼睛，一天到晚微笑着"等等。事实上，正是形象思维的发展促进语言的发展。反过来，语言的发展又促进形象思维发展。在孩子们头脑里，形象化思维和形象化语言占据主导地位。

形象思维和语言越发展，抽象思维的萌芽也就越容易发生，捉摸事理的能力越可能迅速提高，这是儿童心理发展的客观规律。

2. 儿童情感正在炽热时期，因此我们采用任何教学方法，都必须着眼于能够激发和发展他们的积极美好的情感，使他们觉得新鲜、有趣、兴奋、惊奇、感动，甚至激动得雀跃起来，情不自禁地爱看（观察）、爱听、爱读、爱说、爱写——也就是焕发出强烈的好奇心和求知欲。情感是发自内心的动力，儿童正是天天从情感的泉流中吸取思维和语言发展的动力的。不但如此，而且天天从情感的激流中吸取坚持学习的意志力。总之，我们只有设法处处焕发和培养儿童的情感，才可能逐步发展他们的求知欲、独立说话和写话能力，以及养成良好的学习习惯。这也是客观规律。看来比较笨的孩子，如果精神焕发，情绪高涨，就可能慢慢变聪明起来；原来比较聪明的孩子，如果一旦情绪郁闷，学习无精打采，漫不经心，不久就会变得好像笨拙起来。因此，可以说，儿童只有越学越快活，才能越学越聪明。

总之，注意以上两点，儿童说话、写话能力就发展得快，并能带动其他各种能力发展，抓不好就发展得慢，甚至越来越慢。

这样还不够。教学方法还要符合教学内容的特点，否则，也是不得法。

观察、说话、写话的内容特点多种多样的，教学方法也要因之不同。同样是观察教学，观察自然景物同观察活动，由于内容不同，教学目的不尽相同，方法也就不同。同样是观察图片，观察反映景物的单幅图和观察反映一件事的多幅连环图的方法也不相同。如果一堂课主要是结合观察训练说话和写话，另一堂课主要是训练听故事说故事，那么这两堂课的方法就大不一样。如果专门训练句式或段式，方法就更不相同了。

所谓方法的不同，既包括多种方法在各堂课上的搭配有所不同，也包括同一种方法针对不同教学内容，在具体运用时也有所不同。比如，用同样的提问方法来训练和引导孩子们说连贯的话或说成段的话，到底应该提出什么问题，提多少问题，先提什么，后提什么，提问的重点放在哪里，临时遇到难点怎么办，能不能由师生共同商讨观察和说、写的顺序，或者干脆让孩子们自己确定顺序等等，这一切都要量体裁衣，看内容特点和教学目的办事，看对象办事。

教学方法是灵活多样的，这是指"教无定法"。教学方法要服从儿童思维和语言发展的总目标，要符合儿童年龄心理特征，要符合教学目的和内容特点，这是说"教有定规"。

总之，教学方法要恰当。根据教学目的和具体任务确定内容，根据内容特点选择组织活动的形式和方法。教学目的、任务、内容、组织活动的形式和方法互相联结构成教学过程的整体。教学过程的整体性越强，教与学的效果越好，学生发展越快。

下面谈谈对说话、写话教学方法的几点基本要求：

（一）要教儿童学会独立观察和说话，一定要说自己的话

任何说话教学方法，首先要着眼于调动和激励儿童爱说爱讲的积极性，促使他们情不自禁地想说，争着说，抢着说，不吐不快。这样，才可能在教师指导下，使儿童的思维和语言获得独立自由的发展。

许多初入学的一年级孩子没有经过专门的语言训练，面对集体说话会羞怯；有的在生活中爱说爱讲，一进课堂就变成了"小哑巴"；更多的孩子说话片片断断，词不达意，语句不连贯，或者重复的句子多，有语病。这时，我们的首要任务是用各种方法激励孩子说话的积极性，在积极说话的过程中，逐步训练说完整的话、说连贯的话。不可过多地纠正错误，以致他们无所适从而不敢说话，妨碍他们发挥积极性。总之，先要让儿童敢说，哪怕是三言两语也好。因为，只有放手让他们说，才

能逐步学会说得多，说得好。

观察最容易调动儿童说话的积极性，尤其是观察新奇的东西，或者是从平常见过的东西里面，观察到从未注意到的新鲜东西。带孩子们去公园、动物园，一进大门，他们就兴奋起来，蹦蹦跳跳，说说笑笑，自然界的鲜明形象，诱使孩子们思维活跃起来。这时，平常从书本上学过的词语或教师教过的词语，也会随之突然在他们头脑中活跃起来，"嫩绿的小草""松软的土地""湖面上银光闪闪的波纹"等，都能脱口而出地说出来。在这种情况下，他们最容易分辨近义词和词句情感色彩的细微差别，如清香和浓郁的芳香、绿油油和淡绿、淡红和鲜红等等。这时，教师向儿童"输入"新词汇和生动的语句，他们最容易理解、记忆和用活。尤其应该指出，观察最能激发儿童的创造精神，促使他们积极寻找词语进行描述，并力求找出新鲜词语表达新鲜的感受和形象，表达新的情感。儿童通过生动活泼的观察，最易于学会说自己的话。

教孩子们从小就学会说自己的话，最重要的是，必须培养他们这种习惯和能力。没有经过系统观察训练的儿童，在进入一年级时，只会重复书上或别人说过的现成话。这说明没经过培养和训练，儿童的观察能力和形象思维很难发展，也不会用自己的语言表达思想和情感。如果不会说自己的话，也就永远不会写自己的话，不会独立作文。

教师引导儿童观察时，应逐步训练儿童学会对同一个对象说出各种不同的句子，如观察小鸟时，孩子们就能说出：

　　"树上的小鸟吱吱地叫着。"

　　"小鸟站在树枝上吱吱地叫唤。"

　　"一群小鸟蹲在树枝上唱歌。"

　　"小麻雀蹲在枝头上快乐地唱歌。"

　　"小麻雀蹲在树杈上叽叽喳喳地说话。"

孩子们在读书的时候，往往把注意力集中在记忆现成的词句上。日久天长，记住的那一点点词句，要么忘光了，要么变成僵化的东西，临到说话、写话的时候，说不出，更写不出。原因在哪里？在于没有通过观察吸取丰富多彩的事物形象（表象），更没有开展联想、想象和合理的幻想。如果儿童没有自己独特的形象思维活动来"支撑"，他们的语言就不可能独立自由地发展。

因此，我们应当引导儿童广泛观察，广泛积累表象和相应的词汇，教他们边看边想象，边听边想象，边读边想象，而且学会先想后说，即先想象出事物的表象，形成想象的画面，然后按照画面内容的顺序来说。总之，要明确告诉孩子们，说话就是要用自己的词和句子画出自己脑子里边的图画。从一年级起就应该训练他们这样做，推迟到中年级再这样做，就很不利于思维和语言的发展。越是差生，越是只能重复别的同学说过的话。针对这种情况，教师应激励他们边想象边说话，说自己想出来的话，哪怕起初说得短，说得少，也没关系。只有这样做，他们才能开窍，逐渐想得多和说得好。

要想教会孩子们独立自由地说话和写话，首先必须教会他们独立自主地观察。这主要是逐步地反复训练他们掌握顺序地观察，全面仔细地观察和在观察中做比较分析（事物的相同和不同的特点）的智力技能。这是丰富词汇和语句，训练说完整连贯的话的基本前提，也是教儿童用自己的话表达事物特点，是丰富语言情感色彩必需的教学方法。独立自主地观察和想象的技能决定着语言发展的质量和速度。

（二）说话教学要实行大面积训练，指导儿童掌握自言自语的学习方法

说话教学一定要对全班孩子全面负责，不能只训练那些能言善道、口齿伶俐的孩子而不顾差生。绝大多数差生的种种弱点主要是由于意志力发展缓慢和学习习惯尚未养成造成的，而不是由于天生的笨拙。只要教师坚持大面积训练的方法，就会发现差生并不差。可以说，除先天性痴呆儿童外，每个儿童都具有充分发展思维和语言的天分。而发展思维和语言，首先要教会他们在观察的基础上思考、想象，边想边说。教孩子们爱想事想理，会想事想理，这是全部学习能力的首要基础，是头等大事。那么，怎样做到这点？

最重要的是用说来促进想，由爱说促进爱想，使想和说相互促进地发展。这样做就会使他们迅速变得聪明起来。但怎样促使想和说相互促进地发展呢？必须首先教儿童掌握自言自语的学习方法，在低年级甚至不妨养成自言自语的学习习惯。

有一天，一位家长来校向我们反映，说她的孩子好像有点"神经病"，看到什么东西，嘴里老是嘀嘀咕咕地说个没完。孩子逛动物园看着熊猫和小猴，总是边看边嘀咕，不知他说些什么。前几天在家里看着天空老是发愣，一个人不停嘴地老是嘀嘀咕咕。我们笑了，于是打开她孩子写的观察日记给她看，上面写着："今天早上起来，天气就很暖和，天空是灰白色的，太阳一会儿出来，一会儿又被云彩遮住了。风轻轻地吹着。院里的柳树已经长出了小片小片的绿叶，嫩绿的柳枝在微风中摇摆。"（一年级下学期）妈妈一向知道自己的孩子并不笨，但他竟然能够在一年级就写出这样好的观察日记，完全出乎意料。她恍然大悟，原来孩子老爱独自嘀嘀咕咕的"坏毛病"是自言自语的学习方法。她的孩子正是靠这种方法取得迅速的进步的。

为什么自言自语的方法能产生这么大的效果呢？

原来，儿童的自言自语过程本身具备三种功能：1. 能帮助孩子们吸收外界事物的形象，在心理形成鲜明、牢固、完整和连贯的形象，思维过程同时又能促进儿童思考；2. 能帮助孩子们从外界吸收和消化词汇和语句，并把已有的消极词汇转化为积极词汇；3. 能帮助儿童预演外部表达过程，成为对人说话、写话的"预习"。

请看幼儿在玩积木时，总是一边摆弄，一边喃喃自语：这是桌子腿，一条、两条……这是桌子面……一年级儿童在算术课上学习数的组成时，也常常习惯于边数边想边自言自语。在他们初期读书的时候，也喜欢出小声指读，用喃喃自语来促进自己想象、思考和帮助理解。

但是，如果我们要充分发挥孩子自言自语的这种预习作用，就不能让他们随便"瞎叨咕"，而要教他们边观察、边想象、边思考、边有条有理地嘀咕。只要这样做，就能引导他们以说促想，以想带说，以说促写，以写带说。

请家长不要担心孩子们养成独自瞎嘀咕的怪毛病或坏习惯。这并不是坏习惯，而是好习惯。伴随儿童思维能力的发展，他自然会逐渐用完全不出声的默语代替嘀咕。这就是说，他学会了独立自主的内心想象和思维活动以后，就不再需要口头念念有词，而是动脑筋默想——暗自思量。

教儿童自言自语的方法，一般不单独使用，经常是同其他方法搭配使用。比如，在观察中教儿童一边观察，一边自言自语，或在观察之后，教他们一边回忆观察印象，一边用自言自语的方法练习说，然后大声讲，最后再写话。总之，在看、听、读、说、写过程中都要贯穿一个"想"字，都可以用自言自语的方法来教儿童学会想象和思考。

在课堂上教儿童普遍自言自语的时候，教师应特别检查中等生和差生是否用心地说，说的正确性和条理性如何，是否学会用某些新词汇等等。这样做，是为了在练习大声说的时候，有的放矢地纠正普遍性的错误。

最重要的是，要教孩子们在课外独立观察时，运用边看边自言自语的学习方法。只有这样做，才可能促使他们回想并运用从课内课外学习到的新词汇和新语句，成为思维和语言方面的自我发展的主人。孩子们非常喜欢这样做，他们亲身感受到收效越大越喜欢这样做。反之，光观察不"叨唠"，收效较小。

这里应当指出，要把外部语言转化为内部语言，并使两者相互促进地发展，不能单靠自言自语的方法，而要依靠儿童全部语言交际过程和教学过程。因而，到了中年级或高年级，孩子们就会不喜欢这种教学方法了。

（三）从一年级开始就有扶有放，扶是为了放，逐步培养独立表达能力

有经验的教师都知道，儿童说话、写话训练，首先要求句子完整，随后要求句子连贯。为什么要经常注意语言连贯性的训练呢？因为句子的连贯性是今后训练各种基本段式（层次）和篇式的基础。为此，必须从反复训练观察的条理性开始。

最初阶段训练儿童掌握有顺序地观察的技能，是比较困难的，因为孩子们的观察往往是"看热闹"，没有顺序，所以应该扶。即由教师提出问题，指导并训练他们掌握观察顺序的"框架"。

例如，观察自己的小手绢，教师有必要提出看和说的顺序：1. 小手绢是用什么做成的？2. 小手绢是什么形状的？3. 小手绢是什么颜色的？4. 上面画的什么？5. 小手绢能帮助你做什么？你爱它吗？

随着说写内容逐步加深，随着儿童的思维和语言发展水平的提高，顺序框架也应由简及繁，由易到难，逐步深化。框架的顺序，先是由教师确定，进而由师生共同确定，最后由孩子们自己确定。这样一旦养成习惯，孩子们就会出口成章，言之有序了。这就是有扶有放，由扶到放。由于内容逐步加深，扶和放总是循环往复地结合使用的。

初期训练不扶行不行？不行！一年级儿童，即或是能说会道的巧嘴儿童，也不会自发地形成有条理观察的智力技能。因此，巧嘴儿童往往说得多而零乱，长期下去可能养成随便想到什么就说什么的坏习惯，妨害形象思维和抽象思维沿着条惯性的轨道发展。至于中等生和差生，经常是不知道应该从何看起，我们提供顺序框架正是为了扩大他们的观察和想象的领域，也就是帮他们打开思路，使他们学会有目的、有条理、仔细地观察。初期训练，如果老师不提供框架，孩子们便会无所适从，不知从何看起。

那么，一年级儿童的观察、说话和写话，还要不要放？一定要放。如果我们老是抱着孩子走，搀着孩子走，孩子到中、高年级就可能变成呆木头，只会人云亦云，亦步亦趋，极难获得思维和语言独立自主地发展。作文也只会按死套套写几句干瘪话，独立写作时甚至无所适从。那种认为低年级儿童不可能培养独立学习能力的看法，我们认为是不符合实际的。

扶和放必须结合，结合的方式有以下几种：

第一是在课内扶中有放。在观察时，最初教师向儿童提供顺序框架，目的在于让儿童打开思路，形成独立自主的有条有理的观察技能和说话、写话技能。至于说什么，选用什么词、造什么句，就应放手让儿童独立自由地表达。例如，一年级上学期，观察小手绢是什么形状的，就可以放手让儿童自由地说，儿童就能说出：方的、四方的、正方形的、方方正正的、四四方方的等等。这些说法对，教师都应给予肯定，以丰富儿童的语汇。儿童在说句子时，可以用上自己喜欢的词。

第二是在课内有扶有放。例如，一年级下学期，观察连环图片，让儿童用自己的话口头自由编故事，是以放为主；而根据确定的观察顺序，在说的基础上指导儿童写一段话，则是以扶为主。

第三是在课内放中有扶。例如，一年级上学期的"找冬老人"的自由谈话课和一年级下学期说、写观察日记课，都是放中有扶，一方面放手让儿童用自己的话讲述独立观察的印象；另一方面教师要有针对性地指导儿童说、写通顺连贯的话。

第四是课内扶，课外放。课内指导是扶，给儿童布置课外独立观察和说写的作业是放。例如，一年级上学期在课内教师指导儿童学会观察"小手绢"，同时布置课外作业让儿童独立观察和说"小毛巾"。课内教儿童学会听广播讲故事，课外要求儿童独立听广播讲故事。又如，一年级下学期，课内教师指导儿童写观察日记，同时，布置课外作业让儿童独立写观察日记等等。

这样，扶放结合，课内外结合，逐步培养初步的独立观察能力、表达能力和听的能力。并要从儿童入学开始，坚持培养课外独立观察、听广播、看儿童电视节目、读课外书、培养参加爱好活动的兴趣和习惯，使儿童生动活泼，主动地得到发展，充分发挥其智慧潜力和语言潜力。

最后，对差生要多扶，多扶的目的仍然是为了放。对那些不用心的孩子要硬性规定三两个问题叫他们照顺序观察、说话和写话，有了进步再放；对发展快的孩子要多多放手，因为这种孩子喜欢老师放手让他说写独自想出来的东西，想独出心裁，不爱人云亦云，厌烦老师扶着走，抱着走。如果教师把他们叫起来说："你们可以自己选择观察的东西，自己先想好顺序，然后边观察边说，最后动笔写。"他们会非常高兴，并感到光荣。看到这种情况，其他孩子就会希望有一天老师也把自己叫起来，让自己独立地写。这样，每个孩子都会逐步焕发出强烈的独立自主的愿望。这样便能做到因材施教和全面负责。

（四）放手让孩子们畅所欲言，激发他们创造性地说话

上说话课或写话课的时候，我们放手让孩子们畅所欲言，这不单纯是为了促使他们学会说自己的话，也是为了更进一步激励他们尽力发挥形象思维和语言的创造性。

一年级孩子能够有创造性的想象和语言吗？实验结果证明是能够做

到的。童年期儿童正处在形象思维和形象语言的迅猛发展时期，吸收事物形象和优美艺术语言的能力萌发得极快极强。越是那些能够焕发儿童想象、幻想的艺术语言，尤其是那种一句话能在儿童心灵中呼唤出一个美好形象的读物，他们越是爱听、爱读，吸收得也就越快。有时成年人吸收艺术语言的能力，反而不如孩子们迅速和敏感。只要我们给他们提供丰富多彩的观察内容，提供绘声绘色和富有情感色彩的故事、童话、散文、诗歌等，而且引导得法，他们的形象思维和形像语言就会像春天含苞的蓓蕾一样迅速开放起来。可以说，想象和幻想是儿童内心世界和精神生活的主要内容，是开启智慧的钥匙。正是在这里存在发展语言的肥沃土壤。关键在于，首先要相信孩子，解放他们的智慧和情感。不要光看他们早期说话干干瘪瘪，奶腔奶调，残缺不全，要看到他们像一块未经开垦的"处女地"，虽然杂草丛生，但一经开垦和播种经营，就会变成鲜艳夺目的百花园。孩子们的思维和语言发展也是这样的。

怎样引导？

1. 说同样一个东西的时候，让儿童根据观察和联想到的不同现象和千姿百态的形象，换词、换句、扩句，即启发儿童按照个人头脑中各异的表象、联想和想象说出不同的语句，表达自己的真情实感。这样做能够真正地发展儿童的创造性想象和形象语言。比如，教师在让儿童观察"柳絮"时，要引导儿童展开相似联想，启发他们说出是什么样的柳絮，像什么一样在空中飞舞。这时，儿童就能说出："软绵绵的柳絮，像雪花一样在空中飞舞。""白白的柳絮，像鹅毛一样在空中飘来飘去。"教师进而启发儿童展开关系联想，想象柳絮要飞到哪里去？干什么？在教师的启发下，儿童们有的说："它们要飞到四面八方去告诉人们，春天来了！春天来了！"有的说："它要把自己的种子撒向祖国各地。"有的说："它要飞到世界各地去旅行。"等等。

2. 教儿童学习就不同的事物做比较地观察，展开对比联想，说出特色。例如，引导儿童"找冬老人"时，要他们把冬天的景物与春天、夏天、秋天的景物做比较，比出冬季的特色。这时他们会说："春天，柔软的柳枝迎风摇摆，冬天的柳枝一撅就折，脆极了，脆极了。""秋天的天空高高的，蓝蓝的，冬天的天空有时是灰白色的，有时是阴沉沉的。""夏天，常常下雨，冬天，洁白的雪花，纷纷扬扬地从天空中飘落下来。"

3. 观察同一类事物中不同的东西，引导儿童用比较的方法来观察，抓住事物的典型特点。例如，观察用不同材料做成的不同形状和不同颜色的小书包，观察不同的形状、不同颜色的落叶等等。这类东西各有特点，易于做比较地观察，启发儿童观察和想象出特色，因而也能说出和写出特色。例如，比较地观察落叶的颜色和形状时，儿童能说出"红色的枫叶像五角星""黄色的银杏叶像把小扇子""黄绿色的柳叶像眉毛"等等。

这类说话、写话课，在训练观察技能方面的基本要求是相同的，但要训练他们抓住特点地说，多说自己最喜爱的地方。这样，他们在说话内容和选词用句上就会大不相同。放手让他们在说话和写话中，同中有异，从小就开始学习说自己的话，想得有特色，说得有特色。这就是创造性的开端。

孩子们越是说自己最心爱的东西，说自己最喜欢的地方，就越容易看得细致，说得细致，说得有特色和情感色彩。这样，会大大促进他们吸取新词语的渴望和积极写话的愿望。因而易于写得好，写得美，同时也能避免差生单纯学舌的毛病，促使他们走上独立创新的道路。

在说话、写话课上，我们经常发现孩子们在状物、写景、叙事的时候，急欲表达而又词不达意或用词不当。这并不是由于儿童的发展迟缓，而是由于他们的表象的积累和想象的发展较快较丰富，而相应的词语跟不上趟。因此，必须丰富他们的词句。结合观察到的形象向他们输入的新词句，最易被吸收牢记，使表象更鲜明，更连贯。就是说教师既要激发儿童独出心裁地进行表达，又要加以指导，并要结合讲读课和大力开展课外阅读活动，扩大其认识领域，丰富语汇。

（五）语言逻辑渗透性训练要有序可循，生动活泼

这里我们所说的语言逻辑训练，主要指的是基本句式、段式训练。一年级掌握基本句式和段式是必要的吗？

根据实验的结果看，我们认为这是十分必要的，也是可能的。其实儿童在日常听话、说话、说故事、背儿歌等语言实践中，早已需要说句子、说成段的话了。同时，在语言实践中，一些句段经过千万次的重复，使他们已经具备了理解句式和段式的直接经验。只要教学得法，肯定可以使他们顺利地掌握基本句式、段式。而一旦掌握了，我们将看到他们在语言规范化和思维逻辑化这两个方面，会更好更快地发展起来。

但是，我们在一年级进行句式和段式训练，仅仅指的是若干种基本的句式和段式，而且是简要易懂、易于运用的。至于训练方法上，不必要专门出现语法概念，如主语、谓语、宾语、补语、定语、状语以及复句、段落大意等专门术语。也就是说，不作概念性训练，而用另一种方法，即从感性方面认识句式和段式进行渗透性训练。一年级上学期要求儿童掌握并学会运用"谁或什么，干什么""谁或什么，是什么"等四个句式，由此学会说写完整句子。进一步通过比较短句与长句，从感性方面认识短句和长句，并能说写内容比较复杂的长句子。

一年级下学期，要求儿童掌握和运用"谁或什么，怎么样"的基本句式，说写完整句子，并开始进行段式训练。要求儿童从感性方面认识段落的一般含义，即段落是由句子组成的，其中各句的意思是连着的，要连起来写，开头空两格，第二行顶格写。要着重训练儿童有条理地说写一段话，即先说什么，再说什么，最后说什么，要层次清楚，意

思连贯。

怎样进行句式和段式的渗透性训练呢？

认识句式和段式，要结合浅显的范例进行分析，尤其要结合已有表象或有条有理地观察图片、实物、动作等等过程，反复地练习，使儿童掌握句、段的模式。

训练儿童有条理地连贯地说和写一段话，是以有条理的形象思维作为支柱的。有条理的形象思维和有条理的语言是相互促进地发展的。

从开学之初，就要坚持不懈地训练儿童逐步学会有条理地观察的技能，同时，循此训练有条理的形象思维技能和说话技能，即能说连贯的话，说成段的话。

比如，儿童初入学观察"懂礼貌"图片，就要按下列顺序引导儿童看和说一段话：

1. 什么时候，小朋友来到什么地方？
2. 小方见到老师怎样做的？怎样说的？
3. 小华见到同学怎样做的？怎样说的？
4. 我们向他们学习什么？

到下学期即可提出"段落"这个概念，使儿童初步认识什么叫一段话。其实，只要孩子们懂得了"有条理""有顺序"这些初级概念，那么形成"段落"的初级概念是不难的。而一旦形成之后，我们可以看到孩子们说话、写话中的语言逻辑性会出现新的发展，即对自己或他人的语言审查能力大大提高了一步，尤其是语言和思维方面的自我审查能力会迅速发展，自我调节能力也大大加强。

以上，就是说话、写话教学方法的一些主要问题。应该要求方法的多样性和搭配的灵活性、创造性，不能强行推行"唯一的方法"。教学方法从来没有放之四海而皆准的一剂"万灵药"，也没有永恒不变、妙手回春的处方。因此，应该"教无定法"。但是，不能否认"教有定规"，就是说，方法取决于我们的教学指导思想逐步科学化。教和学的方法，就是一个发挥教师劳动和学生学习的创造性的宽广的领域。教的创造性在于充分发挥儿童学习的积极性与创造性。

（选自吕敬先编著《教儿童观察说话写话》，教育科学出版社 1986 年版）

课堂教学实录 1：小白兔和小熊

（一年级第一学期）

师：这一节课老师给小朋友们上听故事和复述故事的说话课，故事的名字叫作《小白兔和小熊》，一起读（指板书）。

生：《小白兔和小熊》。

师：我先请小朋友们看图：这是第一幅图、第二幅图、第三幅图、第四幅图、第五幅图、第六幅图，一共是六幅图。现在请小朋友们一边看图，一边听老师讲故事（指图）。

一个冬天的傍晚，天气很冷很冷，雪下得很大很大，小白兔从树林里回来了。

小白兔路过小熊的家，就砰、砰、砰轻轻地敲门说："熊哥哥，天又冷，雪又大，请您让我在这儿住一夜吧！"小熊说："不行！不行！我这里不能借住！"

小白兔只好冒着风雪走回家去。

一个夏天的傍晚，天越来越黑，雨下得越来越大，小熊看朋友回来了。

小熊路过小白兔的家，就咚、咚、咚使劲地敲门说："小白兔，我要在你这儿住一夜！"小白兔高兴地说："欢迎！欢迎！请进来吧！"

小白兔请小熊在一张大床上睡觉，第二天一大早就把洗脸水和早饭都给小熊准备好了。小熊醒来后，看到这一切，心里很惭愧，它握着小白兔的手说："上次，我真对不起你。"

师： 下面请小朋友一边看图，一边自己小声讲故事。

（生自己说）

师： 小朋友讲得真好！老师把图遮上，请小朋友们把眼睛闭上，一边听老师讲故事，一边把每一幅画想象出来，现在注意听老师讲："一个冬天的傍晚，天气很冷很冷……"

师： 请小朋友们睁开眼睛，再看一看黑板上的画面和你刚才想象出的画面一样不一样？这是第一幅画、第二幅画、第三幅画、第四幅、第五幅、第六幅画。哪些小朋友刚才想象的画面和黑板上的画面一样呢？（举手）啊，真好！都想象出来了。

下面老师来教小朋友讲故事，大家愿意吗？

生： 愿意！

师： 你们要注意听老师讲故事的语气，看老师的动作，老师讲完了以后，你们再来讲，现在老师先教你们讲第一幅图画。一个冬天的傍晚，天气很冷很冷，雪下得很大很大，小白兔从树林里回来了。（教师边讲边示范动作）请小朋友一起讲。

师生：（一起讲第一幅图，配合动作）"一个冬天的傍晚……"

师： 下面老师还要教给你们一些词语，一会儿你们讲故事的时候，要把这些词语都用上。跟老师说"冬天的傍晚"，"傍晚"就是天快要黑的时候，"天气很冷很冷""雪下得很大很大"（配合动作）。

生：（配合动作齐说）冬天的傍晚，天气很冷很冷，雪下得很大很大。

师： 现在讲第二幅图。小白兔路过小熊的家，就砰、砰、砰轻轻地敲门说："小熊哥哥，天又冷，雪又大，请让我在您这儿住一夜吧！"小熊说："不行！不行！我这里不能借住！"（配合动作）跟老师说。

师生：（一起配合动作说）"小白兔路过小熊的家……"。

师：跟老师说词："砰、砰、砰""轻轻地""请让我在这儿住一夜吧"。（配合动作）

生：（配合动作齐说）"砰、砰、砰""轻轻地""请让我在这儿住一夜吧"。

师：现在讲第三幅图。小白兔只好冒着风雪走回家去。（配合动作）

生：（配合动作齐说）小白兔只好冒着风雪走回家去。

师：下面咱们再说第四幅图。一个夏天的傍晚，天越来越黑，雨下得越来越大，小熊看朋友回来了。（配合动作）

师生："一个夏天的傍晚……"（配合动作）

师：老师再带你们说几个词语："夏天的傍晚""天越来越黑""雨下得越来越大"。（配合动作）

生：（配合动作齐说）夏天的傍晚，天越来越黑，雨下得越来越大。

师：讲第五幅图。小熊路过小白兔的家，就咚！咚！咚！使劲地敲门说："小白兔！我要在你这住一夜！"小白兔高兴地说："欢迎！欢迎！请进来吧！"（配合动作）跟老师一起讲。

师生："小熊路过小白兔的家……"（配合动作）

师：老师教你们说词语："咚、咚、咚！""使劲地""欢迎！欢迎！""请进来吧"。（配合动作）

生：（配合动作齐说）"咚、咚、咚""使劲地""欢迎！欢迎！""请进来吧"。

师：下面说第六幅图。小白兔请小熊在一张大床上睡觉，第二天一大早，就把洗脸水和早饭都给小熊准备好了。小熊醒来后，看到这一切，心里很惭愧，它握住小白兔的手说："上次我真对不起你。"（配合动作）跟老师一起说。

师生："小白兔请小熊在一张大床上睡觉……"（配合动作）

师：下面跟老师说词语："心里很惭愧""上次我真对不起你"。（配合动作）

生：（配合动作齐说）"心里很惭愧""上次我真对不起你"。

师：下面我要请小朋友讲故事，能不能讲啊？

生：能！

师：按照老师提的要求讲故事，注意听！

第一，要一边想象画面一边说。第二，要按照画面的顺序连起来说。第三，要用自己的话配上动作说，还要用上老师刚才教给你的词语。现在请小朋友们按照老师的要求，自己小声地讲故事。

生：（自己小声讲）"一个冬天的傍晚……"

师：小朋友们讲得很认真。下面我要请小朋友到前面来给大家讲故事。

谁争着说呀？啊，真好！都争着说，我们请李东同学先讲。

生：今天，我给大家讲个故事，故事的题目叫《小熊》，（师提示：小白兔）《小白兔和小熊》。在一个冬天的傍晚，天气很冷很冷，雪下得很大很大，小白兔从树林里走出来。小白兔路过小熊的家，就砰、砰、砰轻轻地敲门说："熊哥哥，天气这么冷，雪下得这么大，让我在你家住一夜吧！"小熊说："不行！不行！我家不能借住！"小白兔只好冒着风雪回家了。在一个夏天的傍晚，天气越来越黑，天越来越黑（把"天气"自己改为"天"），雨下得越来越大，小熊看朋友回来。小熊路过小白兔的家，就咚、咚、咚使劲地敲门说："小白兔！我要在你家住一夜！"小白兔高兴地说："欢迎！欢迎！请进来吧！"晚上小白兔让小熊睡在一张大床上，第二天早上小白兔把洗脸水和早饭预备好了。小熊醒来，看到这一切，心里很惭愧，握着小白兔的手说："上次我真对不起你。"

师：李东今天能把故事讲下来，他真有进步，大家鼓掌。只是不要把天越来越黑说成天气越来越黑。谁还想再讲呀？

生：今天，我给大家讲个故事，故事的题目叫《小白兔和小熊》。在一个冬天的傍晚，天气很冷很冷，雪下得很大很大。小白兔从树林里走出来。小白兔路过小熊的家，就砰、砰、砰轻轻地敲门说："熊哥哥，天这么冷，雪又这么大，请让我在您家住一夜吧！"小熊说："不行！不行！我家不能借住！"小白兔只好冒着风雪走回家。在一个夏天的傍晚，天越来越黑，雨下得越来越大，小熊看朋友回来，路过小白兔的家，就咚、咚、咚使劲地敲门说："小白兔！我要在你家住一夜！"小白兔高兴地说："欢迎！欢迎！请进来吧！"晚上小白兔让小熊睡在一张大床上，第二天早晨，小白兔给小熊预备了洗脸水和早饭。小熊睡醒了，看到这一切，心里很惭愧，它握着小白兔的手说："上次我真对不起你。"

师：好，马雪艳讲得比较好，大家鼓掌。下面的同学再讲要注意：小熊不肯帮助小白兔，它态度很蛮横地说："不行！不行！我这里不能借住。"（配合动作）还有小熊要到小白兔家里借住，很没有礼貌地说："小白兔！我要在你这里住一夜！"（配合动作）下面同学讲的时候，要注意把小熊的语气表达出来。谁还想讲？

生：今天，我给大家讲一个故事。故事的题目叫《小白兔和小熊》。在一个冬天的傍晚，天气很冷很冷，雪下得很大很大，小白兔从树林里走出来。小白兔路过小熊的家，就砰、砰、砰轻轻地敲门说："熊哥哥，天这么冷，雪这么大，请让我在您这住一夜吧！"小熊说："不行！不行！我这里可不能借住！"小白兔只好冒着风雪走回家。在一个夏天的傍晚,天越来越黑,雨越下越大。小熊从朋友家回来,路过小白兔的家,就咚、咚、咚使劲地敲门说:"小白兔!我要在你这儿住一夜!"小白兔高兴地说:"欢迎!欢迎!请进来吧!"小白兔让小熊睡在一张大床上,第二天早晨,小白兔早给小熊准备好洗脸水和早饭。小熊睡醒了,看到这一切,心里很惭愧,它握着小白兔的手说:"上次,我真对不起你。"

师:讲得好不好啊?

生:好。

师:大家鼓掌。下面老师来教小朋友们表演这个故事,大家愿意吗?

生:愿意!

师:我先请一个同学讲故事。谁愿意讲故事呀?(举手)薛丙楠你来讲故事。谁愿意做小白兔啊?(举手)于新照。谁愿意做小熊?(举手)张宇。我给小白兔和小熊戴上头饰。现在老师教小朋友来表演这个故事。同学们要注意听,你们参加表演的同学也要注意听。讲故事的同学站在这儿讲故事,不配合动作,讲到对话的部分请小白兔和小熊对话,小白兔和小熊对话时要配合动作。当讲故事的同学,讲到小白兔从树林里回来了。小白兔就要从树林里一蹦一跳地走到小熊的家门口,然后敲小熊家的门。小熊听到声音,就出来和小白兔对话,都明白了吗?好,我们先请小白兔到树林里去,请小熊在自己的家里。请讲故事的同学开始讲。

薛丙楠:今天,我给大家讲个故事,故事的题目叫《小白兔和小熊》。在一个冬天的傍晚,天气很冷很冷,雪下得很大很大,小白兔从树林里走出来,路过小熊的家,就轻轻地敲门说——

于新照(小白兔):(砰、砰、砰敲门)熊哥哥!天又冷,雪又大,让我在您这儿住一夜吧!

薛丙楠：小熊说——

张宇（小熊）：不行，不行，我家可不能借住！

薛丙楠：小白兔只好冒着风雪走回家。

在一个夏天的傍晚，天越来越黑，雨下得越来越大，小熊看朋友回来。小熊路过小白兔的家，就使劲地敲门说——

张宇（小熊）：（咚！咚！咚！敲门）小白兔，我要在你家住一夜！

薛丙楠：小白兔说——

于新照（小白兔）：欢迎！欢迎！快请进来吧！

薛丙楠：小白兔让小熊在一张大床上睡觉。第二天早晨，小白兔给小熊预备好了洗脸水和早饭。小熊醒来，看到这一切，心里很惭愧，它握着小白兔的手说：

张宇（小熊）：上次我真对不起你！

师：他们表演得真好！咱们鼓掌。小朋友们都很喜欢表演，以后利用下课的时间大家再表演这个故事好不好？这节课咱们就表演到这儿。

下面我要请小朋友动脑筋想一想你喜欢小白兔还是喜欢小熊？为什么？

生：我喜欢小熊，因为小熊有错就改，所以我喜欢小熊。

师：哦！小熊有错就改，她是这样喜欢小熊的。

生：我喜欢小白兔，因为它爱帮助人，所以我喜欢小白兔。

生：我喜欢小熊，因为它能虚心接受别人的意见，所以我喜欢小熊。

生：我喜欢小白兔，因为小白兔有礼貌，所以我喜欢小白兔。

师：你们喜欢小白兔懂礼貌、肯帮助人，喜欢小熊能够改正自己的缺点。你们再想一想：我们向小白兔和小熊学习什么呢？

生：我们向小白兔学习有礼貌。

生：我们向小白兔学习肯帮助人。

生：我们向小熊学习知错就改。

师：我们要向小白兔学习懂礼貌，热心帮助别人。向小熊学习能够改正自己的缺点。你们也应该做一个懂礼貌肯帮助别人的好学生。

师：下面老师还要请小朋友们听一首诗歌，诗歌的名字叫《布娃娃过桥》，一齐说。

生：（齐说）《布娃娃过桥》。

师：请小朋友们一边听录音，一边想象，在脑中画画。

（放录音：《布娃娃过桥》，内容略）

师：请小朋友们想一想：我们向小木偶学习什么呀？

生：我们要向小木偶学习爱帮助人。

师：很好！我们要向小木偶学习爱帮助人。你们也要热心帮助别人。这一节课听老师来总结一下，小朋友们学会了听和说《小白兔和小熊》的故事，一齐读课题。

生：（齐读）《小白兔和小熊》。

师：还欣赏了一首诗歌，《布娃娃过桥》。

老师给小朋友留的作业是：

第一，把《小白兔和小熊》的故事讲给爸爸妈妈听，讲给院里的小朋友听。

第二，平时你们要做一个懂礼貌热心帮助别人的好学生。

（选自吕敬先编著《教儿童观察说话写话》，教育科学出版社 1986 年版）

课堂教学实录 2：小手绢

（一年级第一学期）

师：这节课老师给同学们上观察静物的说话课，今天我们观察静物的名字叫："小手绢"，齐读一遍。

生：（齐读）小手绢。

师：下面请小朋友们自己一边观察黑板上的小手绢，一边说。

（生自己说）

师：哪个小朋友想讲给同学们听呢？

生：小手绢是用布做成的，是花颜色的。

生：小手绢是方方正正的，上面画着两只蝴蝶在花园里飞着。

生：这块手绢是用布做的，上面画着的是两只花蝴蝶正在花园里游玩。

师：小朋友们刚才是自己观察自己说，你们观察得还不够有顺序，也不够仔细。现在老师教给你们有顺序地、仔细地观察，齐说一遍。

生：（齐说）有顺序地、仔细地观察。

师：我们还要学会有顺序地、连贯地说，齐说一遍。

生：（齐说）有顺序地、连贯地说。

师：下面请小朋友们先观察，小手绢是用什么做成的？

生：小手绢是用布做成的。

师：真好，大家再说一遍。

（生自己说）

师：再观察小手绢是什么形状的？

生：小手绢是四四方方形的。

师：小手绢是四四方方的，再说一遍。

生：小手绢是四四方方的。

师：哪个同学还能想出别的词语说明小手绢是四四方方的？

生：小手绢是方的。

生：小手绢是方方正正的。

生：小手绢是方形的。

生：小手绢是四方的。

师：听老师教你们说，方的、方方正正的、四方的、四四方方的、正方形的、方形的。齐说一遍。

生：（齐说）方的、方方正正的、四方的、四四方方的、正方形的、方形的。

师：请同学们自己小声说一遍，用自己喜欢的词，说小手绢是什么形状的。

（生自己说）

师：下面再观察是什么颜色的？

生：小手绢是花花绿绿的。

师：咱们大家一块看，上面都有什么颜色（指小手绢）。

生：（齐说）黑色、白色、黄色、粉色、绿色、蓝色。

师：小手绢上有各种各样的颜色，我们可以说小手绢是花花绿绿的。谁还能用别的词说明小手绢是各种各样的颜色。

生：小手绢是五颜六色的。

生：小手绢是花花绿绿的。

师：这个词刚才同学说过了，不再说了。

生：小手绢是花颜色的。

师：你们说得好，现在老师带你们说：五颜六色，花花绿绿，彩色，花颜色。这些词都能说明小手绢是各种各样的颜色，下面请同学们用自己喜欢的词说小手绢是什么颜色的。

（生自己说）

师：现在请小朋友们连起来观察，连起来说：小手绢是用什么做成的，是什么形状的，是什么颜色的？自言自语说。

（生自己说）

师：谁来大声说给同学听？

生：小手绢是用布做成的，是四四方方的，是五颜六色的。

师：真好，下面你们再观察小手绢上面画着什么？

生：小手绢上面画着两只美丽的蝴蝶。

师：在干什么？

生：在花园里飞来飞去。

师：这不是花园，这是花丛。花丛就是很多很多花。一齐说，花丛。

生：（齐说）花丛。

师：你重新说一遍。

生：小手绢上画着两只美丽的蝴蝶在花丛里飞来飞去。

师：谁还想说。

生：小手绢上画着两只美丽的蝴蝶，在花丛里自由自在地飞着。

生：小手绢上画着两只美丽的蝴蝶在花丛里飞舞着。

师：咱们说蝴蝶可以说美丽的蝴蝶，还可以说什么蝴蝶？

生：好看的蝴蝶。

生：漂亮的蝴蝶。

生：花蝴蝶。

师：一起说，花蝴蝶，美丽的蝴蝶，漂亮的蝴蝶。

生：（齐说）花蝴蝶，美丽的蝴蝶，漂亮的蝴蝶。

师：蝴蝶在什么地方飞呢？可以说"花丛"中，各种各样的很多的花还可以说"百花丛"中。齐说：百花丛中。

生：（齐说）百花丛中。

师：蝴蝶在怎样飞舞呢？

生：蝴蝶在自由自在地飞舞。

生：蝴蝶在有趣地飞舞。

师：不能说蝴蝶在有趣地飞舞，可以说蝴蝶在快活地飞舞。谁还能说？

生：蝴蝶在快乐地飞舞。

师：一齐说：自由自在地飞舞，快活地飞舞，快乐地飞舞。

生：（齐说）自由自在地飞舞，快活地飞舞，快乐地飞舞。

师：谁还能想出别的词说明蝴蝶在飞舞呢？

生：蝴蝶在飞着。

生：飞来飞去。

生：蝴蝶一会儿飞到东，一会儿飞到西。

师：齐说：飞舞，飞着，飞来飞去，一会儿飞到东，一会儿飞到西。

生：（齐说）飞舞，飞着，飞来飞去，一会儿飞到东，一会儿飞到西。

师：你们用自己喜欢的词，自言自语说一遍，小手绢上面画着什么，干什么？

（生自己说）

师：谁能大声说给大家听？

生：小手绢上面画着两只花蝴蝶在花丛中自由自在地飞舞。

师：请小朋友们再想一想，小手绢能帮助你做什么？你喜欢它吗？

生：小手绢能帮助我擦手、擦汗、擦眼泪、擦鼻涕，我很喜欢这块小手绢。

生：小手绢能帮助我擦手、擦汗、擦脸，我很喜欢小手绢。

师：（领说）擦手、擦脸、擦汗、擦鼻涕。每个小朋友用自己的话说一遍，小手绢能帮助你干什么？你喜欢它吗？

（生自己说）

师：现在连起来观察，连起来说，小手绢上画着什么？它在干什么？小手绢能帮助你做什么？你喜欢它吗？自言自语说一遍。

（生自己说）

师：谁能大声说给同学听？

生：小手绢上面画着两只花蝴蝶正在百花丛中飞来飞去。小手绢能帮助我擦手、擦汗、擦鼻涕，我很喜欢小手绢。

师：现在老师要求你们从头到尾连起来观察，连起来说，下面一边听老师提问，一边观察，一边自己在心里说，不出声音。（教师提问的速度放慢，使儿童能一边观察，一边在心里说）小手绢是用什么做成的？是什么形状的？是什么颜色的？小手绢上面画着什么？它在干什么？小手绢能帮助你做什么？你喜欢它吗？自己再小声说一遍。

（生自己说）

师：谁能说给大家听？

生：（到前边说，指着小手绢）小手绢是用布做成的，是方方正正的，是五颜六色的。上面画着两只美丽的蝴蝶，在百花丛中快乐地飞舞着。小手绢能帮助我擦手、擦脸、擦眼泪、擦鼻涕，我很喜欢这块小手绢。

师：讲得很好，大家鼓掌。

下面请小朋友们观察自己的小手绢，愿意吗？

生：愿意！

师：请把自己的小手绢轻轻地平放在桌子上，手放到两边。眼睛看着自己的小手绢，一边听老师提的问题，一边观察自己的小手绢，一边在心里说。你的小手绢是用什么做成的？是什么形状的？什么颜色的？小手绢上面画着什么？在干什么？小手绢能帮助你干什么？你喜欢它吗？自己再小声说一遍。

（生自己一边观察一边说）

师：哪个小朋友想把自己的小手绢讲给同学们听啊？

生：（到前边说，举着小手绢）我的小手绢是用布做成的，是正方形的，是花颜色的。小手绢的上边画着一只小白兔，正在吃胡萝卜。小手绢能帮助我擦脸、擦汗、擦眼泪，我很喜欢我的小手绢。

师：刚开始时，他观察小手绢，只能说两句话，现在能说一段话了，真好，大家鼓掌。哪个小朋友还想说？

生：我的小手绢是用布做成的，是方形的，是花花绿绿的。上面画着一只胖乎乎的熊猫正在荡秋千，它的怀里抱着一个彩色的皮球，它的嘴里正在津津有味地吃着嫩嫩的竹叶。小手绢能帮助我擦脸、擦手、擦汗，我爱我的小手绢。

师：说得真好！大家鼓掌。谁还想说？

生：我的小手绢是用布做成的，方方正正的，是花颜色的。上面画着一个小弟弟正在植树，小弟弟好像在对小树说："小树啊，小树。快快长大吧！"两只美丽的小鸟飞来说："小弟弟，你真爱劳动！"小手绢能帮助我擦汗、擦脸、擦手、擦鼻涕，我很喜欢我的小手绢。

师：于红能想象，想象出小弟弟说小树快长大吧，快长大吧！她还能想象小鸟夸小弟弟爱劳动，说得真好！大家鼓掌。谁还想说？

生：我的小手绢是用布做成的，正方形的，彩色的。上边画着一个小姐姐和一个小弟弟，下雨了，小弟弟没带雨伞，小姐姐看见了说："小弟弟，我送你回家去吧！"小姐姐心灵美，我要向小姐姐学习。小手绢能帮助我擦手、擦眼泪、擦鼻涕，我特别喜欢我这块小手绢。

师：啊，她说小姐姐心灵美，要向小姐姐学习，真好，大家鼓掌。谁还想说？

生：我的小手绢是用布做成的，是四四方方的，它的四边有蓝色的花边。浅蓝色的小手绢上有四只小动物：有小白兔、小花猫、小熊，还有小老鼠。小白兔和小花猫正在打羽毛球，小熊在一旁当裁判，小老鼠拍着手说："打得真好！打得真好！加油！加油！"小手绢是我爱干净的好朋友，它能帮助我擦干净手和脸，擦亮眼睛。每当我的小手绢脏了的时候，我都用清水把它洗干净，所以我的小手绢总是那么干净，漂亮。我特别喜欢我这块心爱的小手绢。

师：啊！李欣华说得真好！说的是自己想出来的话，我们要向他学习，鼓掌。

小朋友们都喜欢观察自己的小手绢，也爱自己的小手绢，下面老师教给你们背诵一首小手绢的儿歌，愿意学吗？

生：愿意！

师：一齐说：小手绢。

生：（齐说）小手绢。

师：一边听老师说，一边看老师的表演动作。（老师配合动作说）

小手绢，四方方，叠起来，兜里装，天天用、天天洗，又干净、又漂亮。

起立，跟老师一边说一边做动作，学一遍。（教师逐句教）

（生一边说一边做动作，逐句学）。

师：和老师一起说一遍。

（生跟老师一起边说边做动作）

师：自己做一遍。

（生自己边说边表演）

师：每个小朋友都要爱惜自己的小手绢，像儿歌告诉你们的，要把它叠好了，放在兜里，还要天天用，天天洗。下面再请大家欣赏一首儿歌，名字是《小弟和小猫》，齐说一遍。

生：《小弟和小猫》。

师：请同学们听录音。（放录音，内容见 11 页）

（生听录音）

师：闭眼听一遍，一边听，一边把小弟弟的样子、小花猫的样子都给想象出来，看谁会在自己的头脑中画画。

师：睁开眼，谁刚才想象出来了？

（生举手）

师：这么多小朋友想象出来了，真好！

下面请小朋友们动脑筋想一想，你喜欢小花猫，还是喜欢小弟弟？为什么？

生：我喜欢小花猫，因为小花猫爱清洁。

生：我喜欢小弟弟，他知错就改。

生：我喜欢小弟弟，因为他听见小花猫一说，他就害臊了，知错就改。

生：我喜欢小花猫，因为小花猫爱清洁，讲卫生，还提醒小弟弟也要讲卫生。

生：我喜欢小弟弟，因为小弟弟听了小花猫的劝告，他就改了，他就让妈妈给他洗澡了。

师：那我们向小花猫学习什么呀？

生：（齐说）爱清洁，讲卫生。

师：我们每个小朋友也应该做一个爱清洁、讲卫生的好学生。

这一节课小朋友们学会了观察和说什么？（教师指黑板课题，生齐说：小手绢）大家学会观察和说小手绢，还学会了背诵一首儿歌《小手绢》，还听了一首儿歌《小弟和小猫》。留的作业是：

1. 回家按照观察小手绢的顺序观察自己的小毛巾，或观察其他卫生用具，一边观察一边说。

2. 要把你学会背诵的儿歌《小手绢》教给院里的小朋友背诵。

3. 平时要做一个爱清洁讲卫生的好学生，还要爱惜自己的小手绢，小手绢脏了要把它洗干净，叠好了，放在兜里。

（选自吕敬先编著《教儿童观察说话写话》，教育科学出版社 1986 年版）

阅读教学要求

一年级

（一）阅读内容

1. 阅读《小小百花园》等注音读物和生字注音读物，并认识书本的基本构成部分(书名、目录、插图、内容)，了解书名与内容的关系。

2. 阅读《小朋友》等儿童刊物，并认识刊物的基本构成部分（封面、封底、内容、插图），了解刊物名称与出刊日期。

3. 阅读浅显的字画书（文字配画图书），认识书本的基本结构部分（书名、插图、内容），了解内容与插图的关系。

（二）阅读能力

1. 能正确、流利、有感情地朗读，问号、叹号读出语气，朗读速度 150 字/分。

2. 能正确、流利、有感情地背诵，背诵速度 150 字/分。

3. 能连贯地用自己的话复述，并用上课文中准确生动的词语；能边想象，边配合表情动作复述。

4. 具有初步的边读边想象，边读边思考的智力技能，能边读课文边想象画面，读后能思考回答课文中提出的问题。

5. 能用字典工具（部首查字法）自学生字，掌握《小小百花园》一书中生字的音、形、义，并能扫除阅读中的生字障碍。

6. 听读欣赏《小小百花园》一书中的儿童文学佳作，培养初步的听读欣赏能力和兴趣。

7. 能用长句子写学习日记。

（三）阅读习惯

1. 每天在课外独立阅读一篇《小小百花园》的课文，填写读书目录卡（日期、课题、阅读时间），初步养成读书的习惯。

2. 能保护书的每一页完整、干净，在家长的帮助下包好书皮，并放在一定的地方。

3. 能在固定的地方、时间专心读书。

4. 能按时参加课内外语文活动，课外读书看报、听广播、看儿童电视节目、观察及参加兴趣活动，并积极参加课内比赛活动。

二年级

（一）阅读内容

1. 阅读《小小百花园》等难字注音读物和短篇文字读物。

2. 阅读《小朋友》《中国儿童》等刊物，《中国儿童报》等报纸，并认识报纸名称，出刊日期，版面内容安排。

3. 阅读《晚安故事 365》《365 夜》《听妈妈讲》等教育性和知识性的短篇文字书籍。

（二）阅读能力

1. 能正确、流利、有感情地朗读和背诵课文，速度 160 字/分。

2. 能不出声，嘴唇不动地默读，有效读速 150—200 字/分。

3. 能用自己的话连贯地，并用上重点词语复述；能边想象，边配合表情动作复述，并能补充故事情节。

4. 具有初步的边读边想象、边读边思考的智力技能。能边读边想象画面；能根据课文后面的问题进行思考，划出重点段、重点词语，并能重复阅读，回答问题。

5. 具有初步的分析概括能力，认识自然段并能初步概括主要内容，加小标题；能概括课文的主要内容（谁，干什么），概括全文懂得的知识或道理。

6. 能运用字典、汉语词典，学习《小小百花园》一书中的自选生字，掌握字的音、形、义，并能扫除阅读中的生字、词义障碍。

7. 听读欣赏《小小百花园》一书中的课文，具有初步的听读欣赏能力和兴趣。

8. 能以短文的形式写学习日记。

9. 能写采蜜集、摘抄语句和收集剪贴喜爱的短小诗歌、谜语、谚语等等，给集子起名字并配画。

（三）阅读习惯

1. 每天在课外独立阅读一篇《小小百花园》的课文，并自由阅读书刊报纸 20 分钟，填写读书目录卡（日期、书籍名称、课题、时间），进一步养成读书习惯。

2. 能保护书籍、报刊，每一页完整干净，能自己包书皮、合订报刊，并能登记（分类、名称）存放在一定地方。

3. 能分配好时间，在固定时间、地点读书。

4. 能按时参加课内外语文活动。

【附注】课外语文活动要求：

课外不留机械抄写字词作业。课内外相结合，培养听读说写能力，开展下列活动：

（1）每天在课外阅读《小小百花园》中的一篇课文，查字典自学两个生字，并自由阅读课外书。

（2）每天听"小喇叭"广播，做到一听、二说、三想。

（3）每周按时收看儿童电视节目，做到一看、二说、三想。

（4）结合说话课，完成课外观察作业和说的作业。

（5）一年级第一学期以长句子形式，一年级第二学期以一段话形式，二年级第一、二学期以短文形式，分别写观察日记和学习日记，并能摘抄语句、写采蜜集。

（6）积极参加劳动（自己事自己做）和兴趣爱好活动及参观游览活动。

（选自吕敬先编著《教儿童思考、识字、阅读》，中央教育科学研究所内部印制）

课堂教学实录：奶奶笑了

（一年级第二学期）

师：现在上课外阅读指导课，教你们阅读儿童刊物的方法。今天教你们阅读的是《小朋友》刊物（出示实物），它是供一、二年级小朋友阅读的，所以它的名字叫什么？（指书问）

生：（齐答）《小朋友》。

师：《小朋友》每月定期出一本，所以叫"刊物"，也叫"月刊"。一齐说"刊物""月刊"。

生：（齐说）"刊物""月刊"。

师：当你拿到《小朋友》时，要先看封面上的名字，再看下面的日期，最后看画面（指封面）。现在请你们看自己的《小朋友》封面，一齐读封面上的名字。

生：《小朋友》。

师：再看下面的日期是什么？

生：（个别答）下面的日期是 1984. 3。

师：1984. 3，也就是 1984 年 3 月出刊的，也叫 1984 年第 3 期。再看画，画上画的是一个小朋友坐在大树底下，她正在欣赏树林里美丽的风景呢。再看封底，一齐说"封底"。

生：（齐说）封底。

师：看封底时也要欣赏画面，你们看，画面上是一位妈妈抱着她可爱的小娃娃。看完封底，最后读文，读文要从第一页读起，这是第几页（指书）？

生：（齐说）第一页，第二页，第三页。

师：读文要一页接一页地读下去。老师从中选了第14页"奶奶笑了"这篇文，教你们读文的方法。读文时要先看题目，再看画，最后读文（示范指书）。打开第14页"奶奶笑了"，一齐读题目。

生：（齐读）"奶奶笑了"。

师：再看看画，谁能讲？

生：（个别）小明要去洗手绢和袜子，奶奶一把拉住他，放进盆里。奶奶到院里看见袜子和手绢都晾在竿上。

生：小明要去洗手绢，奶奶说："给我，我来洗。"夺过手绢放进盆里。小明要去洗袜子，奶奶一把抓过来，放进盆里说："我来洗。"小明说："奶奶，你先睡一会儿吧！一会儿再洗。"奶奶睡觉去了，小明把手绢和袜子都洗完了，晾在竿上。

师：看完画，下面要读文了。现在请大家看黑板，老师把这篇文抄在黑板上，教你们读文的方法。把这篇文和你们过去学过的生字注音课文比较一下，哪点不一样（指板书）？

生：这篇文的生字没有注上拼音。

师：说对了，这篇文的生字都没有注上拼音，要想会读这篇文就要先把生字都认识了。但是哪些字是生字，要把生字怎么样？

生：把生字找出来。

师：对了，要先把生字找出来，一齐读"一找"。（把卡片贴在黑板上）

生:(齐读)一找。

师:在找生字的时候,要从题目开始读,一边读一边找,把没有学过的生字找出来,在它下面画点(板书示范),同样的字只画一个点。

(生边读边找生字)

师:谁能到前面来,直接指一下黑板上的文哪个是生字?

(生到黑板前指生字,教师加点)

师:他找对了吗?

生:找对了。

师:找得很准确。现在把生字找出来了,谁能想出用最快的方法来认生字?

(生举手)

师:这么多同学想出方法了,用什么方法来认生字呢?

生:用"猜"的方法。

师:平时谁用过"猜"的方法?

(生举手)

师:这么多同学用过猜的方法,平时你们是怎么猜字的?

生:看图、看句子猜字。

师:是怎样看图看句子猜字的?

生:我看看图上他们干什么来猜字。

生:看句子,不认识的字先不读,看两边的字,就能猜出来。

师:他们俩是读读句子,看看图猜字,这就是猜字的方法,用猜字的方法来认生字,一齐说"二猜"。(贴卡片)

生:(齐说)"二猜"。

师:现在老师教你们猜字的方法,可以读句子猜字,一齐说"读句子猜字"。

生:(齐说)读句子猜字。

师：现在听老师读句子，先读认得的字"小林要去（　　）手（　　）"。然后再想想句子的意思，猜一猜生字读什么（板书）。你们一齐读认得的字。

生：（齐说两遍）"小林要去（　　）手（　　）"。

师：动脑筋想想句子的意思，看这些生字念什么（指板书）。

生：（争着举手）小林要去（洗）手（帕）。

师：对了，还有猜的不是洗手帕的吗？

生：小林要去洗手袜。

生：小林要去洗手绢。

师："袜"和"绢"都不对，手帕也就是手绢的意思。你们会读句子猜字了，再教你们看画猜字，一齐说"看画猜字"。

生：（齐说）看画猜字。

师：先读句子"奶奶一把（　　）去"。不认得的字，看看画上奶奶的手干什么。

生：奶奶一把（抓）去。

师：你怎么知道是"抓"字。

生：奶奶的手拉住小林的小手。

师：奶奶一手拉住小林，一手把袜子、手绢抓过来了（指书上图）。刚才是老师教你们读句子，看画猜字。现在你们自己猜字，接着读文，一边读，一边猜，读句子猜，看画猜，还是猜不出来，就把不认得的字画圈，圈出来。

（生自己边读边猜）

师：谁猜出来了？（举手）这么多同学猜出来了，还有没有猜不出来的字？

（生举手）

师：还有字没有猜出来，还可以用什么办法来认字？

生：查字典。

师：我们请字典小老师来帮忙，一齐说"三查"。

生：（齐说）三查。

师：要查得又对又快，现在只查一个字（指帕），这个字容易读错。因为时间的关系，这节课只查这一个字，平时你们可以多查几个字。查到读音后，在生字上写上拼音。

（生查字典给生字注音）

师：谁把拼音读一下？

生：pà 帕（教师给帕注音）。

师：读对了，一齐读一遍。

生：（齐读）帕。

师：刚才只查了一个字，还有不认识的字用什么办法认？

生：问老师。

师：老师不在跟前问谁呢？一齐说。

生：（齐说）问爸爸妈妈。

师：还可以问同学，互相当小老师，互相帮助认字，可以先问同桌同学，他不认得，再问前后桌同学。一齐说"四问"。

生："四问"。

师：现在可以互相问。

（生互相问字）

师：问了后，还有不认得的字吗？

（生举手）

师：还有两个同学有不认得的字，老师教你们认字，老师把生字带大家读一遍，生字都认得的同学，可以对照一下看自己认得对不对，还有同学有不认得的字，可以跟着老师读。洗、帕、抓、吧、咦、院、已经、晾、呵。你们都认得了吗？

生：都认得了。

师：生字都认得了，再做什么？

生：读课文。

师：生字都认得了，就要读课文了，一齐说"五读"。

生：（齐说）五读。

师：自己先小声读读课文。

（生小声读课文）

师：谁想读给同学听？

（生个别读）

师：谁有意见？

生：奶奶说："好、好……"他只读了一个"好"。

师：他读得比较好，只是少读了一个"好"字，以后不要丢字。

师：不但要会读，还要会想，一齐说"六想"。

生：（齐说）六想。

师：这篇文是教育故事，你要想想你喜欢小明吗？为什么？

生：我喜欢小明，因为他爱劳动。

生：我喜欢小明，因为他不像别人不爱洗，他讲卫生爱劳动。

生：我喜欢小明，因为他自己能干的事，自己做。

师：向小明学习什么？

生：向小明学习自己能做的事自己做。

生：向小明学习爱劳动。

生：向小明学习讲卫生。

师：我们要向小明学习自己的事自己做，讲卫生爱劳动。下面老师要求你们用刚才学过的方法自己独立读一篇文。这篇文是科学知识故事，是第 6 页的《鲤鱼跳水》，这篇文是难字注音，其中还有很多生字不认得，要用刚才学过的，一找、二猜、三查、四问（指板书）的方法把生字都认识了，才能读课文。一找，找生字。二猜，读句子猜字，看画猜字，猜不出的字要画圈。三查，只查一个字。四问，不认得的字问同学。生字都认得了，就可以读文了。现在请你们打开第6页，找到《鲤鱼跳水》，在每读一篇文之前都要先看题目，看画，一齐读题目。

生： 鲤鱼跳水。

师： 自己看画。

（生自己看画）

师： 看完画自己读，就可以用一找、二猜、三查、四问的方法来认生字了。

（生自己读、找、猜、查、问）

师： 谁还有不认得的字？（举手）我请一个同学读一读，有不认得的字注意听。

（生个别读）

师： 大家齐读一遍。

（生齐读）

师： 你们把生字认得了，也会读了，最后还要动脑筋想一想，这篇科学知识童话，使你懂得了哪些知识？

生： 我懂得了春暖花开鲤鱼要生小娃娃了。

生： 我懂得了鲤鱼跳出水面，要产卵生娃娃了。

师： 春天鲤鱼跳出水面要产卵生娃娃了。读科学知识故事，就要动脑想一想懂得了哪些知识。刚才用了什么方法学会读文（指板书）？

生： （齐说）一找、二猜、三查、四问、五读、六想。

师： 用这种方法学会读一篇教育故事，一篇科学知识故事。你们还要学会用这种方法读字画书，一齐说字画书（展示实物）。

生： （齐说）字画书。

师： 这本《青蛙和小鸟》和《五个铅笔头》是教育童话故事。这本《我看到的船》和《谁丢了尾巴》是科学知识童话故事。（展示实物）读教育童话故事要想一想你喜欢谁，不喜欢谁，为什么？读科学知识童话，要想一想懂得了哪些知识？今天你们学会了什么方法（指黑板）？一齐读。

生：一找、二猜、三查、四问、五读、六想。

师：你们学会了用这种方法独立阅读（指题目）《小朋友》刊物，还要用这种方法去阅读字画书。老师真为你们高兴。你们要比一比，看谁会用这种方法去读很多很多的书。老师留给你们的作业是：在课外要用老师教给的这种方法独立阅读《小朋友》和《中国儿童》刊物，阅读字画书。

（本文原题为《儿童刊物阅读指导》，现标题为编者所加。选自吕敬先编著《教儿童思考、识字、阅读》，中央教育科学研究所内部印制）

献给小读者

——写在《小小百花园》① 前面

亲爱的小朋友们：

当你翻开本书，来到《小小百花园》中，就会看到许许多多美丽的"花朵"。

优美的童话、故事、散文和诗歌，会把你带进一个美好的世界：小英雄雨来，热爱祖国，机智勇敢地战胜了敌人；善良的马良用神笔画画，为穷人谋幸福，惩治了恶霸；爱观察思考的黄狗威威先生，机灵地戳穿了熊瞎子的谎言；勇往直前的小溪流，不停地奔流，不达目的不止；小白云学画画，三心二意，有始无终……你读了这些作品就会知道什么是好，什么是不好。它们能帮助你做一个好孩子，使你有一颗善良的心。

"百花园"里还有科学童话、科学故事、科学散文和诗歌，能帮助

① 吕敬先编，小学低年级学生读物。与《教儿童观察说话写话》一书配套，是"小学生语文能力整体发展"教改实验读物。全套书共分四册，一至二年级每学期一册。本套书荣获 1989 年第二届新星杯向全国儿童推荐优秀图书奖。

你认识周围世界,使你懂得许多有趣的科学知识:植物怎样比赛晒太阳?小螃蟹为什么要脱壳?森林里的大侦探怎样破案?小猴怎样变戏法?……

还有那些让你动脑筋思考的寓言、谜语、笑话……你也一定喜欢读的。

"百花园"里的许多作品是我国和外国作家为你们写的,其中很多是著名的作品。

另外,还有你们的小伙伴们写的观察日记和学习日记。他们把在日常生活中,做到的、看到的、听到的、读到的、想到的……用自己的话写出来,你们读了一定会感到格外亲切。我希望你们也能学会观察周围的事物,学写日记。我相信你们也会写得很好的。

小朋友们,我愿意做辛勤的园丁,把更多更美的"花朵",移植到《小小百花园》中。我希望你们能够像勤劳的小蜜蜂,在百花丛中飞舞,吸吮百花的蜜汁,健康地成长起来,长大了把祖国建设得更加美好。

[副标题为编者所加。选自吕敬先编《小小百花园》(第一册)卷首,教育科学出版社 1987 年版]

致教师和家长

——《小小百花园》导读建议

　　书籍是智慧的海洋，也是孩子们精神生活的乐园。从小培养孩子们的阅读能力、阅读兴趣和习惯，是十分重要的。早期开展的课内外阅读活动，能够扩大知识领域，陶冶高尚情操，促进思维和语言的发展，使孩子们越学越爱学，越学越聪明。

　　我们在小学语文教学中，进行了多轮的"以发展思维和语言为中心，促进语文能力整体发展"的教改实验。儿童的语文能力，包括听说、读、写及识字能力，不是各自孤立发展的，而是相互促进、相互贯通地发展着，这是语文能力整体发展的规律。因此，在横向联系方面要进行听、说、读、写和识字能力的全面训练，全面发展智力；在纵向联系方面，要使幼儿园与小学低年级，小学低年级与中年级，小学与初中，各个阶段相互贯通与衔接，促进语文能力得到整体、连贯、和谐的发展。

　　我们在低年级阶段（1—2 年级）的实验，使用的是通用语文课本。改革了识字教学，把节省下来的教学时间，设置说话、写话课和阅读课，提前起步，教儿童观察、说话、写话，开展课外阅读。为此，我们编写了《识字课本》《教儿童观察说话写话》《小小百花园》三套实验教材。这本《小小百花园》是供二年级第二学期的儿童在课内外阅读的读物。

从一年级第一学期开始，每周设一至二节阅读课。它的基本任务是教给儿童阅读方法，培养初步的独立阅读能力；开展生动活泼的阅读活动，培养阅读兴趣和习惯，使儿童爱读和会读课外书。同时，课内外要相互配合，大力开展课外阅读活动。

为了帮助教师和家长更好地指导儿童阅读这本书，特做以下介绍和建议：

（一）"课外阅读"部分共 100 篇，内容丰富，体裁多种多样，在教师指导下，供儿童在课外独立阅读。

教师先上课外阅读指导课，教给阅读方法，再让儿童在课外每天阅读一篇。阅读时，要完成每篇课文后面提出的要求。例如，"自选生字""想想画画""朗读"或"复述"或"背诵"。

（二）"听读欣赏"部分共 20 篇，主要选编的是中外儿童文学佳作，篇幅较长，内容丰富，体裁多样。这样做的用意是想把一些中外儿童文学佳作引进教学领域，在课内外通过听和读供儿童欣赏，每节课听读欣赏一至两篇。上听读欣赏课，要以作品中的鲜明形象感染儿童，唤起想象，激发情感，启迪思考。首先播放录音或教师朗读，引导儿童一边听，一边想象，进入作品意境，听后再思考概括作品的主要内容（谁，干什么）和层次。然后让儿童伴随录音或跟随教师朗读，一边读，一边想象。读后，再初步理解作品的主要内容，评说人物（喜欢谁，不喜欢谁，为什么），初步概括懂得的道理或知识。最后，让儿童独立阅读自己喜欢的部分，并读给大家听，共同欣赏。

听读教育性文章时，要以作品的鲜明形象感染儿童，使儿童受到教育；在听读知识性文章时，要注意引导儿童掌握所介绍的知识。不论是听读教育性或知识性文章，都不要搞烦琐的提问，或分析讲解字、词、句。

（三）"儿童习作"部分共20篇，是为了配合说话、写话教学选编的，是二年级第二学期实验班儿童以短文形式写的观察日记和学习日记。这类文章有利于开拓儿童的思路，启发儿童从中学习观察周围事物，用自己的话表达真情实感，学写观察日记和学习日记。

教师先上课外阅读指导课，教给阅读方法，再让儿童在课外每天阅读一篇，阅读时要完成课文后面提出的要求。

（四）通过课外阅读巩固识字教学效果，并扩大识字量。为此本册课文全部没有注音，遇到生字和不懂的词，查阅字典。这样做，既有利于巩固学过的字，又能提高熟练运用字典工具的能力。

此外，每读一篇课文自己选学两个生字。先给生字注音，再按照汉字构字规律动脑分析字形，结合句子理解词义，并在横线上扩写或照抄两个词，以掌握字的音、义、形，扩大识字量，为提前阅读和写话创造条件。本学期自己选学生字共240个字。

（五）为了培养阅读兴趣和检查课外阅读效果，要上好阅读活动课，可按照每篇课文要求，定期组织朗读、背诵、复述比赛活动，还可以组织丰富多彩的阅读活动。如，开展赞美"可爱的春天"诗歌、散文朗诵活动，开展"学习日记""采蜜集"交流活动等等。因课时所限，可以配合自习课、班队会开展上述活动。

以上建议供教师、家长参考。此外，在本书末尾的附录一，提供了本学期必读的课外读物目录；附录二，提供了本学期阅读课的教学内容与进度。为了帮助教师上好阅读课，由北京电教馆摄制了教学录像片，在全国发行。本书的"听读欣赏"部分，同时发行录音磁带。这些，均可供教师参考使用。

[副标题为编者所加。选自吕敬先编《小小百花园》(第四册)，教育科学出版社 1990 年版]

献给小读者

——写在《中外儿童文学科普佳作选》前面

亲爱的小朋友们：

《中外儿童文学科普佳作选》是我们献给小学中、高年级小读者的礼物，也是为小学生语文能力整体发展实验所编的读物，并与低年级的《小小百花园》配套使用。

这本书里，包括"中国儿童文学佳作""外国儿童文学佳作"和"儿童科普佳作"。选入的是中外著名作家、诗人、科普作家为你们写的优秀儿童文学作品。

为了使你们都能读懂，我们按照不同年级、不同文化程度精心编排，选入的作品内容丰富，体裁多样，并且生动有趣。每本书还介绍了8 至 11 位中外现代著名儿童文学作家。这样，当你们小学毕业的时候，就能知道 50 多位著名作家和他们的代表作。此外，在每本书的后面还为你们开列了必读的书目，以帮助你们阅读更多的书籍。在每课书的后面还附有思考题，帮助你们理解作品内容，提高阅读能力。

你们的健康成长，需要多方面的丰富营养，有物质的，也有精神的，缺一不可。你们在课堂上学的语文课本是最基础的东西，学好语文课本很重要；但是，只学语文课本是不够的，还需要在课外尽可能多地阅读儿童文学作品。这些作品是用百花的花粉酿成的蜜汁，是你们必不可少的精神食粮。它以艺术形象的特殊感染力，帮助你们认识世界，理解生活，对你们思想、道德的形成，情感、兴趣和理想的培养，都会产生巨大的影响。现在你们读儿童文学作品，随着年龄长大，还需要阅读更多的书。世界文豪高尔基就曾把书籍喻作"人类进步的阶梯"。

儿童文学是爱的文学。其中许多佳作都浸透着崇高的爱、纯洁的爱。阅读儿童文学佳作，会使你们懂得什么是爱，应该如何去爱，促使你们更加热爱亲人、热爱祖国、热爱人民、热爱生活。

儿童文学是美的文学。它信奉真、善、美的艺术原则，追求人类的心灵美。阅读儿童文学佳作，可以促使你们热爱生活中一切美好的事物，热爱丰富多姿、绚丽多彩的大自然，提高审美能力，增强生活的信心和斗争的勇气。

一个人如果从孩童时期起，就接受儿童文学的熏陶，受到爱的教育、美的教育，那么，他长大以后，就可能成为正直的人、善良的人、文明的人、具有高尚情操的人。

小朋友们都希望自己既聪明，又有能力，成为国家"四化"建设的有用人才，那么这套"小学生读物"就是帮助你们的"金钥匙"，希望你们充分地利用它，不辜负祖国和人民寄予你们的殷切希望。

陈模　吕敬先

1998 年 3 月

（副标题为编者所加。选自陈模、吕敬先主编《中外儿童文学科普佳作选》，语文出版社 1998 年版）

致教师和家长

——《中外儿童文学科普佳作选》导读建议

我们在小学进行了多轮的"小学生语文能力整体发展"实验。在实验过程中，我们把课外书籍的阅读，作为实验的重要组成部分，着重探索不同年龄阶段，不同年级读什么和怎样读的问题。

古今中外的许多作家、诗人，为孩子们写了许多优秀的儿童文学作品，我们从中精选了一些，按学期编辑成册，与课本一起送到孩子们手中，这就大致解决了课外读什么的问题。我们为低年级儿童（1—2 年级）编选的是《小小百花园》，每学期 1 册，共 4 册，每册附有必读书目。为中、高年级儿童（3—5 年级）编选的是《中外儿童文学科普佳作选》，其中包括"中国儿童文学佳作""外国儿童文学佳作""儿童科普佳作"，每学期 1 册，共 6 册，每册附有必读书目。

只把精美的书籍送到孩子们手中是不够的，还需要教会他们阅读。不这样，他们就不能从书中很好地吸取营养。因此，希望教师充分利用阅读课，教给儿童阅读方法，开展丰富多彩的读书活动，同时广泛开展课外阅读，提高独立阅读能力，培养阅读兴趣和习惯，使他们"爱读"和"会读"课外书。在指导阅读时希望注意以下几点：

（一）本书选入的作品是按照不同体裁分类编排的，教师可针对作品的不同体裁和内容特点，教儿童运用不同的方法阅读，并可利用书中的思考题，帮助他们理解内容。

（二）教儿童掌握精读、略读、速读和选读的方法，提高阅读能力。

1. 对于篇幅较短儿童非常爱读的作品，可以精读。精读有教育意义的文章，要抓住典型事例、人物形象和中心思想，并深入理解突出中心的重点段落和语句。精读介绍科学知识的文章，抓住知识内容，理解突出主要知识内容的段落和语句。

2. 对于篇幅较长的作品，可以略读。略读有教育意义的文章，概括理解人物形象和文章的中心思想。略读介绍科学知识的文章，概括了解文章的主要知识内容。有的文章篇幅较长，文中分成（一）（二）（三）……几部分，在阅读时可以一次读完，也可以分成几次读完。

3. 培养速读能力，有助于儿童独立浏览各种书籍和报刊。能使他们以较少时间，阅读较多的书籍。阅读本书同类体裁的一组文章时，可以用快速阅读的方法进行浏览，一眼看一句或一眼扫视几行。在浏览的基础上，自己独立选择精读或略读的文章，同时培养选读能力。

（三）教师可选择不同体裁的典型篇目示范，在课内教儿童掌握精读、略读、速读和选读的方法。每天在课外让儿童独立精读或略读一篇。每册读物中，精读的篇目，一般可占三分之一，略读的篇目可占三分之二。

（四）在每册读物中，还简单介绍8至11位著名作家。教师在教学时，要充分利用书中的作家介绍或做补充介绍，使儿童对中外著名儿童文学作家有初步认识，并阅读作品，为今后进一步了解作家和阅读作品打下基础。

（副标题为编者所加。选自陈模、吕敬先编《中外儿童文学科普佳作选》，语文出版社 1998 年版）

各年级作文教学要求与内容

三年级

在中、高年级阶段，要进一步培养学生具有观察与选材、构思与表达、自评与自改的能力。

一、观察与选材能力

（一）观察能力

1. 在教师指导下初步学会拟定观察提纲，确定观察目的、内容、顺序、重点、方法，按照提纲进行观察，进一步提高观察能力。

2. 继续提高有顺序地、比较地、仔细地观察的技能。进一步培养有重点的观察技能。

3. 能在观察中展开联想，激发情感。

（二）选材能力

1. 观察静物（喜爱的用品和工艺品）。

2. 观察教室环境（教室环境布置）。

3. 观察景物、动植物（不同季节特征、几种动物和植物）。

4. 观察和参加有趣的和有意义的活动（游戏活动、比赛活动、表演活动、课间活动、队日活动、节日活动)。

5. 观察做过的事和身边发生的事(好事、有趣的事)。

6. 观察身边熟悉的人(爸爸、妈妈、同学、小朋友)。

二、构思与表达能力

(一) 构思能力

1. 能在教师指导下初步学会拟定写作提纲,培养初步构思能力。

2. 能在观察的基础上,围绕观察目的、内容、顺序、重点,初步构思文章的题目、中心、选材、组材,提高分析概括技能。

(二) 表达能力

1. 口述重点段,能围绕中心,层次清楚,叙述具体。

2. 能写 400~600 字的文章,有中心,内容比较具体,层次清楚,语句通顺,书写工整。

3. 能写记叙文、描写文、应用文(表扬稿、通知)。

三、自评与自改能力

在教师指导下初步学会评改文章。

(一) 理清段落层次,使条理清楚。

(二) 修改补充内容,使重点段比较具体。

(三) 继续修改病句,改正错别字和标点,使语句通顺。

四年级

一、观察与选材能力

(一) 观察能力

1. 在教师指导下,能半独立拟定观察提纲,按提纲观察,进一步提高观察能力。

2. 继续培养有顺序、有重点、抓特点、仔细地观察的技能，并能在观察中展开联想，唤起真情实感。

3. 进一步培养在观察中思考，在思考中观察的技能（观察人和事结合形象思考蕴含的思想意义，观察景和物结合形象思考景物的特点，观察实物，结合形象思考特点、制作过程及原理）。

（二）选材能力

1. 观察静物（器物和工艺品）。

2. 观察学校环境（图书馆、专用教室、校园环境布置）。

3. 观察景物、动植物（不同季节自然现象的变化、多种动物和植物）。

4. 观察和参加有趣的和有意义的活动（比赛活动、节日活动、队日活动、表演活动、参观活动、游览活动等）。

5. 观察有趣的和有意义的事（自己做过的事，家庭、学校、社会上的事）。

6. 观察周围的人（家庭、学校、社会上的人）。

二、构思与表达能力

（一）构思能力

1. 在教师指导下，能半独立拟定写作提纲，提高构思能力。

2. 进一步提高分析概括技能，提高对事物的分析认识能力。能结合观察素材，分析概括文章的题目、中心、选材、组材、表达方式。

（二）表达能力

1. 口述重点段，能围绕中心、详略得当、层次清楚、叙述具体。

2. 能写记叙文、描写文、浅显的说明文（实物说明文、程序说明文）、应用文（说明书、建议书）。

3. 能写 500~700 字的文章，中心意思明确，内容具体，层次清楚，详略得当，语句通顺。

三、自评与自改能力

（一）能围绕中心取舍材料，使中心明确。

（二）修改文章段落层次，使详略得当，注意各段衔接、过渡、前后照应。

（三）修改补充内容，使重点部分写具体。

（四）修改文章开头、结尾，使其紧扣中心。

（五）修改病句，使语句通顺简洁。

五年级

一、观察与选材能力

（一）观察能力

1. 能独立拟定观察提纲，独立观察，提高观察能力。

2. 继续提高有顺序、有重点、抓特点、仔细地观察的技能，在观察中能展开联想，激发情感。

3. 能在观察中思考，在思考中观察，进一步提高分析认识人、事、物的能力。

（二）选材能力

1. 观察静物（器物、建筑物）。

2. 观察社会环境（邮局、图书馆、展览馆、商场、养鸡场、养猪场、加工场等）。

3. 观察景物（各季节自然现象变化，多种动物、植物）。

4. 观察有趣的有意义的活动（节日活动、队日活动、宣传活动、利民活动、参观访问、游览活动等）。

5. 观察有趣的和有意义的事（自己做过的事，家庭、学校、社会上发生的事）。

6. 观察周围的人（家庭、学校、社会上的人）。

二、构思与表达能力

（一）构思能力

1. 能独立构思，拟定写作提纲，提高构思能力。

2. 进一步提高分析概括技能，提高分析认识事物的能力。能结合观察素材，独立分析概括文章题目、中心、选材、组材、表达方式。能围绕中心选材，取舍材料，使中心突出。能围绕中心组材使重点突出。

（二）表达能力

1. 口述重点段，突出中心、详略得当、层次清楚，内容具体。

2. 能写 600~800 字的文章。中心意思突出，内容具体，层次清楚，重点突出，语句通顺简洁。

3. 能写记叙文、描写文、说明文（事理说明文、综合说明文）、论说文（一事一议）及应用文（发言提纲、听讲及会议记录）。

三、自评与自改能力

（一）围绕中心取舍材料，使中心突出。

（二）修改文章的段落层次，使详略得当，重点突出，注意过渡、衔接、前后照应。

（三）修改补充文章内容，使重点部分写具体。

（四）修改文章的开头、结尾段，使其紧扣中心。

（五）修改病句，使语句通顺简洁。

[选自吕敬先主编《作文教学（四年级教师用）》，中央教育科学研究所内部印制]

四年级作文指导课与作文欣赏课
教学任务与要求

一、作文指导课教学任务与要求

作文指导课的教学任务是以观察为基础，以发展思维和语言为中心，培养观察、想象、分析、概括的智力技能；提高口头与书面的独立表达能力，即使儿童具有观察与选材、构思与表达、自评与自改的能力。

（一）观察与选材能力

1. 观察能力

三年级学生即能有顺序、抓特点、有重点地仔细观察，并能在观察中展开联想，激发情感。升入四年级还要进一步学会在观察中思考，在思考中观察。即在观察中思考分析形象所蕴含的思想意义，思考事物之间的联系及其发展规律、原理等等。在思考的基础上再观察。要在观察中提高分析认识事物的能力。

到了四年级要能够半独立地拟定观察提纲，即在集体讨论的基础上，自己独立拟定提纲；或自己先独立拟定提纲，再集体交流评议提纲。能够逐步地独立选择观察内容，确定观察目的和重点，拟定观察顺序和观察方法，按提纲进行观察，进一步提高观察能力。

2. 选材能力

由低年级过渡到三年级，已扩大了观察与选材范围，三年级学生不仅能观察静物、景物、各种活动等，还能观察周围的人和事。到了四年级就要着重观察周围的人和事，不仅要从家庭、学校进行观察，还要观察邻里间和社会上的人和事。

要逐步提高学生独立选材能力，使学生能够广泛自由地选材，就要着重开拓学生的思路，增多范围题，或根据范围题自由命题。还要引导学生能够多渠道进行选材，不仅要以亲自观察、亲身实践为主要渠道获得素材，还要通过采访、翻阅有关资料，从书本、广播、电视中了解有关知识，请教周围的人等，通过多种渠道获得素材。在广泛观察积累素材的基础上，还要学会围绕中心取舍材料，会运用典型材料，突出文章的中心。

（二）构思与表达能力

1. 构思能力

三年级学生已具有初步的构思能力，在教师的指导下，能拟定写作提纲，构思文章的题目、中心、选材、组材。到了四年级，要进一步要求学生能够半独立或独立拟定写作提纲。也可以在课前把获得的素材先独立构思拟定写作提纲，课内交流评议并修改。在构思过程中要能够确定明确的中心，围绕中心取舍材料，并能围绕中心组材，确定重点段，重点段会分层列提纲。能够针对文体的特点构思不同的表达方式。

2. 表达能力

二年级学生已能分段写 300~400 字的短文。过渡到三年级则能写出 400~600 字的写人记事的记叙文，写景状物的描写文以及应用文。到了四年级则要求能写出 500~700 字的记叙文、描写文、应用文，并能够写浅显的实物说明文、程序说明文。要求文章中心明确，内容具体，层次清楚，语句通顺，书写工整。

要求学生能够根据文章体裁的特点，采取不同的表达方式。写人记事要具体记叙事情的经过，着重描述人物的语言、动作、神态和心理活动；写景状物要抓住景物的特点进行具体描写，间接或直接抒情；写说明文要以说明的方式，以准确简练的语言，介绍有关事物的科学知识（实物说明文），或说明制作或操作过程（程序说明文）。写各类体裁的文章都要求各段落之间更好地衔接、过渡、前后照应，并写好开头和结尾。

（三）自评与自改能力

三年级学生已具有初步的自评自改能力，能够修改文章的内容、段落层次及语句等等。到了四年级，进一步要求学生能够围绕中心取舍材料、修改内容及段落层次，使中心明确、内容具体、详略得当，并要逐步提高独立评改的能力。

二、作文欣赏课教学任务与要求

作文欣赏课的教学任务是通过欣赏不同体裁文章的写作特点，掌握读写规律性知识，并吸收形象和语言写作技巧，提高观察与选材、构思与表达能力，同时提高欣赏能力。

作文欣赏课的教学要求，主要是通过阅读欣赏和总结欣赏《小学生作文欣赏》一书中的实验班儿童的优秀习作，听读欣赏学生自选的儿童优秀习作及作家作品，同时听说欣赏自己的优秀习作，以开拓学生的思路。从命题、中心、选材、组材、表达方式方面欣赏文章的写作特点，掌握读写规律性知识，并从中领会儿童的生活情趣，学习儿童新鲜活泼的语言，提高自己的观察与选材、构思与表达能力。为此，要紧密结合作文指导课的教学内容，引导学生欣赏一组同类体裁的习作，融会贯通加以运用，而不是欣赏一篇习作，搞机械的仿写训练。教师要针对不同体裁的文章特点，教给儿童不同的欣赏方法，提高独立欣赏能力。

作文欣赏课紧密配合作文指导课的教学内容与进度，通过阅读欣赏、听读欣赏、听说欣赏、总结欣赏四种课型相互搭配，促使儿童广泛吸收，在吸收的基础上表达。并与作文教学的观察课相配合，多渠道吸收形象和语言，使吸收与表达相互促进交互发展。

从四年级第一学期开始，与写作指导课的教学进度相配合，增加说明文的欣赏，四年级第二学期增加议论文的欣赏。四年级第一、二学期安排了说明文的阅读欣赏课，在课内外欣赏一组有关说明文的文章。

从四年级开始，阅读欣赏能力提高的要求是：在一读时不但要能够概括文章的主要内容，还要求能够概括文章的中心思想。三读时，不但要能够欣赏品尝词句，还要求能够围绕中心，欣赏品尝重点段落，并能摘抄。还要提高学生的比较欣赏能力即在欣赏同类一组的文章时，能从命题、中心、选材、组材和表达方式方面加以比较，提高鉴赏能力。同时在课内外还要增多自由欣赏的内容，鼓励学生独立阅读少年儿童的优秀习作和作家作品，从中选取自己喜爱的文章在课内外欣赏。

［选自吕敬先编著《作文教学（四年级教师用）》，中央教育科学研究所内部印制］

改革小学语文教学的若干理论思考

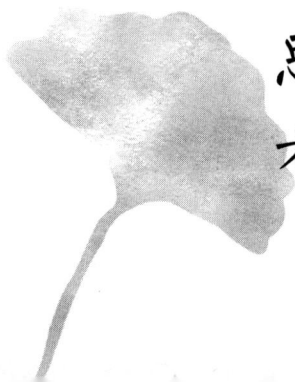

第四辑

教学改革实验必须探索教育的客观规律

在全国范围内，在绝大多数学校里，贯彻现行十年制教学大纲，使用统编教材是必要的。但是，为了适应"四化"的需要，要探索多快好省培养人才的路子，就要允许少数学校开展科学实验，探索教育的客观规律。这种探索性、突破性的科学实验是具有战略意义的。

近两年来，我参加了小学和幼儿园的教改实验。要从哪些方面去探索教育的客观规律呢？我有以下几点粗浅体会：

（一）充分发挥儿童的学习潜力，探索儿童最大限度的接受知识能力的客观规律

当前普遍地对儿童智力发展水平和速度估计不足，对于儿童认识事物的能力估计过低。实际上今天的儿童的智力发展水平，出乎我们的意料。我们就要从这种实际情况出发，研究儿童在学习上究竟有多大潜力，智力发展水平和速度到底如何，究竟能接受哪些知识和多少知识。我们必须充分发挥儿童的学习潜力，使儿童吃饱，吃好，凡是消化得了的就给他们吃，这并不加重他们的负担。例如，语文学科的实验初步表

明：我们采取集中与分散相结合的方法教识字，儿童入学后，经过一年半的学习，（到二年级上学期）就可以掌握两千个汉字（统编大纲规定三年掌握两千五百个汉字）。由于提前掌握了文字工具及拼音、字典工具，因而就初步掌握了打开知识宝库的钥匙，儿童就能及早独立地阅读各种儿童图书、报纸，部分儿童能阅读短篇、中篇小说，从而扩大知识领域，发展语言和思维能力，促进智力的快速发展。由于提前掌握了文字工具，也为提前作文创造了条件。例如，二年级上学期一般儿童能写出 300~400 字的简短记叙文（大纲规定三年级写简短记叙文），部分儿童能写出 500~600 字的短文，条理清楚，语句比较通顺连贯，错别字很少。通过阅读和作文，在运用文字工具的过程中，又较好地巩固了识字效果。

实验证明，儿童的学习潜力是很大的，只要我们解放思想，立足于实践，探索儿童接受能力的客观规律，在科学实验的基础上，相应地改革课程设置、教学内容和教学方法，必然会达到加快速度、提高程度、全面提高教学质量的目的。

（二）充分发展儿童的智力，探索智力发展的客观规律

教改实验的中心一环，应该研究如何充分全面地发展儿童的智力，即发展思维能力、观察能力、想象能力和记忆能力。我们要使儿童的头脑聪明起来，会思考、会学习，才能学得又好、又快、又活、又能减轻学习负担。

例如，我们在作文教学中，注意提高儿童的观察和想象能力，使儿童学会观察，善于想象出画面，展开形象思维活动；使儿童的思想感情变得鲜明、充实，并使语言和鲜明的表象联系起来。这样儿童写的作文就有具体内容，运用的词汇也就有表现力和感情色彩，活泼而有生气。我们看到实验班二年级上学期的儿童在细心观察雪景之后，在文章里有

的写道："树上团团的雪，像一朵朵开放的梨花，茫茫的田野一片白。太阳像个红球，慢慢地升起来，发出淡淡的光，一点儿也不耀眼。"有的写道："雪，不但给庄稼带来温暖，也给我们带来快乐，使校园变得更加洁净、欢乐。雪，你下吧！静静地飞舞吧，我们欢迎你！"儿童的表达能力提高较快，但是我们对于智力发展以及如何促进表达能力发展的规律性，认识还很不足。

我们在实验过程中首先观察到：从低年级开始，语文、数学、自然三门主要学科并进实验，确实比单一学科的改革实验，能够较快地促进儿童智力的发展。

其次，我们还体会到：教学内容难度适当，使儿童的智力有一定负担，才能促使儿童去积极思考。给以规律性的知识，才能启发思考，举一反三。教学方法上克服单调重复，烦琐哲学和形式主义，尽量调动儿童的积极性，才能使其思维活跃起来。

此外，课内、课外相结合，组织多种形式的课外活动，尤其开展课外阅读活动，能使儿童增广见识，增长智慧，更好地促进智力的全面发展。这些还须进行大量的探索。

当前，有的学校在教学中，忽视儿童的智力发展，忽视学习能力和习惯的培养，而是围绕统考抓"知识"练"习题"。从小学一年级开始，"统考"就压得教师和学生喘不过气来。为了应付统考，就迫使教师不得不让儿童死记硬背，机械地做大量的作业，有不少是无效劳动，造成过重负担。"统考"迫使教师不去研究教育本身的规律，而是研究统考出题的"规律"，围绕统考的指挥棒进行教学，这是违背教育客观规律的。

（三）充分发展儿童的学习技能，探索提高儿童学习能力的客观规律

小学阶段要尽早教会儿童独立学习，使儿童掌握最基本的学习技

能，发展自学能力是非常必要的。儿童具有学习技能（包括读、写、算等技能），会学习，进而才能掌握大量知识。儿童掌握学习技能，是儿童智力发展的最重要条件。儿童不具备最基本的学习技能就不能为升入中学学习打下良好的、重要的基础。

例如，在阅读能力方面，我们从一年级开始，就注意上好半独立阅读指导课，逐步培养独立阅读能力。在一年级上学期实验班的儿童，掌握了汉字的偏旁部首和拼音工具后，即学会了按部首查字典，借助拼音和字典工具开始独立阅读浅显的儿童图书了。并逐步地能以日记形式，用一段通顺连贯的话写出看书的收获。

此外，我们在教学领域中还探索不同学科、不同年级进行思想品德教育的特点和规律，并探索品德教育、世界观形成与双基训练、发展智力如何相辅相成的规律。

为了使实验具有普遍意义，我们是在普通的条件下开展实验工作的，即在普通学校，由普通的教师，教普通儿童（没有经过择优录取，混合编班），使用统编教材（语文、数学）进行实验，但又不受统编大纲、教材和统考的限制，以便适当加快速度和提高程度。

但是实验工作中存在的困难极大，波折很多，有大量的规律性问题，有待进一步探索研究。今后，我们需要综合运用教育学、教学法、心理学的理论指导实践，使理论研究与实验相结合，以便更好地揭示规律，进一步把教改实验推进向前！

（原载于《教育研究》1980 年第 2 期）

小学语文教学改革的几个问题

一、发展儿童的思维和语言是语文教学的中心任务

从我们进行语文教学改革的实践来看，语文教学的中心任务应是发展儿童的思维和语言。发展儿童的思维和语言是语文教学的生命线，决定着语文课的基本性质，并贯穿教学的全过程，可以说语文课是发展思维和语言的课。

所谓发展思维，是指不断丰富儿童的表象，发展儿童的形象思维，促进形象思维向抽象思维转化。但是，发展思维的过程，不可须臾脱离语言的发展。所谓发展语言，就是不断使儿童掌握词汇和语言逻辑。而语言又绝对不可以脱离思维的发展，两者具有交互促进的作用，这个规律支配着语文教学的全过程。

语言是儿童形象思维和抽象思维的物质外壳。思维贫乏，必然导致语言贫乏；反之，语言贫乏，也标志并导致思维的贫乏。

乌辛斯基说得对："语言并不是什么脱离思想的东西，相反的，语言乃是思想的有机创造，它扎根于思想之中，并且从思想中不断发展起来。所以，谁要想发展学生的语言能力，首先应该发展他的思维能力。

离开了思想，单独地发展语言是不可能的。"①

语言训练脱离丰富思想，脱离发展思维，这种形式主义的语文教学是屡见不鲜的。它有两个方面的表现：一是读写技能的纯形式训练，施行"推磨"式的反反复复的词、句、段、篇的机械训练。二是修辞技能的纯形式训练，追求表面的词藻装潢。离开心灵美的培育来求得语言美，实际上是缘木求鱼，华而不实。这些做法脱离了思维的发展，都不可能切实有效地发展语言。总之，要通过发展儿童的思维和不断丰富儿童的思想来促进儿童语言的发展，这是问题的一方面。

另一方面，又必须特别重视儿童语言本身的发展。因为语言乃是儿童学习和真正消化、吸取知识，使外部知识向心理内部转化的工具，并在知识"内化"过程中起决定性作用。儿童语言发展得越好，吸取知识的能力越强。

为了使发展儿童的思维和语言成为培养各种语文学习能力的核心或纽带，必须掌握两个主要环节：一是内部语言和外部语言的交互发展作用。二是口头语言和书面语言的交互发展作用。

（1）首先研究一下内部语言与外部语言的交互发展作用

我们经常见到初入学的孩子不会想问题，因而回答问题时或者"嗯嗯啊啊"说不出来，或者争着回答，却所答非所问；在观察课上看着实物或图片，只能说出半句话。这里，根本原因在于他们还没有学会想象和思考。

儿童为什么不会想象和思考？因为他们的内部语言不够发展。所谓内部语言是人们运用概念进行思维的一种无形无声的内在活动方式，是简略的、压缩的未表现出来的特殊语言形式，它是"想"的工具。外部语言是表达出来的语言。他们只有会想，才能会说。这里关键在于：

---

① （俄）乌申斯基：《〈儿童世界〉初版序言》，收录于张焕庭主编：《西方资产阶级教育论著选》，人民教育出版社 1979 年版。

要教儿童学会运用内部语言先想后说，想好了再说，用他们的"想"来提高说话的质量，用他们的"说"来促使他们去想。发展思维和发展语言是互为条件，互为目的，也互为结果的。

学前儿童主要是以出声言语作为自己的思维的物质外衣。儿童入学后，要教他们学会独立想象、思考不是一件容易的事情。儿童的思维和语言发展，首先是从观察和听、说活动开始，而不是从文字开始。而启蒙的首要环节是：必须结合观察活动，教他们自言自语。我们要根据不同的教学目的和阶段把看（观察）、听、说、读、写等几方面的训练进行适当的搭配组合。但任何时候都必须贯穿一个"想"字。从低年级到中年级，要教孩子们学会想，就需训练他们自言自语。缓慢的细声的自言自语既是外部语言，又是接近放慢速度的内部语言。它有极其重大的作用，向外发出，就变成外部语言，向内转化，就变成内部语言。

教孩子们真正学会想象和思考，需要做一系列复杂工作。在童年期教儿童边想边自言自语，逐渐转入默语默想，是利用外部语言同内部语言的交互作用求得思维发展的重要方法。

（2）口头语言与书面语言的交互发展作用

口头语言包括听和说，书面语言包括读和写。儿童的口头语言有对话和独白两个主要形式。儿童入学后，独白语言逐渐多起来。例如，口头叙述观察印象、回答问题、复述课文等等。书面语言是在教学过程中发展起来的，比口头语言出现得晚。它比口头语言在正确书写、运用语法规则、有条理地表达等方面，具有更高的要求。教师要善于引导儿童由口头语言过渡到书面语言，在口头语言基础上，促使书面语言迅速发展；发展起来的书面语言又能反过来丰富和改进口头语言，两者相互促进、交互发展。

书面语言是在口头语言基础上发展起来的，口头语言是书面语言发展的前提，因此，教师必须注意如何使口头语言向书面语言转化。

首先，要使说话训练有助于写作能力的提高。写作能力是一种综合性很强的能力，它需要以看、听、读、说、识字能力等作为发展的基础。重要的是先要教会儿童在观察基础上思考和说话，然后再过渡到写话。教师应重视集体的说话训练，因为，在集体说话训练中通过儿童的相互交谈，最有利于启发和开阔儿童的思路，丰富其想象；最便于儿童互相学习，互相吸取丰富的词汇，并促使每个儿童独立思考，积极选择恰当的词汇组织自己的语言。说话时词汇丰富，写作时用词造句便易于得心应手；说得通顺连贯，也能促使儿童写得通顺连贯。

其次，在阅读方面要教会儿童边阅读边想象，并能用自己的话复述课文，或用自己的话概括课文的主要内容、概括中心思想等等。这就是要引导儿童从看到的语言向说出的语言过渡。在这过程中，儿童不是机械地背说原文，而是通过想象和思考，把原文中描述的形象变成自己头脑中的形象；把原文的思想变成自己的思想，用自己的话来理解原文，用自己的话进行复述和概括，并逐步做到由口头复述和概括到书面复述和概括。同时，也要教会儿童在听、读和复述当中，吸取里面的词汇、句式，丰富自己的口头语言，从而使书面语言与口头语言相互促进、交互发展。

在小学阶段，我们不应为了发展书面语言而忽视口头语言发展，但是又必须注意书面语言的专门训练。这样，已经掌握的书面语言又能反过来丰富和改善口头语言，使之生动化、简练化和条理化，由此取得听说读写能力循环往复、不断提高的效果。

二、从训练智力技能入手，促进各种语文学习能力整体性发展

到底应该怎样培养儿童的各种语文学习能力？我们认为总的教学思想应该是：以发展儿童的思维和语言为中心，从全面训练智力技能入手，来促进各种语文学习能力的整体性发展。

这里需要就几个方面加以说明：

第一，关于语文学习能力的构成。儿童的语文学习能力，乃是语文基础知识（词汇、语法、修辞、文体等规律性知识）、实际技能和智力技能三者的有机结合体，是三位一体的心理活动。

技能分两种：一种是实际技能，也就是形之于外的看、听、说、读、写的操作技能；另一种是智力技能，也就是指内部智力活动的方法，即如何观察、如何想象、如何思考和记忆的方法。内部智力技能不同于实际技能，它是一种看不见的东西。"成于中"才能"形于外"，语文知识的学习和实际技能的形成，必须依靠智力技能的支配和调节作用。智力技能乃是儿童掌握语文知识和实际技能的决定性因素。我们要想充分发展儿童的智力，培养他们的独立学习能力，首先就要抓好智力技能训练。

儿童智力发展水平如何，关键取决于教师是否理解和重视儿童的智力技能训练工作。如果我们不失时机地从低年级开始抓智力技能训练，孩子们的智力和语言潜力就会迅速获得解放，呈现出鲜花怒放、群芳争妍的局面；反之丢失良机，就会贻害将来。

那么，小学儿童的智力技能应包括哪些内容呢？我们认为应该有：

观察的技能。观察事物要有目的性、顺序性、全面性；在观察中学会比较分析，抓住事物的特点；对同类事物作类比分析、寻找事物的异同并归类。

想象或形象思维的技能。在观察中能充分感知事物，进行联想；会边听他人的口述，边在头脑中"画画"想象形象；会边读边想象人物的动作、表情、语言、心情或场景的形象、色彩、声音和方位等；并能进行创造性想象，如合理地补充故事情节，创造性地构思画面等。

抽象思维的技能。即分析与综合、抽象与概括、判断与推理的技能。儿童抽象思维技能训练，一般是同形象思维技能训练结合着的。要在培养看、听、说、读、写以及识字能力过程中，着重训练边想象、边思考理解的技能。训练儿童掌握基本句式、段式、篇式也属于抽象思维的技能。

记忆的技能。要教儿童掌握合理的记忆方法，如形象记忆。在分析基础上的理解记忆，掌握课文整体（主要内容和中心思想）之后，抓重点段落、句子和词语的记忆方法等等。

综上所述，智力技能训练又总是同语言规律性知识运用，语言实际技能训练结合为一体的。为了有效地发展智力、培养独立学习能力，必须全面训练各项智力技能。

儿童的智力技能，绝对不是单凭教师"讲"、学生"听"的方法形成的，必须依靠有目的有计划地训练儿童开展独立智力活动，才能逐步形成和发展。从学的方面说，呆读死记和纯机械练习则有碍于智力技能形成。

第二，各种语文学习能力的相对独立性及其交互发展的整体性。应该说，我们对于语文学习能力发展的客观规律性认识还是很不够的。但是我们可以初步说明两点：一是看、听、说、读、写、识字六种语文学习能力都各有其相对的独立性；二是在它们之间又存在复杂的交互促进的整体性联系。这两点都不可忽视。

什么是各种语文学习能力的相对独立性？首先是指上述六种学习能力中，每一种都是儿童在将来生活和学习中必须具备的能力。其次是指在培养方法上又各有其相对的特点，因此，它们各自成为相对独立的系统培养过程，其中任何一项都不可偏废。我们不能说阅读仅仅为写作服务，尤其不能说语文教学全部工作仅仅是为写作服务。如果这样说和这样做，就势必妨碍和限制了阅读和其他各种能力的独立发展，甚至连写作能力本身也不可能获得充分发展。

当前我们特别忽视的是六种语文学习能力的整体性发展，并从整体性发展的观点出发来处理和保持它们各自的独立性。

关于整体性发展的问题，可以分三方面看：

（1）各种语文能力之间存在着普遍联系、相互促进的作用。有时人们在探讨培养语文学习能力的规律的时候，抱着寻找单一的因果联系的观点。例如，主张"先识字、后阅读"，仿佛只有"大量识字之后，才会读书"，而忽视了边识字边阅读有利于巩固识字和培养儿童查字典词典的能力，从而提高他们的学习兴趣。又如，一谈写作能力，就主张"读书破万卷，下笔如有神"，仿佛只有阅读同写作之间的单一因果关系。实际上看、听、说、读、写、识字各种能力有着密切的相互促进的作用，也可以说是全面和谐发展。

（2）从整体性发展的观点出发来处理各种学习能力的相对独立性，我们应该承认各种学习能力在发展的一定阶段，是有主有从的，但又必须看到所谓辅助部分的作用和意义。实验证明：低年级识字教学固然是主要的，但是培养儿童观察、说话、写话和阅读能力等项工作又构成必需的辅助部分。这些辅助部分不是可有可无的，它们是相对独立而又必然促进识字能力发展的部分。主要部分和辅助部分之间要全面兼顾，全则两利，偏则两伤。进一步说，主辅两方面的地位又不是凝固不变的，在不同年级阶段，或在同一阶段都有可能变换两者的地位。比如：低年级语文教学以识字为主，有时或有的课必须以训练观察或听说能力为主；中高年级以阅读、作文为主，有时又必须以抓句段的基本训练为主。离开整体性发展的观点，就看不清主辅之分，更看不清主辅双方地位的变化，从而使教法僵化。

（3）整体性发展的观点，还必须承认各种语文学习能力在发展进程中既有相对分明的层次，又有前后衔接、相互渗透、循环上升的特定程序。

当前小学低年级和幼儿园之间，小学中、低年级之间，乃至初中和小学之间都存在陡坡，这些都是缺乏能力发展的层次性和衔接性所致，需要开展实验研究，逐步解决。

各种语文学习能力之间，之所以在发展进程中有其整体性，正是因为一般的智力技能，尤其是形象思维与抽象思维技能，在其中起支配作用。因此，我们要从全面训练智力技能入手，来促进各种语文学习能力整体性发展。

整体性发展的作用不仅大大高于每一局部发展的作用，而且也高于各孤立部分发展作用的总和。

三、发挥儿童的智慧潜力与语言发展潜力

首先让我们看看两篇普通学校（非择优生）语文教学改革实验班儿童的写话和小作文。

第一篇是一年级上学期（寒假）儿童的独立观察日记：

> 今天妈妈带我去动物园。我看见胖胖的熊猫正在睡觉。我非常喜欢它，我就同它一起合影留念，还让阿姨在上面写了字："熊猫宁宁合影"。（原中等生）

第二篇是一年级下学期在观察和说话训练基础上儿童在课内写的一段话：

动物园的观察课

前天，老师带我们到动物园去上观察课，我们走进了动物园的大门，我看见丁香花开了，迎春花开了。海棠花也开了。蜜蜂在花上采蜜，蝴蝶在飞舞，我们来到湖边，我看见bì绿的湖水轻轻地流着。风一吹，湖面上fàn起层层的波纹。从湖

中游来一对鸳鸯，穿着美丽的衣服，高兴地嘎嘎叫着，其中一只在 shū 理羽毛，另一只在吃菜花。一会儿又游来一只鸭子，它披着白色羽毛，长着扁嘴巴长脖子像一只小船，它的双 pǔ 像船 jiǎng，它在一边划水，一边找菜心吃。又游来一只鹅，它和鸭子的样子差不多，但是它比鸭子大，它正在找食物吃。湖中小岛上的柳树，像一把大伞，柳枝被风一吹，摇了起来，有许多小水鸟在那里休息散步。岸边的白色的玉兰花开了，风一吹，送来了一股股清香。观察完了，我们坐着车回家了。

（原中等偏上生）

人们读过这两篇小文，往往不相信是一年级儿童写的，这是可以理解的，因为这一类小文的水平远远超过普通班（非实验班），具体表现在：

（1）识字量大，词汇积累丰富，已经超越写句的范围，而具有写段（句群）的规模。

（2）观察比较仔细，因而言之有物，言之有形，言之有序。

（3）情感丰富，而且在表达上已不限于一般儿童简单的直言方式，开始把情感寓于某种特殊的动作描写，或较细微的感受之中。

（4）尤其第二篇小文中的词语范围远远超出了教科书，不仅观察大自然，而且课外读物也给了孩子们丰富的营养。

再让我们看看实验班一年级下学期儿童阅读中的分析概括能力的发展水平。

一年级下学期儿童不仅学会初步的独立观察、思考和表达，而且在阅读中能够初步地概括文章的主要内容，给内容浅显、段落分明的文章划分自然段、加小标题。能够评论童话中的人物以及说明"文章讲的什么道理"（即训练儿童概括文章中心思想的心理模式）。为了判明实验班儿童思维和语言能力发展的状况，理解阅读能力的发展水平，我们用第三册语文课本第四十课《一只狼》，在该班和另一平行普通班同时进行测试，测试内容和结果如下：

项目	分段正确率	概括小标题正确率	评论人物正确率	概括中心意思正确率
实验班	100%	75%	98%	70%
普通班	50%	20%	65%	20%

（正确率指答案正确的儿童数占全班总人数的百分比）

由上表可以看出，在概括段落小标题和全文中心意思这两项最难以发展的能力方面，实验班的正确率要高过对比班两倍多。上述儿童的表达能力、阅读能力发展水平和这一测试结果表明儿童的智慧和语言发展速度是很快的。

为什么会有这样的发展速度呢？

1. 现代社会和家庭生活中的儿童具有相当大的智慧潜力和语言发展潜力。我们在北京城区两个一年级普通班对儿童智慧和语言发展潜力及其背景进行过调查。从中可以看出现在城市儿童的社会和家庭物质文化生活条件和 1950 年代相比，已经发生了巨大变化：①大部分儿童都受过学前教育。这类儿童占总数 70%～90%，认识 50～300 个汉字，识数和计算也达到一定水平。②两个班有收音机的家庭占 100%，有电视机的占 98%，一半以上家庭订阅报刊，100% 家庭给儿童订购书刊。电视机、收音机和报刊等等文化工具大大扩展了儿童的生活与知识领域。③家长文化水平普遍提高。56% 以上为大专和高中毕业生，37% 为初中毕业生，只有个别无文化户。独生子女增多，家长特别关心他们的教育。儿童在现代社会和家庭条件下，信息来源极为广阔，尤其是语言环境起了根本变化，大量科学词汇转化为日常生活用语，使当代儿童的词汇"贮备"大大超过 1950 年代的儿童。这种智慧和语言潜力迄今并没有引起教育工作者的普遍重视，它的背景条件也远没有在教学中得到充分运用。

2. 改革教学结构（指导思想、教学要求、内容、方法），发挥儿童的智慧潜力和语言发展潜力。儿童的智慧潜力和语言发展潜力，仅仅是潜在的可能性，它能否变成现实的发展效果，归根到底取决于教学本身能否切实地促进发展。智力这个东西只能依靠语言和文化科学知识的合理哺育，才能得到合理发展，在学校主要是依靠合理的教学结构才能促进智力的充分发展。如果把孩子们拴在课桌后面，实施纯文字的机械训练，必然压抑儿童的智慧。只有改革教学，探索合理的教学结构，才可能充分发挥儿童的智慧潜力和语言潜力，才能真正减轻负担，提高教学质量，促进儿童全面发展。

我们在实验班进行了一系列改革，概括起来，主要是以下五点：

（1）教学不是单单就语言来发展语言，不是孤立地进行语言文字训练，而是充分利用思维和语言发展的交互作用，发挥儿童的智慧和语言潜力，提高语文学习能力。

（2）教学不是孤立地发展抽象思维，而是从智力技能训练入手，在着重发展形象思维能力的基础上发展抽象思维能力。

（3）教学不是单打一地抓某一项能力的发展，而是在各个阶段有主有辅，相互联系，相互促进，前后衔接，循环上升地整体发展。

（4）教学不仅仅抓认知心理的发展，还应抓个性心理的发展。儿童的个性心理（包括智力、情感、意志）是一个整体，个性心理各方面交互发展，才可能有每一局部的充分发展。儿童智力的发展，必然有助于儿童的情感、意志的形成与发展；反之，情感、意志的发展又以更大的内在精神动力来促进智力的发展。从童年期开始培育孩子们高尚的情感是特别重要的。儿童的情感越丰富，语言也就发展得越生动、活泼。

（5）教学不能只是把儿童关闭在教室里，拴在教科书里，埋在作业堆里，而应与丰富多彩的生活相联系，广泛地开展观察、阅读、参观、游览等各种课外活动，扩大儿童的认识领域，充实儿童的精神生活。这不单是发展智力和语言的先决条件，而且是发展儿童情感、意志品质，培养儿童强烈求知欲、独立学习能力和良好学习习惯的必备条件。

初步的教学改革实践，使我们深信，只要立足于改革，把理论与实践结合起来，不断探索语文教学的客观规律，探索合理的教学结构，就能开创小学语文教学的新局面。

（原载于《教育研究》1983 年第 6 期）

语文教学要以发展儿童思维和
语言为中心任务

语文教学的中心任务，应是大力发展儿童的形象思维和抽象思维，并以此为基础，发展他们的语言，而首先是发展口头语言，同时，促进口头语言向书面语言循环往复地转化。我们正是在这个意义上来谈发展思维和语言的。思维和语言的内在交互作用，应是语文教学始终一贯的注意中心。教学要抓住这个中心，才能带动识字和听、说、读、写能力的全面和谐发展。

低、中年级儿童，大多数喜欢东看看，西看看，爱说爱道，爱提问题。一般而论，那些爱说、爱道、爱提问题的"童性"（或"童心"）标志着他们爱动脑筋，并有强烈的智慧表现欲和表达欲。这些，会使他们越来越聪明。如果我们的语文教学首先抓住了发展儿童思维和口头语言这个中心环节，就有可能促进所有孩子，包括那些"小闷葫芦"开始爱说爱道，最后变成能说会道，从而为培养识字能力、读写能力奠定良好的智力基础。

反之，如果我们忽视思维和口语的相互促进作用，或者采取"注入式"和单纯摹仿的方法抓文字训练，而忽视思维的发展，那么，就不符合儿童的"天性"，就会使一切语言文字变成枯燥乏味的东西。同时，也就掐断了小学和学前教育相衔接的通道，致使儿童的智慧和精神状态受到压抑。

在低、中年级语文教学中，如果我们比较注意发展儿童的思维和口语，我们可以看到孩子们在"想"（形象思维与抽象思维）和"说"的相互关系上，呈现出群芳争艳的个性异彩，而个性差异本身又不断发展变化。这种情景不但引人喜爱，而且发人深思。一般而言，就"想"和"说"的关系，可以把他们分成四种类型：

一是爱想、爱说的孩子。这种孩子发展最快。他们由于爱说，就进一步促进了爱想，甚至刚上二年级，就显出一副好"琢磨"的神态，但在生活中仍不失其活泼和稚气。"乌云滚滚，是什么样子？""沙沙地响，呷呷地叫，咯咯地叫，是什么声音？""长颈鹿为什么有那么长的脖子？"等等。由于爱想，又进一步促进观察能力的发展。他们渐渐变得敏感细心，情感丰富，爱好观察和读课外书，进而推动识字能力发展。

二是爱想，却在上课时不爱说话的孩子。他们羞怯，但是细心；很少举手发言，但爱学习，甚至有时显露出暗自凝思的神态，"体验"语言文字中的形象和色彩。他们写话和作文语言的优美、细致，往往出乎教师的意料。教师多半是从书面语言上"发现"他们的智慧，而实际上他们的自言自语是很多的，只是不爱说出来罢了。

上述两种孩子的共同点是思维和语言相互促进地发展着，因而，他们的识字和读写能力多数都发展得很快。

第三种孩子是爱说爱道，但是说话、读书长期离不了奶腔奶调，语音含混，甚至拉长音，磕磕巴巴，破词破句。这种孩子说得很多，而想得很少，没有学会先想后说，想好了再说，甚至不爱想新事理。

第四种孩子既不爱说，更不爱想，因而开窍慢，发展慢。

后两种孩子在书面语言的读、写能力和识字能力上，往往出现落后现象，甚至向下分化悬殊。其原因，首先并不是由于他们真笨，主要是由于教师疏忽了因材施教。其次是家庭环境不好所致。如果教师全面负责着重抓起来，多数会逐步上升的。

如果教师不注意发展儿童的思维和口语，就必然使孩子们的书面语言也得不到尽好尽快地发展。如果教师看到儿童的口语毛病多，但仅限于就事论事地纠错和灌注词语，而忽视发展思维，则是舍本逐末，难以尽速收效的。再则，如果我们要发展他们的思维，而又不首先培养他们爱好观察、想象和思考的兴趣，同时训练他们的智力技能，他们也同样难以开窍。固然，儿童开窍有早有晚，且开窍是极难、极慢、极苦的事情，假如放任自流，对自发开窍的孩子们来说，他们甚至可能一蹶不振。

通过观察来发展儿童的思维和语言，是使儿童开窍最容易、最快捷的办法，也是最令孩子们"开心"的事情。孩子们多半是开心在前，开窍在后，而开窍又使他们开心，开心和开窍相互促进。

那么，怎样发展儿童的思维和语言呢？

一言以蔽之，把教师的指导训练与儿童语言的自由发展相结合。

又怎样自由发展语言呢？

一是培养和扶植他们爱说爱道。让孩子们把观察过的静物、动物、游戏活动、节日趣事、图片等等内容，随心所欲地说出来，使之兴高采烈，有话想说，兴趣所至，不吐不快，产生非说不可的动机和情境。二是让他们有话可说，说出自己的亲见亲闻，说出那些发自内心的真情实感。实感出真情。也就是事物色彩和活动过程焕发出的形象思维，能激起儿童的喜悦、兴奋、惊异和激动，诱发他们言之有情。而真情又促进他们言之有物。三是"词必己出""唯陈言之务去"（韩愈）。换言之，必须让儿童从小就尽情地畅所欲言，说自己的话，表达自己的感受和思想。只有这样，才可能发展每一个孩子自己的思维和语言，即学会独立组织自己的思维和语言。上述三点，就是语言的自由发展的方法和目的。让他们"自由"地畅所欲言是方法，而"发展"是目的。最不好的方法是一味让孩子们学舌，逐词逐句重复老师的话，或书本上的话。这等于是用"陈言""套语"去喂八哥、鹦鹉的方法。为什么呢？因为这种学舌积累起来的词汇，几乎全部变成消极词汇，临到表达时都会忘光。这也恰恰证明，他们的思维没有得到充分发展。如果孩子们没有学会说自己的话，他们就没有自己的独立思考和想象，没有思维的发展。

其实，孩子们在日常生活中与别人交谈，总是说自己的话。唯独一迈进课堂，就会摇身一变，成了学舌的"鹦鹉"或"八哥"了。一教一背，人云亦云，只开动记忆，不开动想象和思维。之所以出现这种现象，关键在于语文教学中，脱离了日常生活中相互交谈的"自由性"。但另一方面，在日常生活中，虽然有交谈的"自由性"，但却不可能有完善合理的扩展词语的工作，和指导语言逻辑（有条贯的话）发展的工作。因此，只有把语文教学合理地"生活化"，才能使孩子们的思维和语言既有自由，又有发展。语言的自由发展，就是独立自主的发展。

一个乍看仿佛"最笨"的孩子，即或他只能说出三两句自己的话，而且还有缺陷，那也比几十句成篇大套照背照说的漂亮话更有价值，更具有发展的内在"生长点"、生机和动力。

让孩子们用自己的话来倾诉自己的真情实感，最初是困难的，绝不会从一开始就滔滔不绝，毫无缺陷。但是，正由于他们内心充满真情，真情就会激励他们去搜索自己语言"贮备"中的词汇，以及组织句子的方法。他们越是兴高采烈，非说不可，他们就是想说得更好。这样，真情就从内部激励、推动他们，把大量消极词汇（只能听懂、读懂而不能说出来的词汇）逐渐转化为积极词汇（会用的词汇）。多说多转化，常说常转化。

那么，语言的自由发展，要不要教师有意识地逐步丰富他们的优美词语和佳句呢？要不要逐步训练语言逻辑呢？毫无疑问，是绝对需要的。而且，首先需要教师自身有语言美和组织语言的良好口才，同时还要研究和理解儿童的语言。

正由于孩子们满怀真情来表达实感，他们的形象思维就会像春雨滋润的沃土一样富有生机。教师即时即景授予的美词佳句和训练的语言逻辑，会像种子一样充满活力，易于落地生根，开花结果。这是因为，当孩子们在力求表达自己真情实感的时候，真情必然推动他们去搜索表达的词语。这时他们就会像海绵吸水似的吸收新鲜词汇、学会组织语言。

可不可以向儿童提出提纲和一系列问题呢？可以。对思维和语言发展慢的儿童以及复杂的观察内容，这是必要的。但是，任何提纲和提问序列，都必须是为了开阔他们观察、说话和写话的思路，而不是封闭和束缚他们的思路。如果我们仔细观察，我们就会看到，凡是发展较快的聪明孩子，多半是不喜欢处处按教师给的提纲来说话和作文，或者照原样复述老师的话，他们往往力求突破教师的提纲束缚。给提纲，最终应是为了不给提纲，这是终极目的。

要不要复述？可要，又可不要。如果要求儿童首先学会尽可能地把书上的文字情节内容，转化为自己的形象思维和思想情感，然后用自己的话说出来，这种复述是可取的，而且可以培养儿童真正的吸收能力。如果儿童只会逐句、逐段背诵般地复述，或复述般地背诵，则统通是死背，而不是真正的复述，这是要不得的。凡是死背而不会说自己的话的孩子，书上文字对他来说，只是一大堆浮光掠影、转瞬即逝的东西，不能起积极作用，而且，他自己也用不上这些书面语言。

我们强调语文教学要以通过观察发展儿童思维和口语为中心任务，那么，到底思维和口语的发展，同识字、阅读、写作等能力之间，有什么交互作用呢？

应该承认，上述各种语文学习能力之间的交互作用，在实践中的表现是异常多样和非常复杂的。即使是在同一个注意发展儿童智力和全面培养独立学习能力的实验班上，情况也是十分复杂的。有些孩子口语能力很强，说话像银铃一样清脆流利，但独立识字和作文能力并不算好；另有些孩子，独立识字能力强，但口语和阅读能力并不好；或阅读能力强，而作文并不好，等等。

但是，从大多数孩子身上来看，说话、听话、识字、阅读、写作这五种能力之间，确实是相互促进、和谐发展着的。而发展观察能力、思维能力和口语能力，对于培养识字能力、阅读能力和写作能力，起着枢纽性的带动作用。凡是喜爱独立观察、能言善道的孩子，即使在其他方面学习能力落后一些，只要多多抓紧就能走上诸种能力和谐发展的道路。

但是，各种语文学习能力的和谐发展是有条件的：

一、首先必须承认，各种语文学习能力有其相对的独立性，并有各自相对独立的任务。如观察、识字、听、说、读、写等能力，都是儿童继续学习和未来生活所需要的，而且，各自有其所不同的作用。比如，独立阅读能力，是儿童未来一生从书籍中独立吸取知识和智慧的基本手段，也是自我教育和丰富精神生活的重要工具。因而就不能说，阅读教学单单是为了写作服务的，更不能说读、写"并重"，而其他都不重要。实际上，如果儿童的听、说能力差，尤其是，如果说话长期处于语无伦次、互不连贯的状态，那么他的读写能力不会很高。只有说得好，才可能写得好，但说又不等于写。在日常生活中，有的人口才很好，但写出的文章并不好，这也是常见的事实。因而，培养各种语文学习能力，需要有相对独立的不同的教学要求和方法，如果单抓某一两项而忽视其他，或忽视各种学习能力之间的联系，并不能自发地产生其他一些能力。所以，强调各种语文学习能力的相对独立性和特殊性是有好处的。

二、又必须承认各种独立学习能力之间，确实存在着相互促进作用。抛弃这种种相互促进作用，反而会妨碍各种能力相对独立地发展。当前最大的问题之一，是在低年级语文教学实践中，多数是单打一地抓识字。有的还采用集中识字的办法，单纯追求识字量；有的则不然，识字量不大，但反复背、练、抄、默，单纯追求机械地记熟写熟。这两种现象，都是来源于"低年级识字，中年级读写"这种主张。这么做，势必忽视了观察活动，使语文教学完全与生活隔绝，把生动活泼的孩子淹没在字形的难点中滚来滚去，大大缩小了他们的智力活动领域，对识字教学本身也是不利的。

单纯追求大量识字，结果不等于识字能力强，往往识得多，忘得也多。识字量和识字能力固然是读写的条件，但反过来说，从低年级开始，就抓讲读和课外阅读，对巩固识字效果和扩大识字量又是大有好处的。一般低年级孩子识到二三百字，就会由衷地产生读书的愿望。儿童的愿望经常是既可能强烈地燃烧起来，又可能转瞬间熄灭下去。我们抓住它、扶植它，它就发展；忽视它，错过机会，它就必然熄灭。目前，我们对低年级儿童课外阅读的兴趣和作用是远远估计不足的。

根据实验，从一年级上学期起，及早开始课外阅读，并教会他们查字典，不但可以促进儿童跟新学的字多多"见面"，从而在运用中提高识字巩固率，而且还可以提高儿童识字兴趣，培养他们学会独立地从特定的语言环境（句段情节整体）中识词、识字和"猜字"的能力。这实质上是训练他们思维的分析与综合能力，以及推理能力。进一步说，及早开始课外阅读，对发展儿童独立思维和口语能力（讲故事、童话，讲科学知识）收效是极其明显的。这就又为提前写话以及作文创造了十分有利的条件。其效果好比是借水浇花，繁花似锦。

总之，如果把低年级语文教学与生活联系起来，以发展儿童思维能力和口语能力为中心，把识字教学尽早地、合理地与训练听说能力、培养独立阅读和写作能力结合起来，就能促使各种语文学习能力和谐发展，最迅速地发展。实际上，如果没有"和谐"发展，既没有扎扎实实的能力发展，也谈不上迅速发展。

三、语文的识字、听、说、读、写五种学习能力之间，确实存在错综复杂的相互促进和相互转化的作用。但它们是怎样相互转化的呢？其中许多问题还有待深入研究。但从总的方面看，各种学习能力的相互转化不等于放任自流就可以收效的。主要的方法在于创造条件，大力训练儿童的智力技能，尤其是观察技能（包括观察的目的性、细致性、条理性、全面性和观察中开展想象和思考的技能）、形象思维与抽象思维（如分析与综合、推理）的技能。

这三种智力技能之间，是相互促进地发展着，同时，又都有其巨大的迁移作用。比如，观察训练成的形象思维技能，极明显地能够迁移到阅读和写作中去。可以断言，凡是通过观察学会开展想象的儿童，都易于学会边读边想象，也易于学会边想象（先在头脑里"画画"）边写作（后用字词句"画画"）。当然，抽象思维的技能也是这样。从任何一种学习能力上看，支配和调节它们的共同的杠杆、居于核心地位的杠杆，是形象思维和抽象思维的智力技能。因而，智力技能是能够统帅一切，并寓于一切学习能力的"共同性"因素或杠杆。

"一般性"寓于"特殊性"之中。智力技能这个"一般性"的因素，寓于识字、阅读、写作等特殊领域之中，因此，我们又必须在各种特殊领域中，采取特殊方法，来训练智力技能，才能培养各种特殊的学习能力。例如识字教学中，训练智力技能的方法不同于讲读教学，讲读教学不同于写作教学，等等。只有在各个特殊领域采取特殊方法来训练智力技能，才有助于促进各种学习能力和谐发展和尽速发展。

各种语文学习能力之所以能够相互促进和谐发展，本质上是由于形象思维与抽象思维能力的决定性的迁移作用促成的，尤其是观察活动中的广泛联想和想象、分析与综合，以及寻找因果联系的推理思维能力，是易于迁移到其他学习领域的。因而可以说，观察生活是小学语文教学的基础。

由此我们得出结论：识字、听、说、读、写五种语文独立学习能力，是一个互相联系的整体结构，整体与局部的关系（也包括各个局部与局部的配合关系）是我们注意的中心点。整体的发展效果就是各个局部能力相互促进的发展效果。任何"单打一"抓局部能力的训练方法势必抹煞了这种相互促进发展的特性。整体的发展效果，绝不是各个局部发展效果的"加数"或机械的总和，必然远远超过"单打一"的局部发展效果。形象地比喻说，整体的发展效果可以等于局部发展效果之间的"乘积"，而超过局部发展的机械总和。因此，我们主张六种语文独立学习能力的整体和谐发展，反对"单打一"或孤立的能力训练。横贯于这个整体结构的中心是思维和语言两者的交互作用。没有整体的和谐发展，就没有充分的发展，以至不可能发展。

总之，"整体高于局部"——这是语文教学中培养独立学习能力的合理的方法论公式。

（选自吕敬先著《小学教学改革研究》，教育科学出版社 1993 年版）

从训练智力技能入手，
全面培养语文独立学习能力

　　语言是儿童思维的工具，进一步说，语言是儿童全面开展智力活动的工具。他们无论是在观察、积累表象和开展想象（形象思维）的时候，也无论是在开展抽象思维（由形象思维向抽象思维转化），或识记事物和回忆的时候，通通离不开内部语言或外部语言，离不开出声的自言自语或小声说出的轻言轻语或不出声的默言默语。凡儿童意识到的地方，必须是语言达到的地方。因此，一方面，离开了语言的发展，儿童智力的全面发展是不可能的；另一方面，更重要的是，如果忽视智力的全面发展，尤其是观察能力、形象思维和抽象思维能力尽快、尽好的发展，那么，要想孤零零地发展语言，也是不可能的，要想空洞洞地发展文字能力，更是不可能的。顶多只能教会他们鹦鹉学舌，或比葫芦画瓢似的说说写写而已。在语文课上，恰恰是由于这种鹦鹉学舌和比葫芦画瓢的教学方法，才延误、抑制乃至摧残了儿童智力的全面发展，因而，也就不能发展他们的语言文字能力。

　　思维的发展促进语言的发展，反之语言的发展又促进思维的发展。思维的发展同语言的发展互为条件，互为目的，相互促进，相辅相成。

口头语言与书面语言的发展，也是这样的。对儿童来说，首先是发展形象思维和口头语言。

生活中的事物，首先是以形象进入儿童头脑中，由此构成生动的知觉形象、表象甚至想象。正是这种形象思维，才是儿童语言赖以发展的肥沃土壤。只有使儿童具有丰富多彩的形象思维，才可能同时具有丰富多彩的语言。有条理的形象思维，决定着儿童语言表达的条理性。形象思维的多样性和细微差异性，决定着儿童词语掌握的丰富性和高分辨性。形象思维的艺术美，哺育着儿童对祖国语言艺术美和音乐美的欣赏能力，也决定着儿童自身语言特有的表现力。形象思维的艺术美和道德美决定着语言美。形象思维所"分泌"出来的那种令人惊讶、爱慕和急于表达的积极情感，决定着儿童学习语言文字的爱好和动力。最重要的是，形象思维同抽象思维的相互转化和融合，决定着儿童语言内涵的不断升华和发展。儿童学习中异常喜爱想象和思考，在形象思维和抽象思维两者相互转化和融合的进程中所"分泌"出来的精神魅力，会使祖国语言文字这个智力活动工具在儿童心目中也同时焕发出引人入胜的魅力。因而，在合理的教学过程中，看来最枯燥乏味的事情，诸如查字典、识方块字、写话作文等，也能够变成儿童心向往之的事情。

因此，只有在全面发展儿童智力的基础上，才可能发展儿童的语言文字能力，同时也才可能使语言文字教学，反过来促进儿童智力发展。语言文字能力的发展，绝不能离开智力的全面发展。两者总是相互促进和谐地发展着。只有使语言文字教学饱含着智慧，且始终保持二者相互促进，才可能使教学真正具有发展性。儿童在语文教学进程中，如果时时感受到自己越学越聪明，那么他们就越学越高兴，学得津津有味，越学越爱学，达于"学而时习之，不亦说乎"的境地。因此，语文教学的发展性是语文教学的灵魂。离开这种发展性，来孤立地谈它的工具性，是不足取法的。实际上，没有发展性，就不可能发挥它的工具作用。与其说语言文字是儿童"今后"学习各科知识的工具，毋宁说，语文教学过程本身就应首先是扩展儿童生活知识领域和全面发展儿童智力的过程。如果说，学习语文"首先"是使儿童掌握空洞无物的纯形式化的工具，"然后"再去学习广泛的知识，"最后"自然而然地发展智力，这种纯技能训练的老"三步曲"，是事与愿违、不能奏效的。

如果我们需要用一种简单的"三步曲"作为公式，来表示语文学习的心理活动过程，那么可以说：不断扩充儿童生活知识领域——全面发展儿童智力——好学和学好语言文字，乃是儿童语文学习的必由之路。

因此，我们有必要把语文教学中全面发展儿童智力的任务，提高到自觉研究和实践的议事日程上来。

为了全面发展儿童的智力，首先必须教给儿童智力活动的方法，主要是观察的方法、开展想象（即形象思维）的方法、抽象思维的方法、识记的方法。经过经常训练，儿童比较熟练地掌握了种种智力活动方法，就形成智力技能。形成智力技能，是发展智力的先决条件，并标志着智力发展的水平，从而促进儿童成为独立学习的真正主人。我们应从全面训练智力技能入手，来培养儿童的语文独立学习能力。在通常教学过程中，人们往往侧重孤立地训练儿童多抄、多写、多读，多背、多仿作，希望由此培养儿童的语言学习能力。殊不知这种动口、动手的操作技能训练，如果脱离专门的智力技能训练，就通通是机械记忆和机械训练，或者是以机械记忆和摹仿为主的呆板训练。这种训练方法，往往会堵塞儿童全面开展智力活动的领域，妨碍儿童学会开动脑筋独立自主地学习。因此，也就不可能培养起儿童的独立学习能力，反而养成儿童自幼就呆读死记傻练的恶习，使孩子们变得像算盘珠一样，一拨一动，不拨不动，最后拨而不动，越学越笨。当然，这又不等于说语文学习可以忽视一定训练的必要性。

语文独立学习能力的结构究竟是什么呢？一般而论，包括下列因素：一是广泛的、丰富多彩的生活知识，首要的是丰富的感性表象；二是全面的智力技能，尤其是观察技能、形象思维与抽象思维的技能；三是语文基础知识，包括字形归类和间架结构等规律性知识，以及词汇和词法、基本句式、一般文体逻辑（段篇结构）等规律性知识；四是动口动手操作的基本技能，诸如说话、书写、拼音、查字典、朗读和默读、写话写段和作文方法等技能。

所谓语文独立学习能力，是上述四方面熟练掌握的有机结合体，以及由此构成尽可能广泛迁移（或活用）的稳定心理机能。如果四者缺一，都不能形成真正的、扎扎实实的语文独立学习能力；其中，智力技能训练是核心。

让我们进一步分析一下：

第一，语文中的规律性基础知识，原是儿童能够开展智力活动的重要领域之一，动口、动手操作技能训练，如果脱离相应的规律性知识，那就闭塞了儿童的智力活动，而变成摹仿性的机械训练。如果在低年级儿童智慧启蒙的重要时期，语文教学没有或极少授予适当的规律性知识，使识字、写字、朗读、写话乃至说话，变成了机械摹仿训练，那么智慧就得不到启蒙。启蒙的本质是智慧启蒙，就是早期发展智力。如果拿种种机械训练当作启蒙，往往是不"启"而"蒙"，贻患于未来。

第二，从本质上看，语文基础知识和动口动手操作的基本技能（双基），说到底只是儿童从事智力活动和表达的工具，只是形式。而儿童头脑中反映生活事理的丰富表象、想象、思想和情感与前者相对而言才是内容。《文心雕龙》说："文附质也"。语言文字这个形式（"文"）必须附着于内容（"质"），才能存在；形式必须扎根于内容，并跟随内容的不断扩展而扩展，才能生长、开花和结果。由此可知，儿童学习语文基础知识和基本技能，如果脱离可以广泛吸取表象、想象、思想和情感的生活源泉，那就势必失去智力发展的广阔土壤，也就不可能掌握和转化为独立学习能力，更不可能做到越学能力越强。

第三，在上述全部独立学习能力结构中，训练儿童掌握智力技能，又是发展智力和形成各种独立学习能力的起点或核心。内部智力技能是支配并决定着儿童吸收消化知识和形成外部动口动手操作技能的杠杆。换言之，内部智力技能的训练，是学好语文"双基"的杠杆，能使学习事半而功倍。另一方面，如果把语文"双基"教学与生活联系起来，又能构筑成内部智力技能的广阔天地，促进儿童独立学习能力飞速发展。

对于低、中年级儿童来说，需要培养的最重要的语文独立学习能力有：识字、听话、说话、阅读、写作五个方面。这些方面的能力培养一步也不可能脱离智力技能训练。

一是训练有目的、有条理、细致而全面的观察技能，并通过观察活动，开展形象思维和抽象思维训练。这方面的技能一旦形成，就会使儿童积累丰富的词汇，独立地掌握语言逻辑和一般文体逻辑的能力等。

二是训练分析和判断字形类别和间架结构的智力技能，并以此为基础，训练按照构字规律识记字形的智力技能。这些都是抽象思维技能。这样，就可能较迅速地养成独立识字和写字的能力。

三是训练听话、说话和阅读能力。听话的能力，包含着边听、边想象、边思维的智力技能；说话能力，包含着边观察、边想象、边思维、边说话的智力技能；阅读能力，主要包含着边读、边想象、边思维和准确迅速地达成理解的智力技能。培养阅读能力的核心，在于训练儿童学会根据文字材料循序开展形象思维活动，同时学会从形象思维中，合理地"抽象"出特定的科学知识或生活道理（道德思想）。

四是写作能力的培养。写作能力，是一种综合性最强的学习能力。从一方面看，它是观察、形象思维和抽象思维等智力技能的综合训练成果；从另一方面看，又是识字、说话、写话和阅读能力的综合训练成果。总起来说，它是内部智力技能和语言文字的外部操作技能最高的综合训练成果。对儿童来说，写作能力的核心是发展形象思维和抽象思维。简言之，先学会在头脑中构思"图画"，然后才可能书面表达出相应的"画面"。要使书面上的"图画"优美，有中心，有条贯，有道理，必须首先做到使儿童头脑中的"图画"优美，有中心，有条贯，有道理。可见，儿童写作能力的基础，仍然是智力技能，尤其是形象思维与抽象思维技能。没有这个技能训练，就无从丰富儿童的精神世界，而且必然会使字、词、句基本功和写作方法训练全部变成无本之木，就不可能养成独立自主的写作能力。要教会儿童写作，首先要教他们会观察，会想象，尤其会思考。说到底，如果没有养成独立自主的智力技能，就没有任何独立学习能力的发展。

那么，我们能不能从低年级就开始，尽早培养儿童适当的独立学习语文的五种能力呢？

有的同志认为不能，仿佛低年级应该"抱着走"，中年级也只可"扶着走"，高年级才能"放开手"，甚至认为这"三步曲"是符合儿童"年龄特征"的。事实恰好相反。正是因为教师对低、中年级学生连抱带扶不放手，所以临到高年级，除少数能力较强（自发地得到较高发展）的学生以外，相当多学生要么像不倒翁，只能任人拨弄，拨一下也能摇晃几下，但却是原地踏步不前，师云亦云，书云亦云，套死公式仿作、仿写几下子了事；要么像算盘珠，干脆不拨不动，以学习为苦事，那更谈不上什么独立学习能力了。

事实上，低年级儿童的智慧和语言发展的潜力是很大的。这种潜力一旦激发出来会出乎老师的意料。这里的关键在于，从一开始就把语文"双基"教学与丰富多彩的生活联系起来，着重教给儿童智力活动方法，训练他们逐步掌握智力技能。在教学方法上，从一开始就有扶、有放、有仿、有作，把扶和仿当手段，把放和作当目的。课内扶放结合，引导和指导他们由半独立活动，走向完全独立活动，使半独立活动和完全独立活动相互结合，循序发展，循环上升。同时，课内扶，课外放，让孩子们在课内课外，生动活泼地主动地发展学习能力。

所谓扶，不应是给"死框框"照套，而应是给"活框框"，即让儿童形成观察、写作方法的概括模式。如写景、写活动、状物等方法范例的模式。也只有模式，才可能成为儿童举一反三的活用框架。

须知，在低年级儿童的幼小心灵中，饱含着强烈的智慧表现欲，和语言文字表达欲，他们好像一颗颗含苞待放的花芽。如果我们老师尊重并很好地利用这种年龄心理特征，我们就可能把语文教学过程，变成一座万紫千红、群芳争艳的"百花园"。但是，对花芽如果不精心培育，它们也是最易于枯萎和夭折的。

（选自吕敬先著《小学教学改革研究》，教育科学出版社 1993 年版）

从训练智力技能入手，
早期培养儿童的独立表达能力

　　小学教育是基础教育，小学语文教学的主要任务，就是要培养儿童独立的学习能力。儿童具有了独立的学习能力，才能学好小学各门课程，并为升入中学学习打下良好基础。没有独立也就没有发展。儿童具有独立的学习能力，才能充分发挥智慧潜力，生动、活泼、主动地得到发展。

　　独立学习能力，必须从低年级开始循序渐进地培养。早期形成初步的独立学习能力、学习兴趣和学习习惯是十分重要的。它不仅能较早促进儿童智力、情感、意志、行为习惯的全面发展，并能使儿童顺利地过渡到中、高年级，为以后的发展奠定重要的基础。

　　所谓独立学习能力，就语文学科的特点来说，是培养独立的听、读、说、写的能力，在低年级还要培养独立的识字能力。就能力结构来说，它是由智力技能、外部器官操作技能和基本知识"三位一体"构成的有机结合体。而其中"智力技能"是形成能力的核心。因此，培养独立学习能力，关键是进行智力训练，使儿童掌握智力活动的方法，形成智力技能。即学会如何观察、想象、思维和记忆，也就是使儿童学会学习，能够独立地进行脑力劳动。为此，我们在小学低年级的普通儿童中（非择优生）着重从训练智力技能入手，全面发展智力，来探索早期培养儿童初步的独立阅读能力、表达能力和识字能力的规律。

下面仅就独立表达能力方面进行的初步探索，谈几点粗浅体会。

我们从训练智力技能入手，早期培养独立表达能力，有以下几个特点：

1. 以观察为基础，发展思维和口头语言

"观察"是一种积极的智力活动，是扩展儿童认识领域和丰富儿童精神世界的首要渠道，因此，又是发展思维和语言的首要渠道。培养低年级儿童的表达能力要从观察开始，在观察基础上，把发展思维和口头语言放在首要地位，然后再过渡到发展书面表达能力。因此，大力开展课内外的观察活动，上好观察课，是全面发展智力，培养表达能力的必由之路。

通过观察活动全面发展智力，包括培养观察技能、发展形象思维，即使儿童获得鲜明的丰富的表象，展开联想和想象；同时在观察中也要发展抽象思维，即确定观察的目的和逻辑顺序，以及找出事物之间的因果联系等等。结合观察中的鲜明形象发展形象思维的同时，来发展口头语言，教儿童用准确生动的语言来描述形象，并要激发儿童的情感，激起儿童表达的欲望。使儿童不仅有话可说，而且有话想说，促使儿童说自己的话，表达自己的真情实感，使儿童的语言得到自由地发展。所以"观察"是全面发展智力，尤其是发展思维和语言的首要的源泉和动力，是培养表达能力的基础。

2. 从口头语言过渡到书面表达，相互促进，和谐发展

儿童的书面表达能力，总是落后于口语的发展，所以不能使口语的发展受到书面语言的限制。"说"不是单纯地为了"写"，口头语言必须得到独立的充分的发展，才更有利于书面表达能力的发展。在一年级

主要以发展儿童的口头语言为主，要设观察和说话课，专门训练口语表达。而口头表达训练，要贯穿在拼音、识字和阅读教学中，并带动各种学习能力培养。

发展口头表达能力，是发展书面表达能力的基础，二者又是相互促进并和谐发展着。"说"可以带动"写"，"写"又可以促进"说"。所以，从一年级开始要以口头语言为基础，先"说"后"写"，又要教儿童把说的话写出来，先从写句开始，再到写段，并逐步学会写短文。

在口语表达过程中，还要教儿童学会先想后说，养成想好了再说的习惯。教儿童一边观察"形象"或回忆"画面"，一边通过内部语言活动（不出声）组织语句，然后再通过外部语言活动（出声地说）进行描述。这样，逐渐培养儿童在观察的基础上，学会思考和说话，在说的基础上再过渡到书面表达。这里，儿童有条理的形象思维（画面或动态画面）乃是由口头语言向书面语言过渡的桥梁或支柱。

3. 从训练智力技能入手，培养独立表达能力

所谓训练"智力技能"，就是教儿童掌握观察、想象和抽象思维等智力活动方法。培养独立表达能力的核心，就是要抓智力技能训练。

首先要培养观察技能，教儿童学会有目的、有顺序地、全面比较地观察事物，并养成观察的兴趣和习惯。儿童学会有目的、有顺序地观察，就能言之有序，发展逻辑思维和连贯性语言。学会全面地仔细地观察，就能发展形象思维和鲜明生动的语言，言之有物，且具体生动。学会比较地观察，才能在表达中抓住事物的特点。还要教儿童边观察边思考事物之间的联系，以发展抽象思维能力。只有当教师有目的循序渐进地训练观察的智力技能时，才能使儿童学会观察，学会在观察中思维，在思维中观察，从而使儿童获得鲜明的形象，生动的词语，激发儿童的创造精神，提高表达能力。

要特别注意培养想象的智力技能、要使儿童在获得鲜明的形象和丰

富的表象基础上学会展开联想，还要教儿童学会再造想象；使儿童能够根据观察过的事物形象、图片内容或口头及书面语言的描述，在头脑中再现画面；并使儿童学会按照一定的要求在已有表象基础上独立地构思新形象，进行创造性想象活动。儿童只有学会了想象，能够展开想象的翅膀，才能使形象表达得更加鲜明生动；也只有通过想象或回忆，在头脑中展现画面，儿童才能绘声绘色、生动具体地进行表达。

其次，还要结合观察图片，培养儿童分析概括的智力技能，即学会分析和概括画面的主要内容、段落层次和中心意思等等。以便发展抽象思维能力，并使儿童通过感性认识获得题目、中心、选材、组材等方面的初步知识，为以后独立构思命题作文打下基础。综合上述，培养儿童观察、想象、分析概括的智力技能，是全面发展儿童智力、培养独立表达能力的关键。

此外，在教学方法上要有扶有放，有仿有作。扶是手段，放是目的。课内外扶放结合，引导儿童从半独立活动走向独立活动，逐步培养和提高独立表达能力。

4. 语言逻辑的形式训练与思想内容的统一

培养表达能力，要进行语言的逻辑训练，结合阅读课文，使儿童掌握常用的词类、句式、段落、篇章结构的规律性知识。但特别要注意的是，必须把语言逻辑的形式训练和思想内容统一起来，引导儿童根据观察的形象或积累的表象，举一反三地运用语言逻辑结构规律，说自己的话，表达自己的真情实感，做到"有话会说"。这样的语言逻辑训练，才真正有利于提高儿童的口头和书面表达能力。要避免烦琐的纯形式的训练。进行语言的逻辑训练，有助于培养儿童的自我反审能力，能够使儿童自觉地审查自己的思维过程，学会修改不通顺的句子或不连贯的段落等。此外，还要结合阅读教学扩大认识领域，丰富语汇。

5. 大力开展课外阅读、看电视、听广播等活动，发展思维和语言课外儿童读物、儿童电视、广播节目，都向儿童展示了丰富多彩的生活、优美的诗歌和童话、引人深思的寓言和谜语、生动有趣的科学知识，这些都能启发思考、唤起想象、激发情感，使儿童获得鲜明的视觉形象和听觉形象。广播和电视还以正确的语音、语调影响儿童，能提高听的能力及表达能力。它们是发展儿童思维和语言的生动教材。因此，我们从一年级开始逐步培养儿童读课外书、听广播的兴趣和习惯，孩子们像海绵一样从中吸取丰富的养料，有力地促进了表达能力的提高。

综上所述，我们从儿童入学开始，早期培养表达能力，主要是以发展思维和语言为中心，以观察为基础，从训练智力技能入手，逐步培养独立的表达能力。我们还改革了识字教学，使儿童提前养成独立识字能力和掌握拼音、字典工具，为从一年级尽早培养书面表达能力创造了条件。

下面着重谈谈怎样从训练智力技能入手，使儿童具有观察、想象、分析、概括的初步的智力技能，从而逐步提高独立表达能力。

（一）培养观察的智力技能

我们以观察为基础，培养儿童口头和书面的表达能力。首先是教儿童学会观察的技能，并学会独立地进行观察。如果不使儿童掌握独立观察的智力技能，那么，观察活动本身对于发展思维和语言的作用就是有限的。要使儿童成为学习的主人，应该使他们成为观察生活的主人。

我们教儿童学会有目的地、顺序地观察事物，就是要使儿童能够根据静态和动态的客观事物本身存在与变化的"序"进行观察。比如，观察"静物"时，要依据上下、左右、前后、远近、里外，正反等顺序进行观察；观察"动物"时，教儿童先观察它的样子，再观察它的动作；观察"活动"时，按照活动的开始、经过、结束的顺序进行观察。当儿童初步掌握了观察顺序的智力技能时，就要放手让儿童独立地选择观察对象，确定观察顺序，边观察边想边说，然后写观察日记。这样边扶边放，到一年级下学期绝大部分儿童都能独立地有顺序地进行观察。比如，儿童在独立观察"静物"时，能够从外到里地观察小书包，从上到下地观察书架，从前到后地观察小闹钟等等，并能按照观察顺序，有条理地写观察日记。下面是一年级下学期一个儿童写的观察日记，从中可以看出观察顺序技能的发展。

7月27日　望花筒

今天，奶奶给我买了一个望花筒。外面画着许许多多小动物，还有小房子、电话、皮球和小桶。两头都有一块圆玻璃，往里面一看，有各种美丽的花，有红的，白的，黄的，有的花是三角形的，有的花是圆形的，还有的花像小花篮。你瞧，我的望花筒有多么好玩呀！

我们还要培养儿童全面仔细地观察事物的技能，发展形象思维和语言。我们教儿童学会用各种感官去感知事物，用眼看、鼻闻、耳听、手摸、脚踩、舌舔，使儿童获得鲜明生动的知觉形象，用准确、生动的语言加以描述。比如，观察一枝"刺梅"时让儿童用手去摸摸枝条上尖尖的小刺，用眼睛去看看枝条叶子花朵的颜色和形状，用鼻子去闻闻花的香味，边观察边想边说。通过观察训练，许多孩子已经养成了仔细观察事物的爱好和习惯。有的家长反映："孩子以前到动物园，就知道玩。现在到动物园观察一种小动物，就要仔细看上半个小时，当场写观察日记。"

到一年级下学期，儿童能够初步做到全面仔细地观察事物，而且会用形容词和比喻句来具体描述形象。下面是一年级下学期的一个儿童写的观察日记，从中可以看出全面仔细观察技能的发展和语言的相应发展情况。

8月4日　美丽的牵牛花

我家的花圃里种着许多花，有美人蕉，有玉簪花，有死不了，还有柱顶红和牵牛花。我最爱那几棵美丽的牵牛花。

牵牛花的花蔓长得可快了，它已经爬上房了。叶子长得绿油油的，好像一把小扇子。紫红色的花，边上镶着一圈白色。每天早上开出一朵朵美丽的花。可惜，花开的时间太短了，太阳一出来，它就卷起来了。

妹妹每天都朝着花说："牵牛花像喇叭，你下来，让我吹吹呀！

上述短文，说明儿童不仅能够初步地全面仔细地观察，而且能够把情感渗透在所描述的形象中。这是通过观察全面发展智力、语言和情感的结果。

我们注意培养儿童在比较中观察事物的技能，结合形象思维，发展分析比较的抽象思维能力。尤其要引导儿童独立地观察事物，教儿童在观察时，把几种类似的事物加以比较分析，找出不同的地方，抓住事物的特点。比如，我们把儿童带到动物园的湖边，让儿童独立地观察比较湖中的鸳鸯、鸭子、鹅的不同样子和动作。回到课堂上，在教师的引导下，要求每个儿童回忆、说和写自己观察的真实印象。下面是一年级下学期一个儿童在课堂上写的一段话，从中可以看出比较观察技能的发展。

鸳鸯、鸭子、鹅

……从对面游来一对鸳鸯，穿着美丽的衣服，其中一只在梳理羽毛，另一只在吃菜叶。一会儿又游来一只鸭子，它披着白色的羽毛，长着扁嘴巴，长脖子，身子像一只小船，双蹼像船桨，它在一边划水，一边找食物吃。接着，又游来一只大灰鹅，它和鸭子的样子差不多，但是它比鸭子大，头戴一顶小灰帽，它在快活地游来游去……

春天到了，我们带领孩子们到紫竹院公园去上观察课"找春天"。事先明确了观察的目的和顺序。在观察过程中，要使儿童进一步学会全面地仔细地观察各种景物，引导他们用各种感官去具体地感知事物，发展形象思维，同时发展语言。例如，孩子们用视觉去辨别花的颜色和形状，用嗅觉去分辨花的香味是浓香还是清香，用听觉去感知鸟叫蜂鸣，用手去摸摸柔软的柳枝，用脚去踩踩松软的泥土。一边感知，一边积极寻找词语来描述感知到的形象，教师加以引导、补充。比如，描述小草："嫩绿的小草""小草嫩嫩的，绿绿的""又嫩又绿的小草"等等。描述湖面上的波纹："鱼鳞似的波纹""银光闪闪的波纹""半圆形的波纹""层层的波纹"等等。此外，还要启发儿童展开联想，孩子们能够想出各种比喻句来比拟形象。例如，比喻柳枝："柳枝随风摆动，好像在向我们招手""柔软的柳枝，在微风中摇摆，好像在欢迎我们"等等。这样，结合形象思维，丰富扩大词汇，发展连贯性的语言，最有利于提高表达能力。由于儿童获得的词语是跟鲜明的形象、生动的画面结合在一起的，从而使语言扎根在形象思维之中，语言就更加准确、生动、富有感情色彩。在观察过程中，孩子们不仅是说和听这些词语，而且是用感官去感知这些词语，儿童感知形象的多面性和丰富性，决定着语言内容的多面性和丰富性；感知形象的差别性，决定着儿童分辨词语差别的能力；同时儿童感知形象的生动性，会激发他们的兴趣，推动和启发孩子们去积极寻找准确、生动的词语来表达形象，把大量的能懂不会用的消极词汇，转化为能够活用的积极词汇。

在观察过程中，还要引导儿童去发现事物之间的各种联系，启发儿童积极思考，提出各种问题。比如，孩子们提出："春天，为什么柳树最先变绿""蝴蝶会采蜜吗？""为什么春天才有小蝌蚪，它是由什么变的？"等等，从而促进儿童形象思维向抽象思维过渡，并发展抽象思维。儿童找到了事物之间的联系，就能进一步打开创作的源泉，编出富有想象力的故事。在观察过程中，还要激发儿童的情感，激起表达的欲望。最后，回到课堂上，教师要引导儿童回忆观察所得的印象，在头脑中展现画面，先想后说，再写出来。

下面是一年级下学期一个儿童在观察后，回到课堂上写的一段话：

紫竹院里找春天

春天来了，星期六的上午，亲爱的老师带领我们到紫竹院公园里去找春天。我们来到树林和草地上，我看见树上的花开了，有粉色的榆叶梅，粉红色的海棠花，金黄色的迎春花，还有含苞待放的丁香花，真美丽呀！微风轻轻地吹来，带来一股清香。嫩绿的小草，不知什么时候从地里钻出来了。野花遍地开放着，有紫色的二月兰，黄色的蒲公英，还有各种不知名的野花，我看见有几朵像星星一样的小野花正向我眨眼，我连忙地跑过去采花。看呀，小蝴蝶在飞舞，小蜜蜂在采蜜。听呀，小鸟在快乐地唱歌。我们又来到湖边，湖水是绿色的，湖面上微风吹来，泛起鱼鳞似的波纹。湖中间有一座石头山，还有许多小船，小船上有很多游人。小蝌蚪在湖边的水中游来游去，它们的小尾巴一摆一摆（地）真好玩。湖对岸山坡上有一座小亭子。岸边有一排排柳树，柳枝被风吹（得）轻轻摆动，好像在迎接我们。最后，我们又到儿童游戏场玩了一会儿，就乘车回家了。紫竹院里的春天是多么美丽呀！我爱祖国的春天！

上述观察课及儿童在课外的观察活动，所取得的成效是任何书本也代替不了的。特别是对大自然的观察，它是儿童智慧启蒙的最初学校，是激励儿童表达兴趣的源泉。所以观察是全面发展儿童智力，培养表达能力的基础，又是早期培养独立表达能力的关键。

（二）培养想象的智力技能

在培养表达能力的过程中，不仅要教会儿童观察，还要教会儿童想象。培养想象的智力技能有相对的独立性，应适当专门训练。我们教儿童学会联想，必须结合知觉表象，引导儿童展开联想。儿童对事物形象感知得越广泛具体，积累的表象越丰富多样，越容易展开联想。

首先，要教会儿童进行相似联想，引导儿童由这一形象联想到另一相似的形象，然后学会比拟形象，想出比喻句。比如，我们让儿童观察牵牛花的叶子和花朵的形状时，就让儿童想象出它像什么，儿童就能把牵牛花的"叶子"比作"小扇子"，把"花朵"比成"小喇叭"。我们又教会儿童进行对比联想，教儿童由这一形象，想到另一相反的形象。比如，春天，我们让儿童去观察河面，与冬天对比一下有什么变化，儿童在作文中写着："冬天，河面上结了一层厚厚的冰，现在连一片薄冰也找不到了，只见清清的河水，慢慢地流着。……"

其次，要教会儿童进行"关系联想"，引导儿童由这一形象联想到与另一形象的联系。比如，我们把小蝌蚪带到教室里，让儿童观察它的生长变化，并启发儿童联想小蝌蚪会变成什么，又会做什么。儿童在观察日记中写着："……小蝌蚪呀，小蝌蚪，我多么盼望你快快地长大变成小青蛙，去为人们捉害虫保护庄稼。"

我们还教会儿童进行"再造想象"，即教儿童根据观察过的事物的形象、图片的内容或口头、书面的语言描述，在头脑中再现画面。由于儿童的表象积累、抽象逻辑思维的发展，在再现形象的过程中，也带有一定的创造性成分。所以我们在引导儿童进行"再造想象"的过程中，不是简单地复制和再现，而是引导儿童自己去回忆、构思形象，用自己的语言描述画面，发挥自己的想象和表达自己的情感。比如，在观察"送蔬菜"的图片时，引导儿童想象出人物的心情、对话、动作，想象出沿路的花草树木以及表扬他们的情景。

我们不仅引导儿童进行再造性的想象活动，还有目的地培养儿童初步的创造想象的智力技能，让儿童在已有的想象基础上按照一定的要求，构思新形象。比如，我们让儿童构思四幅连环图中所缺少的一幅画面"小白兔智斗老虎"。老虎要想吃掉小白兔，让儿童想象出小白兔是怎样智斗老虎，老虎终于扑向井里淹死了。又比如，在观察和阅读的基础上，根据事物之间的联系，启发儿童编故事。孩子们能够充分发挥创造性想象力，把大自然的风、云、太阳、动物、植物拟人化，编出了富有想象色彩的故事。这种创造性的想象活动，儿童是十分感兴趣的。

由于我们在培养儿童表达能力的过程中，有目的地培养想象的智力技能，促进了想象能力的发展，孩子们的丰富的想象力往往能伴随着情感，这反映在他们的日记和作文中。下面是一年级下学期的一个儿童在独立观察后，写的一篇富有想象力和情感色彩的观察日记，从中可以看出联想智力技能的发展。

4月9日（星期日）

天气一天比一天暖和了。淡蓝色的天空中飘着几片白云，有的像绵羊，有的像奔马，有的像盛开的白莲花。太阳公公见着他们笑了。风轻轻地吹着嫩绿的柳枝，好像在向我招手。

下面是一年级下学期一个儿童在课堂上看图写出的一篇短文，反映了儿童的想象能力，从中可以看出"再造想象"智力技能的发展，并具有创造想象成分。

送蔬菜

在放学的路上，小弟弟、小光和小红拾到了两个西红柿和一条黄瓜。小红说："这是从生产队的车上掉下来的，咱们给生产队送去吧！"

小弟弟要吃西红柿，小光说："不能吃呀！这是公家的东西。"小红说："咱们拾到的东西，要交给公家。"小弟弟知道自己错了，就说："咱们一起给生产队送去吧！"

于是小红和小弟弟拿着又大又红的西红柿，小光扛着又绿又嫩的黄瓜，向生产队跑去。他们跑过小河，小河里的水哗哗地流着，好像在说："你们真是诚实的孩子！"他们跑过山坡，山坡上的野花在向他们点头微笑，好像在夸奖他们："你们真是小雷锋呀！"他们跑过树林，树枝在轻轻地摆动，好像在向他们挥手说："加油！加油！"他们跑哇，跑哇……终于跑到了生产队。

他们把蔬菜交给了生产队的老伯伯，老伯伯夸奖他们说："你们爱惜公家的东西真是好孩子，谢谢你们。"他们说："不用谢，这是我们应该做的。"说完，就一起回家了。

下面是一年级下学期的一个儿童，根据事物之间的联系，发挥创造性想象力编的故事，从中可以看出儿童创造性想象能力的发展。

月季花和太阳

有一天，月季花对太阳说："我比你美。"太阳说："你是比我美，可是没有我，你就不美了。"月季花骄傲地说："我不信。"太阳生气了，就躲到云彩里，过了一会儿，就下起雨来了，雨点儿打在月季花上，月季花就不美丽了。

（三）培养分析概括的智力技能

我们在低年级培养儿童的表达能力，主要是引导儿童自由表达自己的真情实感，使其语言得到自然发展，不用僵化的框框去束缚儿童。但是要逐步借助生动形象的画面，培养分析概括的智力技能，发展抽象思维，使儿童获得关于题目、主要内容、中心意思和段落层次等的初步知识，为进一步培养独立构思能力和命题作文打下基础。例如，在观察连环画的基础上，进行分析概括："谁，干什么"（即主要内容），"讲的什么道理"（即中心思想），并引导儿童根据内容和中心"给画面起个名字"（即确定题目），"给每一幅画面加小标题"（即相当于分段编提纲）和结合中心意思找出"详细说和写的画面"（即确定重点段详细写）。观察单幅画面时，还要引导儿童想象补充画面，并以小标题标明画面内容等等。这样，结合画面进行分析概括，为培养独立构思能力，确定文章中心、题目、选材、组材等等，打下感性认识的基础。

培养低年级儿童分析概括的智力技能，首先是借助形象的画面进行，因而，要充分利用课本中看图写话的画面和看图学文的画面进行训练。其次是根据观察的印象，在头脑中再现画面，或把文字材料变成头脑中想象的画面，进行分析概括。以后随着抽象思维能力的发展，可以直接借助层次分明、结构完整的课文，培养分析概括的智力技能。

我们从训练智力技能入手早期培养独立表达能力所取得的初步成果说明：儿童的智慧潜力很大，一旦激发出来，确实出乎教师的意料。现代儿童心理研究也证明：3～8岁期间，是儿童智力和语言发展的最佳期。所以从童年期（低年级）开始，就对儿童进行足够的智力训练，发展思维和语言，培养独立表达能力，这不仅是必要的，也是可能的，而且是大有作为的。错过这种智力训练发展思维和语言的时机，以后是难以弥补的。而且早期培养独立的表达能力，又能与幼儿园的观察和口语训练衔接起来，并为过渡到中年级的书面表达打好基础，不再使儿童艰难地攀登两个陡坡（由幼儿园升入小学和由低年级升入中年级）。

我们的实践和认识还只是初步的，但是我们深信，只要坚持把理论和实践结合起来，去探索教学的客观规律，就有可能提高教学质量，减轻学习负担，促进儿童的全面发展。

（原载于《教育研究》1982年第7期）

小学语文教学的"陡坡"要改革

语文和算术两学科在小学教学中居于重要的地位。如果说算术是各门学科中的"凤冠"的话，那么语文就是"王冠"。其他各门学科在全面基础教育之中也都各有其不可轻视的作用，从而构成一个整体。而语文课教得好，学习质量高，就能有助于其他各门学科学习能力的提高。反之，教不好，学不好，就不利于儿童智力的全面发展和其他各科学习能力的提高。年级越高，这个问题暴露得越清楚。

当前，在提高我们小学语文教学质量方面，有些问题是值得研究的。如，高年级学生中，还有相当多的人没有养成独立阅读的兴趣、能力和习惯。作文的时候两眼望天，两手握笔搓来搓去，无话可说，即或写出一篇东西，也是内容空洞，条理不清，铺叙陈词，千篇一律。从根本上说，许多孩子还没有学会说自己的话，只能人云亦云，书云亦云。诸如此类的现象是屡见不鲜的。总起来说，就是师生费力多而收效少。

很多同志都主张改革语文教学。但是怎样改革呢？却产生了许多不同的意见。

有的主张语文教学应坚持阅读能力培养和写作能力培养并重。在教学方法上，应使学生多读、多写，"熟能生巧"，"功到自然成"。有的则主张语文教学应以作文为中心，培养阅读能力要为提高写作能力服务。反之，有的又主张以阅读为中心，以促进写作能力提高，认为"书读百遍，其意自见""读书破万卷，下笔如有神"等等。

不少同志都认为，语文教学改革要从低年级抓起。至于做法，有的主张启蒙时期多识字，先识字，后阅读，低年级识字，中年级作文，不能早动笔，动笔早出错多，等等。我们同样主张语文教学改革要从低年级做起。作为语文教学改革的探索者，我们对语文教学进行了实验研究，提出了若干不成熟的意见，供大家参考。

从全局看，我们认为，我国小学儿童在语文学习的道路上横亘着三座"高门槛"，或者说大陡坡。

一是儿童由幼儿园进入小学一年级是个大陡坡。由幼儿园的以游戏和观察为主的教育活动方式，突然改变为以课堂教学为主；由幼儿园全面发展儿童智力和语言为主，突然改变为以学习文字和数字为主。由于以上课为主，于是听课、死记硬背和纯机械训练的作业和复习，大量地压到儿童身上。如果说，在一个比较好的幼儿园里，孩子们主要是依靠丰富多样的活动成长着、发展着，那么一进入小学，他们就好像迈进无边的沙漠里，在一座座流沙构成的丘陵上爬坡。有些受过较好学前教育的儿童，在入学后往往出现厌烦情绪，甚至口头语言退化现象。至于那些没有上过幼儿园的孩子，进入小学一年级就爬坡，困难就更加明显。可以说，文字的机械记忆和机械训练，严重地抑制了儿童智慧潜力，妨碍了儿童热爱学习的积极情感和学习意志力的发展，甚至妨碍了儿童在德、智、体诸方面生动活泼地主动发展。

第二个大陡坡是在中年级出现的。由低年级到中年级，语文教学体系大体是由识字为主，转向讲读阅读为主，由看图写话为主，转向作文。而且低年级的写话可多可少，并无明确指标要求，这样就不能同中年级教学要求相适应。尤其重要的是，语文教学必须不断扩充儿童知识领域、发展儿童思维和语言（发展形象思维和抽象思维，与发展儿童口头语言表达能力相结合）的任务。有些老师迄今仍然不知道，或者不甚理解。这样，儿童们多半是带着纯机械记忆和机械摹仿为主的不良智力活动习惯，升入中年级讲读阅读和写作教学领域的。而这些极需开动脑筋思考的领域，对他们来说，就有如突兀陡起的沙丘一样难以攀登，结果，势必出现向下分化。而那些能得高分的学生，依旧呆读死记地学下去，以后进入初中，就很难适应新的学习要求了。尤其临到初中二年级，往往出现急剧分化。而分化的原因之一，在于小学语文教学不当。

第三个陡坡是由于小学阶段与初中阶段不衔接，出现了陡坡。由于小学阶段不重视培养学生最基本的语文独立学习能力，没有充分发展智力，不重视智力技能训练，尤其是抽象思维技能训练。学生升入初中后，课程门类增多，抽象概括的内容加多，所以越学越吃力，对学习不感兴趣，以至于中途辍学。

根据上述认识，我们对语文教学改革总的设想是：把语文教学与丰富多彩的生活尽可能地联系起来，以发展思维和语言为中心任务，发挥低年级儿童智慧潜力，全面发展智力，尽早培养独立学习语文的爱好、能力和习惯，为向中年级过渡奠定基础。最终目的是使儿童到高年级能获得思维和语言的长足发展，使儿童具有最基本的语文独立学习能力，为升入初中学习，顺利地获取知识，打下良好的基础。在改革实验的进程中，我们研究了若干优秀教师的语文教学经验，从中选择了行之有效的方法，纳入实验班教学中去。从实验中我们体会到，在语文教学中，不能单纯就方法学方法，就方法论方法，就方法改方法。这样做是很难收到实效的。最重要的是吸收那些在正确的教学指导思想下所产生的良好方法，为我所用，重新加工，重新创造。

语文教学改革实验同任何实验一样，是一项理论联系实际的工作。从设想一直到实践结果的分析研究，都需要从实际情况出发，不断学习理论（包括国外的教学论和教学法），用以指导实践，才可能通过实践，逐步探索出一些新的符合规律的教学指导思想，形成一些比较切实的想法。

我们的改革实验，目前形成的若干想法也只是初步的。但是，总的看来，适当地放缓上述语文教学体系中存在的三座陡坡，不但是必要的，而且也是可能的。就我们所知，各地有相当一批教师，也在这方面着手进行改革，只是在改革设计上，有的考虑比较全面和长远些，有的则设比较简单和短暂些。有一些教师在这方面已经取得突破性经验，这也是值得我们研究和总结的。

（选自吕敬先著《小学教学改革研究》，教育科学出版社 1993 年版）

语文教学要与丰富多彩的
生活相联系

　　我们认为，语文教学的中心任务是发展儿童的思维和语言，而低、中年级首先要着重发展形象思维和口头语言。在全部教学过程中要充分利用思维和语言两者交互促进发展的作用，要充分利用口头语言和书面语言两者交互促进发展的作用。这就需要引导儿童生动活泼地、尽可能广泛地认识自然和社会生活，扩展儿童的知识领域，为儿童的思维和语言发展，以及文字学习，开拓更加广阔的领域。现在的低年级语文教学，教师多半不得不单打一地教识字，儿童也就单打一地学文字，因而几乎被埋没在文字堆中。低年级又没有普遍开设自然常识课，或设观察课，这样，就使孩子们几乎完全被拴在教室里面和书桌后面，失去了广阔的观察渠道，由此也就失去了浇灌智慧的源泉，使他们的思维活动乃至全部精神生活陷入狭窄贫乏的境地，只能从小被关在教室里就文字学文字。这种方法，就连文字本身也是很难学好的，更不利于儿童身心的全面发展。可以说，当前我们整个小学语文教学没有同广阔的生活联系起来。

　　我国古代文论，是十分重视语言文字学习和修养要同广泛地观察生活事物相联系的。西晋文论家陆机的《文赋》，主题就是论证文词学习和修养的。他说："恒患意不称物，文不逮意。"就是说，语言文词必须能充分表达自己思想情感和想象（"意"）。为此，首先要解决的问题，是使思想情感和想象来自于生活事物，充分反映生活，并与生活事物相符合（"称物"）。《文赋》开头一句话，就是主张广泛深入地观察生活。苏轼认为，语言文词修养的难处，在于"观物之妙，不能了然于心"，"了然于心，不能了然于口、于手"。正面的意思是说，口语表达和写作修养应以观察生活、思考生活为基地。可见古代文论，也并非单纯限于"多读、多背、多写"这一论点的。

当然，儿童的语言文字学习，在要求上不能同文艺家的修养相提并论，但有一点是共同的，那就是必须以广泛地观察生活，作为学习的基础和动力源泉。

从另一方面看，我们现代社会给儿童提供的生活内容和领域，又比古代文艺家的生活要广阔和丰富得多。可以说，我们的社会主义新时代，为发展儿童的语言文字能力，创造了空前丰富多彩的精神生活前提。可是，这种优越条件往往被人们所忽视，或者由于种种原因，并没有充分利用到语文教学中来，或者尚未为人们所理解。直言之，语文教学同生活相联系，是一件繁难艰苦的事情。为了孩子，我们做老师的要不避繁难艰苦。

我们改革语文教学的首要指导思想就是，为发展儿童的思维和语言开辟尽可能广阔的生活渠道，把课内教学与生活广泛联系起来。一方面，把孩子们放到广阔的生活溪流中去；另一方面，把丰富多彩的生活引进课堂中来。

那么主要的生活渠道是哪些呢？

（一）观察。包括观察自然和社会生活（各种节日活动、劳动、街头景象、校内生活等等），同时，在课内观察反映自然事物和社会生活的各种图片、连环图画和实物等。既要有静态观察，又要有动态观察。在低年级语文教学时数内专设"观察—说话"课，并有计划地布置独立观察的家庭作业，以培养儿童的独立观察和思考能力，为他们自行独立地吸取那些新鲜活泼的知识和语言，开辟广阔的天地。如果失去这个天地，语文教学极难收效。

（二）课外自由阅读。从一年级下学期开始，就应布置并指导课外自由阅读。生活是以丰富多彩的形式（如故事、寓言、童话、科学普及知识等等）反映在书籍中的。当孩子们从文字背后看到生活中的各种美好和奥秘的时候，他们往往会高兴得跳起来。通过观察发展儿童的思维和语言，并由此迅速导向独立阅读，藉以发展思维、语言和文字能力，是儿童学习语文的必由之路。观察中有生活，阅读中也有生活。儿童正是首先学会热爱生活，才可能热爱语言文字学习的。就是从孩子们的心理特征来看，他们原是热爱生活，对生活中的各种事物，都充满新鲜感和好奇心。如果语言文字教学，不利用这种特点来丰富儿童的生活和精神世界，他们就会把语文课看成可怕和可厌的，甚至会产生一种儿童特有的精神病态，如摔铅笔、撕本子、偷偷发脾气等等。

（三）听广播、看电视。目前，许多同志还没有重视这两条发展思维和语言的广阔渠道，而孩子们自己却是十分重视的。他们认为这些是"不见面的老师"（广播）和"见面的老师"（电视）。正是这两位"家庭教师"，能够用各种古今中外的新知识、想象、幻想、词汇、正确美好的语音、词调，来充实儿童们的心灵。

（四）布置或组织有益活动。如参观展览会、活动性游戏、冬季滑冰、夏天游泳、手工制作、采集等等。对活动要提出任务和要求，教孩子们学会边活动，边观察，边想象思考，边学习口头描述。或者叫他们事后通过回忆想象加以描述。

总之，为了教孩子们学懂、学会和会学课本上的文字知识，就必须把他们从课本文字堆中解放出来，放他们到广阔的生活领域中去，把丰富他们头脑中的表象和扩展他们生活知识领域放在第一位。为什么呢？因为只有这样，才可能真正好学、会学和学好语言文字知识。

语言这个东西，无论从人类文明发展史看，也无论从人的个体智慧和精神世界发展过程看，它总是产生于生活并用以反映生活的一种工具，因而，它是人类积累知识财富并从事交往的手段。而文字是口头语言的符号，口头语言加上文字，就大大扩展并加深了积累知识财富和从事交往的领域。我们祖国民族语言的丰富性、深刻性、多样性和准确性，正是反映了文明古国精神财富的深厚和丰采。对任何民族或个体来说，语言文字必然与特定生活知识联系着，绝对没有脱离语言文字的知识；反之，更不可能有一种全然脱离知识的赤裸裸、光秃秃的语言文字。换言之，空洞的词汇、语法和文体逻辑是根本不存在的。

因此，语言文字又成为人们从生活中广泛吸取知识的基本工具，成为思维的工具，和全面发展智力的工具。从个体的心理发展看，语言乃是生活知识得以"内化"（真正掌握）的决定性工具。恰恰只有在生活知识"内化"的过程中，并由于这种"内化"才可能同时发展个体的智力，培养独立学习能力，从而使语言本身也得以"内化"，真正成为个体思维的工具，使思维能力和语言文字能力像并蒂莲一样开出美好的花朵。

因此，我们不能认为，让儿童学习语言文字，只是为了在遥远的未来成为他们学习生活知识或科学的工具。事实证明，应该尽可能扩大并逐步加深他们的生活领域和知识领域，使孩子们广泛积累丰富多彩的表象，并在此条件下，同时教学语言文字，才有可能使他们学好语言文字。孩子们是不可能学会空洞的或"半空"的词汇、语法和一般文体逻辑的。打个比方说，孩子们是依靠吃大米和小麦粉长大的，而不是吃谷壳和麦皮长大的；他们爱吃花生，但绝不会爱吃空壳，至于"半空"，也是缺乏营养的食品。一言以蔽之，语言文字如果脱离广阔的生活知识领域，那么，它在教或学的过程中就会丧失掉一切生命力。

语文教学的任务是多方面的，居于中心的任务，是发展儿童的思维和语言，即发展形象思维、抽象思维和语言（首先是口头语言）。要围绕这个中心任务来培养儿童认字、阅读和写作等独立学习能力，以及施行生动活泼的语言形式逻辑训练。这些任务如果脱离生活，忽视扩展知识领域和儿童头脑中的表象，就一定会事倍功半，乃至一事无成。

因此，小学语文教学的全部过程，从一开始就应同丰富多彩的生活联系起来。这是语文教学的生命源泉，也是促进儿童身心全面发展的摇篮。

（选自吕敬先著《小学教学改革研究》，教育科学出版社 1993 年版）

语言形式逻辑与思想内容的统一[①]

为了发展儿童的思维和语言，必须严格而又生动活泼地施行语言逻辑形式训练。

我们通常所说的让儿童学会正确运用词语搭配关系说完整的话、说连贯的话（这里指会说若干连贯的单句和复句）等等，这些就是语法逻辑训练。教儿童学会组句成段，组段成篇，要有中心、有层次和条贯性等等，这就是文体逻辑或章法训练。语法逻辑和文体逻辑训练，统称语言形式逻辑训练。训练的最终目的，是让学生依据特定的语言结构的规律性知识，切实地掌握组织语言材料的能力。语言形式逻辑训练实质上是语文教学所特有的智力技能训练之一个方面。

我们时常可以见到，一些高年级儿童说话、作文，用词不当、语句不完整，或者不连贯，东一榔头、西一棒子，语无伦次。但是我们不能因此认为他们自己不想说得正确、完整和顺畅。相反，他们原是想说得好一些，甚至是力图说好、写好的。然而，这种良好的愿望，由于他们缺乏语言逻辑，就没有办法实现。他们丧失了语言美的最基本的条件，

---

① 原标题有改动。

这就更加需要严格地加以训练和纠正。

语言形式逻辑训练，实质上也是儿童形象思维和抽象思维的条理性训练。换言之，是为了让他们学会循序地想象，即能由一个思想引出另一个思想，而不是由一个思想"跳向"毫不相干的另一个思想。教师也只能通过儿童的外部语言形式逻辑训练，来训练调整他们的思维逻辑，使他们的内部语言保持一种"组织性、纪律性"，学会正确地开展形象思维和抽象思维。如果没有这个基本条件，他们的口语表达能力必然很低，阅读能力也不会提高，更不用说写作能力了。如果我们承认思维和语言两者的发展互为条件，互相促进的，那么，我们也必须承认，语言逻辑的训练同思维逻辑的训练同样是互为条件、互相促进的。在语文教学中，智力技能训练同语言技能训练必然要相互结合。

按理讲，语言形式逻辑训练，最好从低年级开始，逐步给予一些必要的词类、基本句式、基本段式等知识，并训练他们正确运用。这样做是可能的，也是大有好处的，可以培养儿童学会自己调整自己的语言，学会自觉地按语言规范说完整、连贯的话。更重要的是，可以使儿童学会逐步自觉地审查自己的思维过程，使他们的自我反审能力萌发起来。如果我们老师只是在孩子们说话不完整、不连贯的时候，就事论事地纠正错误，而不给予句式、段式等语言规范训练。那么，孩子们的自我反审能力，一般要推迟到中年级才能开始发展起来。教学是不可贻误良机的。

这样做，还有一个好处，就是会使儿童表达能力迅速提高，有助于儿童比较自觉地养成良好的语言逻辑习惯。语言逻辑习惯的培养，开始得越早越好。

我们的语文教学，一般要到中、高年级，才教给他们语法和章法知识。有的教语法、章法知识时，好像下倾盆大雨似的，企图一下子塞给学生；有的教师只是在课文中见到什么就教什么，完全没有连续性和计划性。而且在许多情况下，语法、章法知识仅仅是当作"纯知识"教给孩子们，使得他们记住了一些语法、章法知识，但说话、作文仍然语无伦次。这样做，收效往往是不大的。

那么，低年级儿童需要和可能接受哪些语法和章法知识呢？这是一个有待进一步做教学实验来加以研究的问题。就目前教学实验情况来看，下列知识是可以教给儿童，也是儿童可以接受的。

（一）词类中的名词、动词以及形容词，是儿童生活和学习中常用的，可以接受的。但不能用定义的形式来教，只能依靠儿童的感性经验加以通俗解释。如"名词表示东西的名字（名称）""动词表示东西（或人）的动作""形容词表示东西是什么样的"等等。这样做，有助于发展儿童的思维能力，学会对有关的词归类（如粮食类、蔬菜类、水果类等等）并举一反三的能力，还有助于孩子们学习和运用句式，从而把句子写得具体和完整。

（二）教给单句句式。这是必要的。教单句句式，可以用来训练儿童学说完整的话，并可以使他们用明确的"尺码"来衡量和纠正自己说话不完整的地方。还有助于以后学会把较长句子简缩为"主语—谓语"的主干结构，借此找出自己语言成分中的缺省，以及搭配不当等语法错误。在学习单句时，不必引进"主语""谓语"概念，只给以"谁是什么""谁干什么""谁怎么样"等句式就可以了。随后逐步扩充"谁在什么时间干""怎样干"等修饰成分。

（三）教给复句句式。训练他们正确地运用复句句式是可能的。主要包括并列复句、承接复句、因果复句和若干紧缩复句。结合讲读课文或观察过程，让孩子们学会运用"有时……有时……"（并列），"起先……，后来……"（承接），"因为……，所以……"（因果），"越（来）……越"（紧缩）等等句式，他们会很感兴趣的。

（四）教给基本段式，即简单的段落（层次）结构模式，训练孩子们自觉地说和写大段连贯的话。让他们学习"总说—分说""分说—总说","总说—分说—总说"等段落结构，他们也是能够较快地学会和运用的。

（五）结合讲读课文，利用分段插图或挂图，教孩子们边观察边读课文，帮助他们把课文逐段化为图像。借助图像，学会概括段篇的主要内容和中心思想，这也是可能的。当然，这时不要引进有关概念，只是采用提问"说的是谁，干什么"，要求从段落中找主要句子加以简缩，给段落加小标题，评论人物和讲出课文中说明的道理等等办法，发展他们对文字材料的抽象理解与概括段意和课文中心的能力。

此外，还可以教给低年级儿童一些简单的修辞形式。如比喻、拟人和摹状等等，这些，儿童们极为喜爱，极易吸收，从而使语言表达充满童年特有的情趣。

在低年级，教给儿童掌握若干力所能及的句、段、篇章结构的规律性知识或模式，会大大扩展儿童学习语言的智力活动领域，发展思维和语言能力。这也有助于把讲读教学从单纯解字解词的教法中解放出来，变成发展儿童智力的工具，从而更好地教学字词。当孩子们感觉到语言虽然复杂，但却有规律可循的时候，他们的智慧幼芽就会破土而出，并逐渐成长起来。

但是，任何时候，尤其在低年级，语言形式逻辑训练必须同内容保持密切统一，重形式轻内容，或形式训练与内容脱节，是语文教学之大忌。

从讲读课方面来说，如果儿童自己首先没有较全面地、正确地理解课文的内容，那么，对词句结构的形式分析和训练，尤其是那种烦琐地讲解分析和训练，是费时、费事而无助于培养儿童的表达能力的。应该说，讲读课的最重要任务之一，是使儿童获得生活知识，扩大和加深认识领域。这是语言形式逻辑训练的基础。反之，重视内容而忽视形式训练，当然也不好。

更重要的是，从儿童心理活动方面来说，儿童通过形象思维和抽象思维而形成的生活知识、思想和情感，是内容。而词句篇章的逻辑结构，是形式。内容和形式，必须在心理活动中统一地存在和展开，才能既利于掌握内容，又利于掌握形式，也才可能转化为表达能力。我们必须着重研究在心理活动中，语言形式和思想内容是怎样统一的。

我国古代文论，非常注意辞章修养上的内容与形式，包括丰富词汇、语言逻辑和修辞形式的相互统一、相互促进的关系，并有许多精辟的论述。这对我们语文教学是大有助益的。刘勰在《文心雕龙》中，一方面强调"文附于质"，另一方面又强调"质待于文"。就是说，正确优美的语言文辞形式，必须表现正确优美的思想情感和想象，而正确优美的思想情感和想象，又有赖于用正确优美的语言文辞形式来表达。只有内心具有正确优美的思想情感和想象，才可能找出正确优美的语言文辞形式来表达。可见，归根到底是心灵中的思想内容决定外在的语言形式。在心理活动中，是文附于质，质是文赖以发展的根基和源泉。同样的道理，要让儿童学会语言形式和语言美，起决定作用的是逐步充实的心灵内容美。简言之，心灵美决定语言美。反过来说，语言美也可以表达心灵美或促进心灵美，达到形式与内容的统一。

《文心雕龙》设专章论述过语言文辞与想象（即"神"）的相依关系："文之思也，其神远矣。"即要使语言文辞富有想象内容，并要在广阔领域驰骋想象。但是想象要有生活根据。"思理为妙，神与物游"。神，指想象或形象思维；物，指生活中事物。语言文辞的巧妙运用，在于使想象活动与事物形象紧密结合，并随事物的变化而变化。这个"神与物游"的确是妙论，实质上就是形象思维同生活的联系。同样的道理，如果我们不尽力发展儿童的形象思维，不尽早地教会他们学会"神与物游"，那么他们的心灵就会干涸起来，从而语言和字词句的基本功训练也势必徒劳无益。实际上，孩子们最喜欢，也最擅长"神与物游"。那种干瘪无味的基本功训练，确实是违反"童心"的天性，很难激发他们心灵的活力。

那么，决定形象思维展开和发展的关键枢纽又是什么呢？"神居胸臆，而志气统其关键；物沿耳目，而辞令管其枢机。""统""管"二字，极其深刻。一则是说，形象思维必须受高尚美好的志向、思想和情感（即"志气"）的统帅和制导；另一则是说必须在通过耳目观察事物的同时，依靠语言辞令为掌管形象思维的枢纽，才可能促使形象思维展开和发展。"志气"和语辞是对形象思维发展起决定作用的两个因素。

我国古代文论，多方论述过崇高的志向和思想情感是形象思维的动力，形象思维的开展是沿着思想情感的轨道而进行的。

《文心雕龙》说："必以情志（情感和志向）为神明（灵魂），事义（思想）为骨髓，辞采为肌肤（形式）。"如果没有崇高的"灵魂"，没有"骨髓"，"肌肤是无所附丽也"。所以"五情（如喜、怒等等）发而为辞章"。情因物感，言以情生。陆机的《文赋》也深刻论述过语言形式的表达过程。他说："思风发于胸臆，言泉流于唇齿。"只有思想情感像风起云涌般地激荡着心灵，语言文辞才会像源泉一般滚滚地淌流于唇齿。总之，形式源于内容，根植于内容。

古代文论的精华是从生活实践中抽绎出来的，因而，它在一定程度上是以经验描述的形式，朴素地反映了语言文辞修养的心理活动的客观内核。这样说，并不是以现代观点强加于古人。

从现代教育心理学观点看来也是这样的。因此我们应坚持一条：必须着意培养和发展儿童的崇高志向、思想情感和想象，才有可能让他们掌握和运用词汇、语言逻辑和修辞形式。形式根植于内容，内容根植于心灵。进一步说，在表达过程中只有培养和激发儿童的思想情感，"思风发于胸臆"，才能使语言形式真正转化为得心应口、得心应手的表达工具。如果不能激发儿童的情感，就绝不能促进他们思维和语言的发展。

总之，语文教学必须与生活紧密联系，在全面发展儿童智力的同时，注意培育他们优美崇高的志向、思想和情感，尽可能丰富充实儿童内在的精神生活。这就是语言形式训练同思想内容统一的实质。

下面举出一篇儿童（二年级下学期实验班）在家写的观察日记作为例子，看看遵循语言形式训练同思想内容统一所取得的教学效果。

美丽的牵牛花

我家的花圃里种着许多花，有美人蕉，有牵牛花，有玉簪花，有"死不了"，还有柱顶红和菊花。我最爱那几棵美丽的牵牛花。

牵牛花的花蔓长得可快了，它已经爬上房了。叶子长得绿油油的，好像一把小扇子。紫红色的花，边上镶着一圈白色。每天早上开出一朵朵美丽的鲜花。可惜，花开的时间太短了，太阳一出来，它就卷起来了。

妹妹每天早上都朝着花说："牵牛花像喇叭，你下来，让我吹吹呀！"

像这样中上水平和高下接近这样水平的"小散文"，在全班可以达到四分之一左右，最差的孩子也能写出五六句连贯的话。

这篇小作文我们只字未改。人们一开头就被带进一个繁花似锦的世界，人随文游，"神与物游"，身临其境地观赏起来。一个二年级的儿童，善于如此细腻地观察和想象，是相当难得的。文辞附丽于水灵灵的形象思维之中，每一句形象语言都喷发出童年特有的情感。这情感又散发着清淡的芳香，仔细玩味，这清淡的芳香之中，又渗透着儿童对牵牛花的挚爱。

通常中下水平的儿童写话写段的时候，语言多半平直简单，虽然他们也感受到一些美或爱，但只会直说一句"我多么爱它呀！""多美呀！"而发展较快的孩子却能把自己的美感和挚爱，溶化到每一句形象的语言里去。同时，常常能捕捉到童心特有的那种刹那间感受，并会用语言巧妙如实地描绘出来："可惜，花开的时间太短了……"这里还捕捉到"妹妹每天早上"的幻想，并以此作为小作者共同的感受描绘出来，用以结束全文，令人读来"言有尽而情不可终"（韩愈），神游于儿童美好的精神境界之中。

我们做这样的分析是否夸大其词呢？不是的。老实说，儿童这种独出心裁的创造性表达能力，并不是由教师刻意教会的，而是孩子的"直觉"产物。教师对这种产物也是出乎意料的。虽然我们不能完全理解这种直觉能力是怎样形成的，更不能为儿童本人所理解，但是儿童这种不可理解的直觉能力的焕发，又是屡见不鲜的。有一点是显而易见的：精心培育儿童的观察能力和独立自由阅读能力，把字、词、句、段、篇基本功的形式训练与思想内容统一起来，这样，我们将得到越来越多喜出望外的收获。

至于小作文中运用的"总说—分说"和重点描画等等表达方法，这里就不一一分析了。

我们深信，如果儿童没有宽广的知识领域和高尚美好的精神生活内容，一切字词句基本功训练都会劳而无功。

因此，我们有必要从教育心理学，从儿童个性（智力、情感、意志和性格）发展的规律出发，探讨语文教学"文道统一"的问题。即文与道（思想道德品质的发展）必须统一，和怎样才可能统一的问题。这里可能有广阔的出路。

以上几点意见，仅仅是我们探讨出路的一个尝试。

（选自吕敬先著《小学教学改革研究》，教育科学出版社 1993 年版）

结合小学语文学科特点
进行德育和美育

    我们在小学语文学科中进行了多轮"以发展思维和语言为中心，通过语文教学结构的整体改革，促进语文能力整体发展"的实验。我们在实验过程中不仅着眼于全面提高儿童的听读说写能力，全面发展智力，而且注意结合小学语文学科特点进行德育和美育。

    在教学中，我们着重抓了以下四个教学环节：

（一）丰富表象，扩大知识面

    语文学科通过语言艺术形象，广泛地反映生活，帮助儿童认识社会和自然，并以形象感染儿童。但是在教材中有一类课文，它所反映的社会生活和自然景物，是儿童从来没有接触过的，学生无法想象出它的形象。在教这类课文时，我们在课前通过实地观察，看图片、实物、电影，或组织儿童阅读补充读物等，扩大认识领域，为更好地感知和理解形象和语言打下基础。比如，第二册《祖国的森林》一课，城市的儿童大多数没有见过森林，想象不出森林的形象，无法感知祖国森林的美，我们就把儿童带到夏季的树林中进行观察。林中弯弯曲曲的小路，茂密的树木，欢蹦乱跳的青蛙，都会帮助儿童联想和想象出森林的"林间小道""大树的枝叶多茂密""小松鼠在树上蹦跳"的形象。在课堂上学习这首诗的时候，充分利用观察时获得的感性认识，引导儿童展开想象，感受和理解祖国森林美的形象。

（二）以形象感染儿童，激发道德感和美感

在语文教学中激发儿童的道德感和美感，必须以完整而鲜明的形象去感染儿童，以"形"诱情，使形象完整鲜明地展现出来，直接作用于儿童的感官，使儿童见"形"生情。我们根据不同教材特点，采取不同的教学手段。以对话形式为主的童话故事或优美的诗歌，就以表情朗读为主。例如，第三册《小马过河》是一篇童话，我们让儿童一边看幻灯图片，一边听配乐朗诵，把儿童带入意境之中，引起他们情感的共鸣，加深对形象的感受和理解。以叙述故事情节为主的故事或寓言，就以生动的讲述为主。例如，第七册《董存瑞舍身炸碉堡》是一篇战斗故事。我们充分利用儿童在战斗影片中获得的表象，生动地讲述董存瑞舍身炸碉堡的经过，突出董存瑞的英雄形象，激发儿童热爱革命英雄的情感。写景状物的散文，以描述和背诵为主。例如，第八册《火烧云》是写景散文，充分利用儿童观察时获得的感性认识，一边看幻灯图片，一边运用课文中生动的语言描绘画面，并通过表情朗读和背诵，展现画面，唤起美感。有的课文也可以根据内容的不同，把朗读、讲述、描绘和背诵结合起来进行，并尽可能地使用直观教具配合。通过表情朗读和生动的讲述或描绘、背诵的教学手段，使形象完整鲜明地展现出来，既发挥了形象的感染作用，又能够达到提高朗读能力和口头表达能力的教学目的。

（三）提高道德认识和审美能力

道德认识即道德思想。在初步感知形象的基础上，要引导儿童概括和理解形象，从中悟出道理，上升到理性认识，形成道德思想，提高识别是非、善恶、美丑的审美能力。我们在提高儿童的道德认识时，着重

引导儿童评价人物，即概括和理解人物形象。例如，你喜欢谁？不喜欢谁？为什么？使儿童对人物形象能正确评价，具有正确的认识和鲜明的爱憎态度。儿童总是结合着形象、伴随着情感对人物展开评论的。通过对人物进行评价，进一步激发了道德感和美感，达到以"理"激情。例如，第三册《美丽的公鸡》一课，儿童通过评论"喜欢啄木鸟、蜜蜂、青蛙和老马，因为它们心灵美，能为人们做好事。不喜欢公鸡，因为它只追求外表美，不为人们做事。但是公鸡在老马的教育下知错就改的精神，也是值得学习的"，懂得了美不美不在外表，要看能不能为人们做好事的道理。

（四）深入理解词语，指导朗读、讲述，提出实践要求

儿童在初步感知和理解整体形象的基础上，才能围绕中心比较准确地找出表现主要人物形象的重点词语及表达中心思想的重点语句及重点段落。例如，第三册《美丽的公鸡》一课，引导儿童找出表现公鸡骄傲，追求外表美的语句："……自以为很美丽……洋洋得意地唱……挺着胸脯，唱着歌……大摇大摆地走了……""长嘴巴的啄木鸟……鼓眼睛的小蜜蜂……大肚皮的青蛙……咱们比比谁美……"。找出啄木鸟、蜜蜂、青蛙看不起公鸡，一心为人们做事的语句："……冷冷地说……我要给它治病……我要采蜜去，……我要捉虫去……"。然后，找出表达中心的重点语句。教师这样有目的地引导儿童，进一步想象形象，体会感情。

有些课文的内容与儿童的生活比较接近，并易于实践，因而联系实际，向儿童提出道德实践的要求也是必要的。比如，《美丽的公鸡》一课，联系实际，即可要求儿童关心周围的人，多为人们做好事，做到心灵美，并要求把其中的一件好事坚持做下去。通过实践，进一步加深情感体会，使学生不断提高道德认识，巩固培养道德意志和行为习惯。

（原载于《中国教育报》1989 年 2 月 21 日）

吕敬先著述年表

1950 年

1.《我怎样对小学一年级儿童进行集体主义教育》(广播稿),《北京广播》第 5 期。

1951 年

2.《我是这样向低年级学生进行爱国主义教育的》,《人民教育》第 5 期。

1952 年

3. 吕敬先著:《我是这样教育孩子们的》,张家口:察哈尔人民出版社。

4.《我是这样教育孩子们的》,《人民日报》6 月 1 日。

5.《苏联的儿童生活和教师生活》,《人民日报》7 月 27 日。

6.《怎样在低年级的语文课中进行思想教育》(经验介绍之一),收录于《小学五年一贯制学习资料（第二辑)》,北京:光明日报社编印。

7.《怎样教一年级的儿童识字》(经验介绍之二),收录于《小学五年一贯制学习资料（第二辑)》,北京:光明日报社编印。

8.《怎样培养一年级儿童的发表能力》(经验介绍之三)，收录于《小学五年一贯制学习资料（第二辑)》，北京：光明日报社编印。

9.《怎样在一年级的语文课中进行常识教学》(经验介绍之四)，收录于《小学五年一贯制学习资料（第二辑)》，北京：光明日报社编印。

1954 年

10.《一篇文艺性课文的教案》，《小学教师》第 3 期，署名吕敬先、霍懋征。

11.《一篇常识性课文的教案》，《小学教师》第 5 期，署名吕敬先、霍懋征。

1980 年

12.《教学改革实验必须探索教育的客观规律》，《教育研究》第 2 期。

1982 年

13.《从智力技能入手培养学生独立的学习能力》，收录于教学实验研究小组编《教学改革实验报告》，北京：教育科学出版社。

14.《从训练智力技能入手 早期培养儿童的独立表达能力》，《教育研究》第 7 期。

1983 年

15. 胡克英、吕敬先著：《小学教学简论》，长沙：湖南教育出版社。

16.《小学语文教学改革的几个问题》，《教育研究》第 6 期。

1985 年

17.《小学语文学习能力整体发展的实验报告（低年级)》，《中国教育报》4 月 27 日。

1986 年

18. 吕敬先编著：《教儿童观察说话写话》(小学一年级用)，北京：教育科学出版社。

19.《小学生语文能力整体发展的实验报告》，《教育研究》第 1 期。

1987 年

20. 吕敬先编：《小小百花园①》，北京：教育科学出版社。

1988 年

21. 吕敬先编：《小小百花园②》，北京：教育科学出版社。

22.《小学生语文能力整体发展实验报告》(中、高年级阶段)，《中国教育报》，10 月 29 日。

1989 年

23.《结合小学语文学科特点进行德育和美育》，《中国教育报》2 月 21 日第 3 版。

1990 年

24. 陈模、吕敬先主编：《中外儿童文学科普佳作选①》，北京：教育科学出版社。

25. 陈模、吕敬先主编：《中外儿童文学科普佳作选②》，北京：教育科学出版社。

26. 吕敬先编：《小小百花园③》，北京：教育科学出版社。

27. 吕敬先编：《小小百花园④》，北京：教育科学出版社。

1991 年

28.《小学生语文能力整体发展实验》，《人民教育》第 1 期。

1992 年

29. 陈模、吕敬先主编:《中外儿童文学科普佳作选③》,北京:教育科学出版社。

30. 陈模、吕敬先主编:《中外儿童文学科普佳作选④》,北京:教育科学出版社。

1993 年

31. 吕敬先著:《小学教学改革研究》,北京:教育科学出版社。

32. 陈模、吕敬先主编:《中外儿童文学科普佳作选⑤》,北京:教育科学出版社。

33. 陈模、吕敬先主编:《中外儿童文学科普佳作选⑥》,北京:教育科学出版社。

1997 年

34. 陈模、吕敬先主编:《中外儿童文学科普佳作选》(小学生读物,共 6 册),北京:语文出版社。

35.《必须重视教育科研成果的推广》,《民主》第 7 期。

1998 年

36. 吕敬先编著:《小小百花园》(小学生读物,共四册),北京:语文出版社。

2003 年

37. 吕敬先主编:《小小百花园 (小学生儿童文学科学文艺读物)》(共十二册),北京:中国文史出版社。

附 录

1980—1988 年

1. 吕敬先主编，并指导录制：系列课堂教学录像片 52 部，其中低年级共 31 部，中、高年级共 21 部，供教师用，中央电教馆录制发行。

1989—1995 年（非公开发行）

2. 吕敬先主编：《识字课本》(1—4 册)，《小学生作文欣赏》(1—6 册)，《作文教学》教参 5 本，中央教育科学研究所印制（未标注具体印制时间）。

3. 吕敬先主编：《小学生语文能力整体发展的理论与实践》，此书包括教委文件、实验报告、评介、经验等，指导实验用。中央教育科学研究所印制（未标注具体印制时间）。

以上，可参看本书第 40—41 页。

后　记

　　1987 年 2 月，由原国家教委与河北省人民政府在保定市涿州县召开了河北省农村教育改革实验区第一次工作会议，确定了阳泉县、完县和青龙满族自治县为实验县，确定了经济开发与教育改革实验相结合的思路，开始了县域社会经济发展与教育状况的调研和实验县工作的制定。其中，教育改革方面，除了大力加强职业教育和成人教育为经济发展更好地服务外，在普通教育方面，考虑到贫困县搞教学改革的物质条件承受能力的限制，决定在完县只对小学语文和算术各搞两个实验班进行探索。在小学语文教学实验方面，经选择和论证后，引入了吕敬先的小学语文教学法实验，并从 1987 年开始，在完县王各庄乡苏头村小学与河口乡"四联办"小学各选一个班开始实验。王各庄乡由乡小学校长陈占荣和苏头村小学教师王占新承担；河口乡由乡小学校长包献青和"四联办"小学教师颛有慧承担，并由吕敬先亲赴完县进行指导。经过一年教改实验，就取得了提高语文教学质量的显著成效。

　　1989 年 10 月 25—31 日，原国家教委以湖南郴县为参观现场，在长沙召开了全国第一次"燎原计划"与农村教育综合改革实验县工作会。会议指出：农村教育要真正转到主要为当地培养社会主义建设人才，促进当地经济、社会发展和帮助农民致富的轨道上来，统筹当地的基础教育、职业教育和成人教育，把文化教育与职业技术教育结合起来，通过示范乡向周围县乡辐射。会议总结和推广了农村教育改革实验县，在基础教育改革方面，请小学语文教育家吕敬先介绍了在河北完县王各庄乡苏头村小学和河口乡"四联办"小学如何进行以"教学有法、教无定法、贵在得法"为教学思想，让学生生动活泼地学习语文教学领域微观（教学方法）改革的经验。从此，把吕敬先的小学语文教学法，传播到全国农村教育改革实验县进行实施或借鉴。

以上是我根据原中央教育科学研究所农村教育研究室主任李少元研究员采访实录整理。

最后，必须感谢我所在单位中国教育科学研究院人事处的各位同仁，多次热心接待我查阅有关吕敬先本人的人事档案。还要感谢中国教育科学研究院老干处马丽副处长，给予我有关吕敬先家人和相关信息的咨询服务。尤其要感谢原中央教育科学研究所农村教育研究室主任李少元研究员，虽已耄耋高龄，却不顾年事已高、舟车劳顿，为我和先生宋国强从北京至河北顺平县（原完县）自驾一天往返导航，对吕敬先曾与之合作过的实验学校与实验教师进行追访。更要感谢当年主持实验的一线教师，顺平县（原完县）王各庄乡和河口乡的小学教师王占新、颞有慧等，他们在座谈、访谈时努力追述当年吕敬先带领老师们进行"小学生语文能力整体发展"实验的情况，给我一种置身现场的感觉。

以上，一并表达我诚挚的谢意！

必须特别感谢的，还有开明出版社的编辑部主任卓玥，自始至终督促书稿的编选和进度，并针对入选篇目进行多次的沟通与协商，使得读者得以见此书稿。

由于吕敬先已于2008年仙逝，她的爱人胡克英更早于她故去，两个儿子也因年事已高投奔下一代定居于日本。在这种几乎和先生后人失联的状态下，书稿资料的搜集整理工作非常困难，因而难免出现遗漏现象；尤其先生的一些实验指导文章当时并未公开出版，只是由其任职的原中央教育科学研究所临时印制作为实验补充材料，而印刷材料上并未标注具体的印刷时间，只是在先生后来的书稿中提到过这些非公开出版物大致印刷于 1989—1995 年，这在一定程度上给读者带来了某些阅读体验上的不确定性。加上本人能力所限，虽然对书稿投入了大量的时间和精力，还是难免挂一漏万，在此，请读者诸君一并海涵。

王晓霞

2024 年 5 月 18 日

开明教育书系（第一辑）

不安故常

——俞子夷教育文选

俞子夷著　丁道勇选编

定价：85.00 元

新人的产生

——周建人教育文选

周建人著　朱永新 周慧梅选编

定价：75.00 元

造就女界领袖

——吴贻芳教育文选

吴贻芳著　吴贤友选编

定价：50.00 元

教是为了不需要教

——叶圣陶教育文选

叶圣陶著　朱永新选编

定价：130.00 元(全二册)

教育要配合实践

——车向忱教育文选

车向忱著　车红选编

定价：70.00 元

谋求适合中国国情的教育

——杨东莼教育文选

杨东莼著　周洪宇选编

定价：65.00 元

改造我们的教育

——董纯才教育文选

董纯才著　姚宏杰 王玲选编

定价：85.00 元

教学是最渊博最复杂的艺术

——傅任敢教育文选

傅任敢著　李燕选编

定价：65.00 元

教育必须是科学的

——陈一百教育文选

陈一百著　裴云选编

定价：60.00 元

生命·生活·生态

——顾黄初教育文选

顾黄初著　梁好选编

定价：75.00 元

图书在版编目（CIP）数据

小学生语文能力整体发展：吕敬先教育文选/吕敬先著；
王晓霞选编. --北京：开明出版社，2024.5
（开明教育书系/蔡达峰主编）
ISBN 978-7-5131-8698-8

Ⅰ.①小… Ⅱ.①吕… ②王… Ⅲ.①小学语文课–教学
研究–文集 Ⅳ.①G623.202-53

中国国家版本馆 CIP 数据核字（2024）第 010492 号

出 版 人：陈滨滨
责任编辑：卓　玥

小学生语文能力整体发展：吕敬先教育文选
XIAOXUESHENGYUWENNENGLIZHENGTIFAZHAN：LYUJINGXIANJIAOYUWENXUAN

出 版：开明出版社
　　　　（北京海淀区西三环北路 25 号　邮编 100089）
印 刷：保定市中画美凯印刷有限公司
开 本：710mm×1000mm　1/16
印 张：18.25
字 数：235 千字
版 次：2024 年 5 月第 1 版
印 次：2024 年 5 月第 1 次印刷
定 价：58.00 元

印刷、装订质量问题，出版社负责调换。联系电话：（010）88817647